텍스트의 즐거움

롤랑 바르트

김희영 옮김

東文選 文藝新書 213

텍스트의 즐거움

Roland Barthes

Le plaisir du texte

차 례

만약 내가 이 문장, 이 이야기, 혹은 이 말을

즐겁게 읽는다면, 그것은

그것들이 즐겁게 씌어졌기 때문이다.

텍스트의 즐거움

내 삶의 유일한 열정은 공포였다.

홉스[1]

긍정(Affirmation)

텍스트의 즐거움, 그것은 베이컨의 가상장치(simulateur)[2]처럼 **결코 변명하지 않으며, 결코 설명하지 않는 것**이라고 말할 수 있으리라. 그 것은 결코 아무것도 부정하지 않는다. "나는 내 시선을 돌릴 것이다. 이것이 이제부터는 내 유일한 부정이 될 것이다."

---

* 이 책은 빠리 Seuil 출판사에서 1973년 《텍스트의 즐거움 *Le plaisir du texte*》이라 는 제목으로 발간된 것이다.

1) Thomas Hobbes(1588~1679): 영국의 철학자로 그의 기계론적인 유물론(육체의 움직임에 대한 연구)은 오늘날의 현상학과도 가까운 것으로 간주된다. 스페인의 무 적함대가 영국 해안에 접근해 올 무렵 어머니가 그를 조산한 것으로 알려졌는데, 후일 그는 "어머니가 쌍둥이──나 자신과 공포의 쌍둥이──를 낳았다"고 회고 하고 있다.(람프레히트, 《서양철학사》, 을유문화사, 1970, 392쪽에서 재인용)

2) 여기서 말하는 가상장치란 베이컨의 《신기관 *Novum Organum*》(1620)에 나오는 오르가눔을 지칭하는 것으로, 원래 오르가눔은 도구라는 의미로 아리스토텔레스 의 논리 저술을 지칭하기 위해 사용되었다. 그러나 베이컨은 그의 경험적 방법론 에 대한 설명에서 우리의 지식은 아리스토텔레스가 주장하듯이 마음속에 간직한 관념들을 전제로 삼는 삼단논법 또는 연역 추리를 통해서 나오는 것이 아니라, 관 찰된 사실들을 집합하여 정리하는 귀납법에 달린 것이라며, 하나의 논리나 방법론 을 지칭하는 보다 확대된 의미로 이 말을 사용하였다.

바벨(Babel)

　자신의 마음속에서 통합이 아닌, 다만 **논리적 모순**이라는 그 오래
된 유령으로부터 해방되기 위해 모든 장벽이나 계급·배타성을 파기
하는 한 개인(누군가 발레리의 테스트 씨[3]와는 정반대인 사람)의 허구적
이야기. 양립할 수 없다고 알려진 언어라 할지라도 모두 뒤섞으며,
비논리적이다·불충실하다는 비난을 모두 묵묵히 감수하며, 소크라
테스적인 아이러니(타자로 하여금 **자신과 모순되는 말을 하게 하는** 그런
극단적인 수치로 몰고 가는)와 합법적인 테러(얼마나 많은 형법상의 사
례가 단일성의 심리학에 근거하고 있는가!) 앞에서도 무감동하기만 한
사람. 그런 사람은 학교나 수용소, 일상 대화 등이 이방인으로 취급

---

3) 프랑스의 시인 발레리(1871-1945)가 1896-1929년에 걸쳐 발표한 〈테스트 씨
와의 저녁 시간 *La Soirée avec Monsieur Teste*〉〈테스트 씨 *Monsieur Teste*〉 등 10편의
글로 이루어진 이 작품은 "정신의 순수성을 집요하게 추구하는, 그러나 결코 도달
할 수 없는 한 상상적인 증인 테스트 씨"(테스트는 라틴어 testis에서 나온 말로 증인이라
는 뜻이다)에 관한 것으로, 발레리는 테스트 씨를 통하여 자신의 지적·문학적 편력
을 조망하고 있다. 오로지 지적 훈련에만 몰두하여 육체의 그것으로 이어지지 못
하는 이 '괴물' 같은 존재인 테스트 씨는 지드나 브르통 등을 매혹시켰으며, "인간
은 무엇을 할 수 있는가?"에 대한 끝없는 물음의 증언이다.(《불문학 사전 *Dictionnaire
des Littératures de Langue Française*》, Bordas, 1984, 2367쪽 참조)

할 우리 사회의 비열한 자가 될 것이다. 누가 수치심 없이 모순을 견딜 수 있단 말인가? 그렇지만 이런 반영웅적인 인물은 존재한다. 그것은 바로 즐거움을 취하는 순간의 텍스트의 독자이다. 그리하여 성서의 옛 신화는 역전되며, 언어체(langue)[4]의 혼란은 더 이상 형벌이 아닌, 주체는 **서로 나란히 작업하는** 언어의 공존에 의해 즐김에 이르게 된다. 즐거움의 텍스트, 그것은 행복한 바벨탑이다.

(**즐거움과 즐김**,[5] 용어상 이 말들은 여전히 흔들거린다. 나는 어려움에

---

4) 의사소통에 사용되는 몸짓이나 기호·말 등을 총칭하는 언어(language)에 비해, 우리가 구체적으로 쓰고 말하는 언어체(langue)는 잘 알려진 대로 '어떤 언어 사회의 성원에 공통된 요소의 체계나 일련의 습관을' 지칭하는 것으로, 말(parole)의 개인적이고도 구체적인 언술행위와는 대립된다.(이정민·배영남, 《언어학 사전》, 409쪽) 그러나 언어와 언어체의 구분은 그리 엄격한 것이 아니며, 이론적인 혹은 문법적인 틀로서 언어체가 사용되는 경우나 그 구별이 불가피한 경우를 제외하고는 언어체도 그대로 언어로 옮겼음을 밝혀둔다.

5) 여기서 각기 즐거움과 즐김으로 옮긴 이 단어는 김현 교수의 제안을 따른 것으로(《프랑스 비평사》 현대편, 문학과지성사, 1981, 228쪽), 바르트의 텍스트론을 이해하기 위해서는 필수적인 개념이다. 그렇지만 이 둘 사이의 구별은 저자가 말하듯이 그렇게 분명한 것이 아니다. 일반적으로 프랑스어에서 즐거움(plaisir)이란 육체적·도덕적으로 쾌적한 상태를 가리키며, 즐김(jouissance)은 동사 즐기다(jouir)에서 나온 말로 보다 내밀한, 그리하여 우리의 온 마음을 관통하는 보다 지속적인 감정을 의미한다.(《동의어 사전 *Dictionnaire des synonymes*》, Larousse, 1977, 444쪽) 문화와 단절되지 않은 즐거움 및 문화와 단절된 즐김, 자아의 강화에 연관된 즐거움과 자아의 상실을 유도하는 즐김의 구별은 마치 《S/Z》에서 읽혀지는(lisible) 고전적인 텍스트와 씌어지는(scriptible) 현대적인 텍스트의 구별과도 흡사하다. 이런 용어상의 모호함과 또 즐김이란 단어가 의미하는 완결된 산물이 아닌, 즐기는 과정 자체라는 역동적인 의미를 강조하기 위해 이렇게 옮겨 보았다.

부딪히고, 그래서 얼버무린다. 어쨌든 거기에는 항상 미결정의 여백이 있을 것이다. 그 구별은 확실한 분류의 근거가 되지 못하고, 그 패러다임은 삐걱거리고, 그 의미는 일시적인, 취소되거나 역전될 수 있으며, 그 담론은 불완전할 것이다.)

옹알이(Babil)

만약 내가 이 문장, 이 이야기, 혹은 이 말을 즐겁게 읽는다면, 그것은 그것들이 즐겁게 씌어졌기 때문이다(그 즐거움은 작가의 한탄과 모순되지 않는다). 그러나 그 반대는? 즐겁게 쓰는 일이 작가인 나에게 독자의 즐거움을 보장해 줄까? 전혀 아니다. 그 독자, 나는 **그가 어디 있는지도 모르면서** 그를 찾아나서야 한다(나는 그를 '꼬셔야/유혹해야 (draguer)' 한다). 그때 즐김의 공간이 생겨난다. 내게 필요한 것은 타자의 '인간'이 아니라 공간이다. 욕망의 변증법, **예측불허**의 즐김이 가능한 그런 공간. 모든 것이 끝나지 않기를, 놀이가 저기 있기를.

누군가가 내게 한 텍스트를 내민다. 그 텍스트는 나를 지루하게 한다. 그것은 **옹알거린다고나 할까.** 텍스트의 옹알이는 글쓰기의 단순한 필요의 결과에 의해 생겨난 언어의 거품일 뿐이다. 우리는 여기에서 변태/뒤집음(perversion)[6]이 아닌, 요구(demande) 안에 있다. 필사자

---

6) 이 텍스트에서 자주 사용되는 perversion이라는 말은, 뒤집음을 뜻하는 라틴어 pervertere에서 유래한 것이다. 그러나 이 단어는 비정상적인 성행위를 지칭하는 말로 더 많이 사용되고 있으며, 따라서 이 글에서는 변태/뒤집음/뒤틀림을 문맥에

(scripteur)[7]는 자신의 텍스트를 쓰면서 젖먹이의 언어를 취한다. 강압적이고도 자동적인 냉담한 언어, 흡기음(clic)[8]의 자그마한 유출(저 경이로운 예수회원인 반 기네켄[9]이 글쓰기와 언어 사이에 위치시켰던 그 젖비린내 나는 음소들). 그것은 목적 없는 젖빨기의 움직임이요, 미식가의 즐거움이나 언어의 즐거움을 산출하는 구강성(oralité)과는 차단된 미분화된 구강성의 움직임이다. 당신은 내가 읽어 주기를 바라며 내게 도움을 청하지만, 당신에게 나는 그 주소(adresse) 외에는 다른 아무것도 아니다. 당신의 눈에 나는 그 무엇의 대체물도 아니다. 나는 어떤 형상도 갖고 있지 않다(기껏해야 어머니의 형상을 가졌다고나 할

따라 자유롭게 사용하고자 한다. 즉 바르트에 의하면 텍스트의 즐거움은 기존의 질서를 뒤집는 전복적인 것으로서, 규범이나 정상적인 것에서 벗어난 변태적인 성행위와도 흡사한 것으로 간주된다.

7) 전기적이고 심리적인 주체로서의 저자의 개념은, 바르트의 후기 문학 실천에 이르면 필사자의 개념으로 대체된다. 저자의 개념이 무엇보다도 실증주의적이고도 합리주의적인 정신에 의거한 것이라면, 필사자는 그 자신의 텍스트를 결코 초월할 수 없는 언술행위 안에서만 자신을 소모하는 자이다. 원래 프랑스어의 scripteur(라틴어 scriptor)라는 말은 작가·저자의 동의어로, '글을 쓰다'를 의미하는 라틴어 scribere에서 나온 말로, 같은 어원에서 파생된 필경사·서사·서생을 의미하는 scribe(라틴어 scriba)와는 구별된다. 그러나 바르트는 어원의 이러한 두 가지 의미를 다 수용하여, 작가란 심리적인 주체가 아닌 선행하는 글쓰기를 베끼며 변형하는 자라는 점에서 이 말을 사용하고 있으며, 따라서 이 글에서는 필사자로 옮기고자 한다. 또 쓰기를 실천하는 자로서의 필사자는 말하는 자, 즉 화자(locuteur)와 대립된다.

8) clic, click : 프랑스어의 ts-ts로 표기되는 혀 차는 소리로, 부시먼제어와 같은 아프리카 언어들이 이 소리를 사용한다고 한다.

9) Van Ginneken : 《인류의 유형학적 재건 La Reconstruction typologique de l'humanité》의 저자.

까). 당신에게 나는 육체도 대상도 아닌(그리고 나는 그 점에 대해 전혀 개의치 않는다. 인정받기를 요구하는 영혼은 내게 없다), 다만 하나의 장(場), 전열기구(vase d'expansion)[10]에 불과하다. 결국 당신은 이 텍스트를 모든 즐김 밖에서 썼다고 말할 수밖에. 요컨대 텍스트/옹알이는 욕망이나 신경증이 형성되기 이전의 모든 요구가 그러하듯이 불감증의 텍스트이다.

신경증은 미봉책이다. '건강상'의 이유에서가 아니라, 바타유[11]가 말하는 '불가능'에 비추어("신경증이란 불가능의 근원에 대한 소심한 우려이다" 등). 그러나 이 미봉책은 글을 쓰게 하는 (또 읽게 하는) 유일한 것이다. 따라서 우리는 이런 역설에 이르게 된다. 광기 한가운데서 신경증에 맞서 씌어진 텍스트들——바타유의 텍스트나, 혹은 다른 텍스트들——은 **만약에 그것이 읽혀지기를 원한다면**, 그 안에 자신의 독자를 유혹하기에 필요한 약간의 신경증을 간직하고 있다는. 이 무서운 텍스트들은 **그래도** 영합적인 텍스트들이다.

그러므로 모든 작가는 이렇게 말하리라. **미치광이는 될 수 없으며, 감히 건강하다고 말하지는 못하며, 그래서 신경증에 걸린 것이라고.**

---

10) 중앙난방에 사용되는 것으로서, 온도의 변화에 따른 차이를 조절할 수 있는 액체를 넣는 기구를 말한다.
11) Georges Bataille(1897–1962): 현대 프랑스의 전위적인 움직임에 결정적인 역할을 한 그는, 위반과 소멸이라는 개념에 의거하여 사회와 역사를 재해석하고자 하였다. 《에로티시즘 L'Érotisme》《하늘의 푸르름》《에드와르다 부인 Madame Edwarda》《불가능》 등의 저서가 있으며, 바르트에게도 많은 영향을 끼쳤다.

당신이 쓰고 있는 텍스트는 **그것이 나를 욕망하고 있다는** 증거를 보여주어야 한다. 그 증거는 존재한다. 그것은 글쓰기이다. 글쓰기는 언어 즐김의 학문이며, 그것의 카마수트라[12]이다(이 학문에는 다만 글쓰기라는 개론서만이 존재한다).

---

12) kāmasutra: 4-7세기에 산스크리트어로 씌어진 사랑의 기술에 관한 책이다. 카마는 힌두 신화에서 사랑의 신을 가리킨다.

가두리(Bords)

사드,[13] 그를 읽는 즐거움은 분명 어떤 단절(혹은 충돌)로부터 온다. 상반된 약호들(이를테면 고귀한 것과 저속한 것)이 서로 만나며, 거창하고 우스꽝스런 신어(新語)가 창출되며, 포르노적인 메시지가 문법 사례로 사용될 만큼 그렇게도 순수한 문장 속에서 주조된다. 텍스트론에 따르면 언어는 재분배된다. 그런데 **이 재분배는 언제나 단절에 의해 이루어진다.** 그리하여 두 개의 가두리(bord)가 그려진다. 순종적이고도 관례 추종적이며 표절적인(학교·관용어법·문학·문화에 의해 고정된 규범적인 언어를 베끼는 것) 가두리와, 다만 언어의 효과에 불과한 텅 빈 유동적인(어떤 윤곽도 취할 준비가 되어 있는) **또 다른 가두리**가. 언어의 죽음이 엿보이는 곳. 이 두 개의 가두리는, 그것들이 무대화하는 중재에 의해 둘 다 필요하다. 선정적인/관능적인(érotique)

---

13) Marquis de Sade(1740-1814): 프랑스의 작가로 그의 작품의 위반적인 색채는 바타유와 맥을 같이하는 것으로, 《쥐스틴, 또는 미덕의 불운 *Justine, ou les malheurs de la vertu*》《쥘리에트, 혹은 악덕의 번영》 등의 저서가 있다. 일찍이 바르트는 《사드, 푸리에, 로욜라》(1971)라는 글에서 사드 작품의 선정적인 장면이 언어의 문법적인 구조와 유사하다는 것을 밝힌 적이 있으며, 위 세 사람은 모두 바르트에 의해 기존의 이데올로기에 오염된 언어로부터 탈피하여 새로운 언어의 순수성을 모색한 언어 창조자(logothète)로 간주된다.

것은 문화도 문화의 파괴도 아닌, 이 둘 사이의 틈새이다. 텍스트의 즐거움은 (사드의) 자유주의자가 어떤 대담한 술책에 의해 오르가슴을 느끼는 바로 그 순간에 자신의 목을 메고 있는 밧줄을 자르게 하면서 맛보는 그런 감당할 수 없는 불가능한 순전히 **소설적인** 순간과도 흡사하다.

  아마도 거기에 현대적인 작품을 평가할 수 있는 방법이 있는지도 모른다. 그것의 가치는 그 이중성에 있다. 이 말은 현대적인 작품은 언제나 이런 두 개의 가두리를 가지고 있다는 걸 의미한다. 전복적인 가두리는 폭력의 가두리이기 때문에 선호되는 것처럼 보이지만, 즐거움에 영향을 미치는 것은 폭력이 아니다. 파괴는 즐거움의 관심사가 아니다. 즐거움이 원하는 것은 상실의 장소 혹은 틈새·단절·수축, 즐김 한가운데서 주체를 사로잡는 **페이딩**(fading)[14]이다. 그러므로 문화는 어떤 형태로든 가두리로 다시 돌아온다.

  그것은 물론, 특히 순수한 물질성의 형태로 나타난다(바로 여기서 가두리가 가장 분명해진다).
  즉 언어체나 그 어휘며 운율·작시법 등으로. 필리프 솔레르스[15]

---

14) 영화나 방송에서 화면이나 소리가 점차 희미해지는 것을 가리키는 말이다.
15) Philippe Sollers: 1936년에 프랑스 보르도에서 출생한 이 작가는 실험성이 강한 문학잡지 《텔 켈 *Tel Quel*》지의 창간자로서, 바르트·크리스테바 등과 더불어 프랑스의 전위적인 움직임을 주도하였다. 저서로는 여기에 인용된 《법칙》(1972) 외에도 《논리》(1968) 《수》(1968) 《H》(1973)가 있으며, 최근에는 일종의 소설적인 서사

의 《법칙》에서는 모든 것이 공격받으며 해체된다. 이데올로기적인 구조며, 지적인 결속이며, 관용어들의 분리며, 구문(주어와 술어)의 신성한 뼈대까지도. 텍스트는 그 모델로서 더 이상 문장을 갖지 아니하며, 자주 단어들의 강력한 분출이나 하위 언어체(infra-langue)의 묶음으로 존재한다. 그렇지만 이 모든 것은 또 다른 가두리에 부딪힌다. 즉 운율(10음절의 시구), 유사 모음의 반복, 그럴듯한 신어 사용, 작시법의 리듬, 진부한 사실(인용적인)이라는 가두리에. 언어의 해체는 기표의 아주 오래된 문화에 접한 채 정치적 말하기로 중단된다.

세베로 사르두이[16]의 《코브라》(저자가 솔레르스와 공역한)에서는 **경매 상태**에 있는 두 개의 즐거움이 교차한다. 다른 가두리는 다른 행복이다. **더, 더, 더 많이!** 한마디 말을 더하면 또 한 번의 축제가. 언어체는 모든 언어적 즐거움들의 다급한 유출에 의해 다른 곳에서 재구성된다. 어떤 다른 곳에서? 단어들의 천국에서. 《코브라》는 진정으로 천국 같은, 유토피아적인(어느곳에도 없는) 텍스트이자 충만한 이질성이다. 모든 기표들이 거기 있으며, 그 각각은 과녁의 한복판을 맞힌다. 저자(독자)는 그것들에게 **나는 너희들 모두를 사랑한다**고 말하는 것 같다(단어며 표현법이며 문장이며 형용사들이며 단절 등을. 기호며 기호가 재현하는 대상의 신기루며, 모든 것이 뒤죽박죽이다). 일종의 프

시 《여인들》(1983)을 썼다.

16) Severo Sarduy: 쿠바 태생의 작가(1937)로, 1961년부터 빠리에 거주하면서 《춤추며 글쓰기》(1967) 《코브라》(1972) 등 이미지와 은유가 현란한 글들을 발표하였다.

란체스코회[17]적인 것이 이 모든 단어들로 하여금 가지에 앉아 떼를 지었다 날아가게끔 한다. 대리석 무늬의 현란한 텍스트. 우리는 언어로 충만된다. 어떤 것을 요구해도 거부되거나 꾸중 듣지 않는, 더 심한 경우에는 모든 것이 '허용되는' 아이들처럼. 그것은 지속적인 환희의 약속(gageure)이요, 언술적인 즐거움이 그 지나침으로 질식하여 즐김으로 기울어지는 바로 그 순간이다.

플로베르, **담론을 엉뚱하게 만들지 않으면서도** 담론에 구멍을 내고 자르는 방식.

물론 수사학에서도 구성상의 단절이나(파격 구문)[18] 종속 관계의 단절(연사 생략)[19]은 인정된다. 그러나 플로베르와 더불어 처음으로 그 단절은 더 이상 통상적인 언표의 천박한 질료 속에 끼워넣은 그런 예외적인, 산발적인, 찬란한 바가 아닌 것이 된다. 그 문채들의 **이면에** 는 더 이상 언어체가 존재하지 않는다(어떤 점에서는 언어체만이 존재한다는 뜻이다). 일반화된 연사 생략이 모든 언술행위를 사로잡아, 이 잘 읽혀지는 담론은 **은연중에** 우리가 상상할 수 있는 한에 있어서 가

---

17) franciscanisme: 성 프란키스쿠스 아시시의 가르침에 따라 청빈·겸손·자연과의 소박한 관계를 지향하는 프란체스코수도회나, 그런 가르침을 준수하는 윤리적이고도 종교적인 성향을 가리키는 말이다. 이 문장에 나오는 새의 이미지는 성 프란키스쿠스 아시시를 묘사할 때면 항상 따라다니는 새의 그림에서 연유한다.

18) anacoluthe: 이질적인 구문을 한꺼번에 사용하여 '잘못된, 문장 구성상의 파괴를 초래하는' 것을 가리키는 수사학 용어이다.(김현, 《수사학》, 문학과지성사, 1985, 109쪽)

19) asyndète: 접속사 '그리고, 그러므로' 등을 생략하는 표현법.

장 미친 것이 되고 만다. 모든 논리적인 작은 변화는 틈새 안에 있다.

이것은 담론의 아주 정교하고도 거의 감당할 수 없는 상태이다. 서술성은 해체되지만, 이야기는 읽혀진다. 틈새의 두 가두리가 이처럼 분명하고 미세한 적은 한번도 없었다. 적어도 독자가 **통제된 단절**이나 날조된 관례 추종주의, 간접적인 파괴에 대한 취향을 갖고 있다면 이처럼 많은 즐거움을 제공받은 적은 결코 없었을 것이다. 저자의 덕분으로 돌릴 수 있는 이런 성공 외에도, 거기에는 또한 언어 수행의 즐거움이 있다. 그 성공은 커다란 즐거움의 근원인 언어의 **미메시스**(언어는 언어 자체를 모방하므로)를, **근본적으로** 애매한(뿌리까지도 애매한) 방식으로 행함으로써 텍스트는 그것이 패러디(거세적인 웃음이나 '우리를 웃게 하는 코미디')하고 있다는 것을 양심적으로(그리고 기만적으로) 말하지 않는다.

육체에서 가장 선정적인 곳은 **옷이 하품하는 곳**(là où le vêtement baîlle)이 아닐까? 변태/뒤집음(텍스트의 즐거움의 체제인)에는 '성감대'(게다가 무척이나 껄끄러운 표현인)가 존재하지 않는다. 정신분석학이 잘 설명한 대로 선정적인 것은 단속성(intermittence)이다. 두 개의 옷(바지와 스웨터), 두 개의 가두리(열린 셔츠, 장갑, 소매) 사이에서 반짝이는 살의 단속성. 매혹적인 것은 그 반짝임, 혹은 나타남과 사라짐의 무대화이다.

물론 스트립쇼나 서술적인 서스펜스에서 야기되는 즐거움은 텍스트의 즐거움과는 다르다. 거기에는 어떤 찢어짐도 어떤 가두리도 없으며, 다만 점진적인 노출만이 있을 뿐이다. 모든 흥분감은 섹스를 보려는(학생들의 꿈), 혹은 이야기의 결말을 알려는(소설적인 만족감) **희망**으로 귀착된다. 역설적으로(다수의 소비인 까닭에) 이것은 다른 즐거움, 즉 오이디푸스적인 즐거움(그 기원과 결말을 드러내고 알고 배우는)보다 더 지적인 즐거움이다. 만약 모든 이야기(진실의 모든 드러냄)가 **아버지**(부재하는, 감추어진, 실체화된)를 무대화하는 것이 사실이라면——이것으로 서술 형태나 가족 구조, 그리고 나체의 금지에 대한 결속감이 설명될 것이다. 서구에서는 이 모든 것이 아들이 옷을 입혀 주는 노아의 신화 속에 집결되어 있다.[20]

그렇지만 가장 고전적인 이야기(졸라 · 발자크 · 디킨스 · 톨스토이의 소설)라 할지라도 거기에는 일종의 약화된 분어법(tmèse)[21]이 있다. 우리는 모든 종류의 책을 똑같은 강도로는 읽지 않는다. 텍스트의 **원상태**(intégrité)를 별로 존중하지 않는 어떤 도발적인 리듬이 형성된다. 읽에 대한 우리의 탐욕은 일화의 가장 뜨거운 부분들(이것이 항상 일

---

20) 〈창세기〉 제9장에 보면, 40일간의 대홍수 이후 방주에서 나온 노아는 세 아들과 더불어 포도나무를 심으며 다시 땅에서 살기 시작한다. 그러던 어느 날 노아가 포도주에 취해 옷을 벗은 채 잠이 들자, 그것을 본 아들 함이 아버지의 벌거벗은 모습을 조롱하며 다른 두 아들에게 고자질하지만, 다른 두 아들은 아무 말도 하지 않고 아버지에게 옷을 입혀 드린다. 술이 깬 노아는 그동안 있었던 일을 듣고서 함의 아들 가나안에게 저주를 내린 바 다른 형제들의 종들의 종이 되리라는 말을 했다고 한다.
21) 합성어의 중간에 다른 말을 삽입하는 것으로, 이를테면 프랑스어의 ~할 때를 의미하는 lorsque란 단어에서 lors와 que 사이에 다른 말을 끼워넣는 것을 가리키는 문법 용어이다.

화의 분절들로서, 수수께끼 혹은 운명의 드러남을 진전시킨다)에 더 빨리 도달하기 위해, 우리로 하여금 몇몇 구절('지루하리라고' 예상되는)을 스쳐가거나 건너뛰게 한다. 우리는 아무 탈없이(아무도 우리를 지켜보지 않는다) 묘사·설명·고찰·대화를 건너뛴다. 마치 무대에 올라가 무희의 옷을 급히, 그러나 **일정한 순서에 따라**——의식의 에피소드를 존중하면서 서둘러 마치게 하는——벗기게 하면서 스트립쇼를 재촉하는 카바레의 관객(미사 의식을 **단숨에 말하는**(avaler) 신부처럼)과도 같이. 즐거움의 원천, 혹은 문체인 분어법은 여기서 두 개의 산문적인 가두리를 내세운다. 분어법은 비밀의 인지에 필요한 것과 불필요한 것을 대립시킨다. 그것은 단순한 기능성의 원칙에 의해서 생겨난 틈새이다. 분어법은 언어의 구조에서 산출되는 것이 아니라, 다만 언어를 소비하는 순간에 산출되는 것이다. 저자는 그것을 예측할 수 없다. **사람들이 읽지 않을 것**을 쓰는 것을 원할 수는 없기에. 그렇지만 읽혀지는 것과 읽혀지지 않는 것의 리듬이 바로 걸작의 즐거움을 만든다. 누가 프루스트를, 발자크를, 《전쟁과 평화》를 한 자 한 자 다 읽었단 말인가(프루스트의 행복——이 독서에서 저 독서로 우리는 결코 똑같은 구절을 건너뛰지는 않는다)?

하나의 이야기에서 내가 음미하는 것은, 직접적으로 그 내용이나 구조가 아니라 오히려 내가 그 아름다운 겉봉투 위에 입힌 상처이다. 나는 책을 읽으며 건너뛰며 머리를 들었다 다시 몰입한다. 그것은 즐김의 텍스트가 언어의 독서라는 단순한 시간성이 아닌, 언어 자체에 새기는 그 깊숙한 찢어짐과도 무관하다.

여기서 독서의 두 가지 체제가 나타난다. 첫번째는 일화의 분절로 곧장 가, 텍스트 양을 고려하며 언어 유희를 무시하는 독서이다(쥘 베른의 소설을 읽을 때 나는 빨리 읽는다. 나는 담론을 상실하지만, 그러나 나의 글읽기는 어떤 언술적인 상실(perte)[22]——이 단어의 동굴학적인 의미에서——에 의해서도 방해받지 않는다). 두번째는 아무것도 건너뛰지 않고 심사숙고하며, 텍스트에 달라붙어 열심히 열정적으로 읽어 나가며, 일화가 아닌 언어를 절단하는 연사 생략을 텍스트의 매 지점에서 포착하는 독서이다. 이런 글읽기를 사로잡는 것은 확대(논리적인)나 진리의 가려냄이 아닌, 시니피앙스(signifiance)[23]를 여러 겹으로 쌓는 것이다. 마치 눈을 가리고 자신의 손을 만지는 사람을 알아 맞히는 놀이에서처럼 그 흥분감은 점진적인 서두름이 아닌, 일종의 수직적인 난장판(언어와 언어 파괴의 수직성)에서 온다. 각각의 손(다른)이 다른 손을 덮치는(**차례차례로** 달려드는 것이 아닌) 바로 그 순간에 구멍이 생기며, 그리하여 놀이의 주체, 텍스트의 주체를 열광시킨

---

22) 프랑스어의 perte라는 말은 일반적으로 상실·손실·낭비를 의미하나, 동굴학이나 지질학에서는 하천의 물이 지하로 잠입했다가 다시 나타나는 현상을 가리킨다. 물줄기의 양의 변화로 지리적인 측정을 할 수 있는 동굴학과는 달리, 이런 텍스트에서는 언술상의 상실이 작품의 전체적인 의미 파악에 별 영향이 없다는 것을 뜻한다.

23) 프랑스 기호학자 크리스테바는 텍스트를 산물이 아닌 생산으로 간주하고, 텍스트를 여러 개의 의미가 동시에 작업하는 실천적인 공간으로 부각시키기 위해 언표·소통·산물의 동의어라 할 수 있는 의미 작용(signification)과 언술행위·상징화·생산의 동의어라 할 수 있는 시니피앙스(signifiance)를 대립시키고 있다. 즉 시니피앙스란 의미 실천의 작업, 혹은 텍스트의 주체가 논리적인 자아에서 벗어나 의미와 싸우며 해체되는 그런 역동적인 과정을 가리킨다.

다. 그런데 역설적으로(지루하지 않기 위해서는 **빨리 읽기만 하면 된다**고 생각하는 일반 여론에 비해) 이 두번째 **달라붙는**(appliqué. 본래의 어원적인 의미에서) 독서는 현대적인 텍스트, 한계 텍스트(texte-limite)에 적합하다. 졸라의 소설 한 권을 천천히 전부 읽는다면, 당신은 그 책을 곧 손에서 놓게 될 것이다. 그러나 현대적인 텍스트를 빨리 단편적으로 읽는다면, 그 텍스트는 불투명한 채 당신의 즐거움으로부터 배제될 것이다. 당신은 뭔가 일어나기를 바라지만, 거기에는 아무것도 일어나지 않는다. 왜냐하면 **언어에 일어나는 것은 담론에는 일어나지 않기 때문이다.** '일어났다 사라지는 것', 두 가두리의 틈새, 즐김의 간극은 일련의 언표들의 연속이 아닌 언술행위 속에서, 언어의 부피 속에서 산출된다. 그러므로 오늘날의 저자들을 읽기 위해서는 게걸스럽게 먹지도 삼키지도 말고, 이리저리 한가롭게 풀을 뜯거나 아주 가까이 섬세하게 털을 깎는 옛 독서의 여유를 되찾는 것이 필요하다. 요컨대 **귀족적인** 독자가 되어야 한다.

활기(Brio)

내가 만약 즐거움에 따라 텍스트를 평가하기로 한다면, 이 책은 좋고 저 책은 나쁘다라는 말은 할 수 없다. 거기에는 수상자 목록도 '비평'도 존재하지 않는다. 왜냐하면 비평은 항상 전략적인 목적, 사회적인 효용성, 또 대개는 상상적인 포장만을 연루시키기 때문이다. 나는 텍스트가 이것은 지나치고 저것은 충분치 않다는 식의, 그런 규범적인 술어의 유희에 가담할 만큼 완벽해질 수 있다고는 측정할 수도, 상상할 수도 없다. 텍스트(이것은 노래를 부르는 목소리에서도 마찬가지이지만)는 내게 있어 전혀 형용사적인 것이 아닌 **바로 이거야!** 혹은 **내게는 바로 이거야!**라는 판단만을 나타나게 하는 것이다. 그런데 이 '내게는(pour moi)'이라는 말은, 주관적인 것도 실존적인 것도 아닌 니체적인 것이다("……결국 그것은 항상 똑같은 질문이다. 이 **내게는**이란 것이 과연 무엇일까라는…?").

텍스트의 **활기**는(그것 없이는 요컨대 텍스트가 존재하지 않을), **그 즐김에의 의지**일 것이다. 텍스트가 요구를 초과하고, 옹알이를 극복하며, 이데올로기와 상상계가 물밀듯이 들이닥치는 언어의 문들인 형용사들의 사슬을 쳐부수고 넘쳐흐르는 바로 거기에서.

균열 (Clivage)

　즐거움의 텍스트는 만족시켜 주고, 채워 주고, 행복감을 주고, 문화로부터 와 문화와 단절되지 않으며, **편안한** 독서의 실천과 연결된다. 즐김의 텍스트는 상실의 상태로 몰고 가서 마음을 불편케 하고 (어쩌면 권태감마저도 느끼게 하고), 독자의 역사적·문화적·심리적 토대나 그 취향·가치관·추억의 견고함마저도 흔들리게 하여 독자가 언어와 맺고 있는 관계를 위태롭게 한다.

　그런데 자신의 영역 안에 이 두 개의 텍스트를, 자신의 손 안에 즐거움과 즐김의 고삐를 붙잡고 있는 주체는 요컨대 시대착오적인 주체이다. 왜냐하면 그는 모순되게도 동시에 모든 문화의 심오한 쾌락주의('삶의 기술'이라는 포장하에 독자의 마음속에 편안하게 스며드는, 요컨대 과거의 책들이 공유했던 것)와, 그 문화의 파괴에 참여하기 때문이다. 그는 자아의 강화를 즐기며(이것이 그의 즐거움이다), 또 그 상실을 추구한다(이것이 그의 즐김이다). 이 주체는 이중으로 균열된, 이중으로 변태적인 주체이다.

공동체(Communauté)

텍스트 동우회, 그 회원들에게는 전혀 공통점이 없다(즐거움의 텍스트에 대해 반드시 일치해야 할 필요는 없으므로). 다만 문화적 관례 추종주의나 비타협적인 합리주의(문학의 '신비성'을 의심하는), 정치적 도덕주의, 기표의 비판, 어리석은 실용주의, 바보 같은 익살, 또는 언술적 욕망의 상실이나 담론의 파괴에 의해 텍스트와 텍스트의 즐거움의 배제를 선언하는 모든 종류의 귀찮은 적을 가졌다는 점 외에는. 그러므로 이런 동우회는 설자리가 없으며, 다만 탈장소(atopie) 한복판에서만 작용할 수 있을 것이다. 그렇지만 그것은 모순이 인정되고 (따라서 이데올로기적 기만이 감소되는), 차이가 인지되며, 갈등은 무의미해지는(즐거움의 비생산자인 까닭에) 일종의 팔랑스테르 공동체[24]가 될 것이다.

"차이가 살며시 갈등을 대체하기를." 차이는 갈등을 은폐하거나 약화시키지 않는다. 차이는 갈등을 극복하고, 갈등을 **넘어서서**, 갈등 **밖에** 있다. 갈등이란 다만 차이의 도덕적인 상태일 뿐이다. 갈등이 전

---

24) phalanstère: 푸리에(1772-1837)가 주창한 일종의 사회주의적 공동생활 단체.

술적인 것(실제 상황의 변형을 노리는)이 아닐 때마다(그것은 빈번하다) 우리는 거기서 즐김의 실패를, 그 자신의 약호에 짓눌려 더 이상 고안해 낼 줄 모르는 변태의 실패를 인지하게 된다. 갈등은 항상 약호화된 것이며, 공격이란 단어는 언어 중에서도 가장 낡아빠진 것이다. 나는 폭력을 거부하면서, 약호 자체를 거부한다(사드의 텍스트는 지속적으로 그 자신의 약호를, 그 자신만의 약호를 고안해 내기 때문에 모든 약호 밖에 있다. 그러므로 거기에는 갈등이 없으며, 단지 승리만이 있다). 나는 텍스트를 사랑한다. 그 이유는 텍스트가 모든 종류의 '말다툼'(scène. 이 단어의 가정적인, 부부 관계의 의미에서)[25]이나, 논쟁이 부재하는 그런 진귀한 언어 공간이기 때문이다. 텍스트는 결코 '대화'가 아니다. 거기에는 어떤 속임수나 공격·협박의 위험이 없으며, 개인어들의 경쟁도 없다. 텍스트는 통상적인 인간 관계 안에 작은 섬을 구축하고, 즐거움의 비사회적 본질을 드러내며(여가만이 사회적인 것이다), 즐김의 파렴치한 진실을 엿보게 해준다. 말(parole)의 모든 상상계가 파기되면, 그 진실은 틀림없이 **중성**(neutre)일 것이다.

---

25) 프랑스어의 scène는 장면을 뜻하기도 하고, 부부 사이의 말다툼이나 언쟁을 뜻하기도 한다.

육체(Corps)

텍스트의 무대에는 앞면(rampe)[26]이 따로 없다. 텍스트 뒤에는 누군가 능동적인 사람(작가)이, 그 앞에는 누군가 수동적인 사람(독자)이 있는 것이 아니다. 거기에는 주어도 목적어도 없다. 텍스트는 문법적인 태도를 파기한다. 그것은 한 극단적인 작가(앙젤뤼스 실레지우스)[27]가 묘사한 것처럼 미분화된 눈이다. "내가 신을 보는 눈은 신이 나를 보는 눈과 같다"라고 그는 말한다.

아랍의 석학들은 텍스트에 대해 말하면서 **확실한 육체**라는 아주 경이로운 표현을 사용한다고 한다. 그것은 어떤 육체를 말하는 걸까? 우리는 여러 개의 육체를 가지고 있다. 우선 해부학자나 생리학자 들이 말하는 육체, 과학이 보고 말하는 육체로서, 문법학자나 비평가·주석학자·문헌학자 들의 텍스트가 있다(이것이 현상 텍스트이다).[28]

---

26) 여기서 앞면이라고 번역한 프랑스어의 rampe는, 조명장치를 설치하기 위해 설정된 무대 앞의 가장자리를 말한다.

27) Angelus Silesius(1642-77): 본명은 Johannes Scheffler로 신비주의적인 시들을 많이 썼다.

28) phéno-texte: 크리스테바의 용어로 '구체적인 언표 안에 나타난 언술적인 현

그러나 우리는 또한 이런 첫번째 육체와는 전혀 무관한, 오로지 관능적 관계에 의해 만들어진 즐김의 육체를 가지고 있다. 그것은 또 다른 절단이며, 또 다른 이름짓기이다. 텍스트도 마찬가지이다. 그것은 다만 언어의 불꽃의 열린 목록일 뿐이다(그 생생한 불꽃, 그 단속적인 빛, 텍스트 안에 씨앗처럼 뿌려진 그 배회하는 형상들. 그리하여 우리에게는 유리하게도 고대 철학의 '영원한 씨앗(semina aeternitatis)', '조피라(zopyra)', 일반적인 개념들, 근본적인 가정을 대체하는 것). 텍스트는 인간적인 형태를 가진 형상, 육체의 아나그람[29]일까? 그렇다. 그러나 그것은 우리의 관능적인 육체의 아나그람이다. 육체의 즐거움이 생리적인 욕구로 환원될 수 없듯이, 텍스트의 즐거움 또한 그 문법적인 기능(현상 텍스트)으로 환원될 수는 없다.

상'을 의미하는 것으로, '언술행위의 주체 설정에 고유한 논리적 조작'인 발생 텍스트(géno-texte)와는 대립된다. 즉 현상 텍스트란 구조주의가 말하는 하나의 완결된 산물로서의 텍스트를 가리키는 것이며, 발생 텍스트란 현상 텍스트의 구조화를 가능케 하는 시니피앙스의 영역을 말한다.

29) 일반적으로 아나그람(anagramme)이란 글자 수수께끼, 혹은 글자를 뒤바꾸어 새로운 뜻을 나타나게 하는 것으로, 예를 들면 Marie를 aimer(사랑하다)로 바꾸어 쓰는 것을 말한다. 소쉬르에게서 유래하는 이 개념은 현대 비평의 주요 개념 중의 하나로, 소쉬르는 고전 작품을 연구하다 고유명사(대개는 전시대의 작가나 시인)를 형성하는 음소나 글자들이 시 전체에 걸쳐 분산되어 있으며, 더욱이 이런 고유명사가 시의 주제와 밀접한 관계를 맺고 있다는 것을 발견하고, 텍스트 안에 두 개의 층위——즉 텍스트를 구성하고 현시하는 표층 층위와 아나그람이 이루는 심층 층위——가 있음을 이해하게 되었다. 따라서 일상적인 언어의 문법적이고도 의미론적인 규범과는 또 다른, 의미 생성의 다차원적이고도 역동적인 공간으로서의 아나그람의 발견은 곧 작가의 무의식을 긍정하는 것으로, 논리적이고도 이성적인 소쉬르와는 대립되는 또 다른 얼굴의 소쉬르를 보여준다.

텍스트의 즐거움은 내 육체가 그 자신의 고유한 상념을 좇아가는 바로 그 순간이다. 왜냐하면 내 육체와 나는 동일한 상념을 가지고 있지 않기에.

주해(Commentaire)

어떻게 타자에 의해 **진술된**(rapporté)[30] 즐거움(꿈이나 파티 이야기의 지루함)에서 즐거움을 느낄 수 있단 말인가? 어떻게 비평을 읽을 것인가? 거기에는 단 하나의 방법이 있다. 비평에서의 나는 제2단계의 독자이므로 이런 내 위치를 이동시켜야 한다. 즉 비평의 즐거움의 속내 이야기를 듣는 사람이 되는 대신——이것은 즐거움을 놓치게 할 것이 확실하므로——비평의 즐거움을 엿보는 사람이 되어야 한다. 나는 은밀히 타자의 즐거움을 관찰하며, '변태/뒤집음' 안으로 들어간다. 그때 주해(commentaire)는 내 눈에 하나의 텍스트, 허구, 찢어진 봉투가 된다. 작가의 변태(그의 글쓰는 즐거움에는 **어떤 직책도 없다**), 그를 읽는 비평가의 변태는 두 배가 되고, 작가와 비평가를 읽는 독자의 변태는 세 배가 되어 끝이 없다.

즐거움에 관한 텍스트는 **짧을** 수밖에 없다(**이게 전부야? 좀 짧은데**라고 말하는 것처럼). 즐거움은 다만 권리 주장(나는 즐거울 권리가 있다

---

30) 프랑스어의 rapporter라는 동사에는 진술하다 · 이야기하다 · 반복하다라는 뜻 외에도 고자질하다 · 일러바치다라는 뜻이 있다.

라는 표현처럼) 같은 간접적인 것을 통해서만 말해질 수 있는 것이므로 우리는 **일반 견해**(doxa)와 **반론**(paradoxa)[31] 혹은 반박이라는 두 시제의 간결한 변증법에서 벗어날 수 없다. 즐거움과 그 금지 외에 제3의 항은 존재하지 않는다. 이 항은 훗날로 연기될 것이다. 우리가 '즐거움'이라는 이름 자체에 집착하는 한 즐거움에 대한 모든 텍스트는 연기될 수밖에 없다. 그것은 결코 씌어지지 않을 것에 대한 서문일 것이며, 사람들에게 보여지자마자 그 필요성을 고갈시켜 버리는 현대적인 예술 생산품들과도 흡사할 것이다(왜냐하면 그 생산품을 본다는 것은 즉각적으로 그것이 어떤 파괴적인 목적하에 노출되어 있는가를 이해하는 것이기에, 이런 생산품들은 더 이상 그 안에 어떤 관조적인 시간도, 음미할 시간도 가지고 있지 않다). 이런 서문은 결코 아무것도 제시함이 없이, 다만 그 자체만을 반복할 뿐이다.

---

31) 일반 견해를 의미하는 독사(doxa)는 그리스어 dokeim(보인다 · 사료된다라는 뜻)에서 유래한 말로, 지배적인 견해나 판단 등을 가리킨다. 플라톤은 관념적인 참인식에 비해 낮은 주관적인 지식을 이렇게 지칭하였으며, 바르트의 모든 노력도 이 독사의 고발에 있다 해도 과언이 아닐 정도로 그의 저술의 중요한 부분을 차지하고 있다. 또한 여기서 반론적인/역설적인이라고 옮긴 그리스어 paradoxal은 ~의 곁에, ~ 외에, ~ 밖에를 뜻하는 para와 doxa의 합성어로 이 말을 문자 그대로 해석한다면, 일반 견해 밖에 있는 것이라고 할 수 있다. 따라서 이 글에서 doxa는 일반 견해로, paradoxa는 반론으로, 그것의 형용사형인 paradoxal은 반론적인이라고 옮기며, 경우에 따라서는 독사를 그대로 사용하고자 한다.

표류(Dérive)

텍스트의 즐거움은 반드시 승리에 찬, 영웅적인, 근육질적인 것은 아니다. 가슴을 뒤로 젖힐 필요도 없다. 내 즐거움은 표류의 형태를 취할 수 있다. 표류란 **내가 전체를 존중하지 않을 때**마다, 혹은 내가 파도에 밀려다니는 병마개처럼 언어의 환상이나 매혹·협박에 따라 이리저리 떠돌아다니는 것처럼 보여, 나를 텍스트(세상)에 연결시켜 주는 그 **다루기 힘든**(intraitable) 즐김의 주위만을 빙빙 돌며 꼼짝하지 않을 때마다 나타난다. 표류란 사회적인 언어, 즉 사회어(sociolecte)를 말하고 싶은 마음을 잃었을 때(**나는 용기를 잃었다**(le cœur me manque) 라는 말처럼) 나타난다. 그러므로 표류의 또 다른 이름은 **다루기 힘든 것**(l'intraitable), 혹은 **어리석음**(Bêtise)이리라.

그렇지만 만약 우리가 그렇게 하기에 이른다면, 표류를 말하는 것은 오늘날 곧 자살 담론이 될 것이다.

말하기(Dire)

텍스트의 즐거움, 즐거움의 텍스트. 이 표현은 동시에 즐거움(만족감)과 즐김(소멸)을 의미하는 프랑스어가 없어서 애매하기만 하다. 따라서 '즐거움'은 때로 여기서 즐김으로 확대되기도 하고(아무 예고도 없이), 때로는 즐김에 대립되기도 한다. 그러나 나는 이 애매함을 감수해야만 한다. 왜냐하면 한편으로는 텍스트의 지나침이나, 혹은 텍스트 안에서 모든 기능이나(사회적인) 기능화(구조적인)를 초과하는 것을 고려할 필요가 있을 때마다 일반적인 의미에서의 '즐거움'을 필요로 하고, 다른 한편으로는 즐김에 고유한 충격·진동·상실로부터 행복감·충족·편안함(문화가 자유롭게 스며들 때 느끼는 포만의 감정)을 구별하기 위해서는 모든 즐거움의 단순한 일부인 어떤 특정한 즐거움이 필요하기 때문이다. 나는 '즐거움'이라는 말에서 때로 내가 원치 않는 의미들을 제거할 수 없기에 이 애매함을 감수할 수밖에 없다. 나는 프랑스어의 '즐거움'이라는 단어가, 일반적인 것(즐거움/쾌락의 원칙)과 동시에 세부적인 것(바보들은 여기 우리의 작은 즐거움을 위해 존재한다)을 표현하는 것을 막을 수 없다. 이렇게 해서 나는 내 텍스트의 언표가 모순으로 흘러가도 그냥 내버려둘 수밖에 없다.

즐거움이란 작은 즐김에 불과한 걸까? 즐김이란 지극한 즐거움에 불과한 걸까? 즐거움은 약화된, 인정된——일련의 타협 과정을 통해 굴절된——즐김에 지나지 않은 걸까? 즐김은 가공되지 않은, 즉 각적인 즐거움일까(매개 과정 없이)? 바로 그 대답(예 혹은 아니오라는 대답)에 우리의 현대성을 말하는 방법이 달려 있다. 내가 만약 즐거움과 즐김 사이에는 다만 정도의 차이만 있다고 말한다면, 그것은 곧 역사는 평화로운 것이요, 즐김의 텍스트는 즐거움의 텍스트의 논리적이고 유기적이고 역사적인 발전에 불과하며, 전위란 다만 과거 문화가 점진적으로 해방된 형태에 지나지 않다는 것을 말하는 것이기 때문이다. 오늘은 어제에서 나오며, 로브 그리예는 이미 플로베르 안에, 솔레르스는 라블레 안에, 니콜라 드 스탈[32]의 모든 것은 세잔의 2제곱센티미터 안에 있다는 것을. 그러나 만약 내가 그 반대로 즐거움과 즐김은 서로 만날 수 없는 평행적인 힘이며, 그 둘 사이에는 투쟁 이상의 것, 즉 소통 불능이 존재한다고 믿는다면 그때 역사는, 우리의 역사는 평화롭지도 않고 어쩌면 지적이지도 않으며, 즐김의 텍스트는 그런 역사에서 항상 어떤 추문식으로(불규칙적으로) 불쑥 튀어나오며, 또 그것은 항상 어떤 단절이나 긍정(개화가 아닌)의 흔적이라는 것을, 그리고 이런 역사의 주체(타자들 사이에 존재하는 나라고 하는 이 역사적 주체)는 저 찬란한 변증법적인 통합의 움직임 속

---

32) Nicolas de Staël(1914-55): 러시아 출신의 프랑스 화가로 세잔과 수틴에게서 많은 영향을 받았으며, 단순하고도 소박한 몇 개의 선, 형태, 붓의 흔적, 어렴풋한 공간 처리 화풍으로 유명하다.

에서 과거의 작품에 대한 취향과 현대 작품에 대한 옹호를 정면에서 수행하면서 마음을 진정시키기는커녕 다만 하나의 '살아 있는 모순(contradiction vivante)', 즉 텍스트를 통해 자아의 강화와 동시에 그 붕괴를 즐기는 균열된 주체에 불과하다는 사실을 인정해야 한다.

게다가 여기 정신분석학에서 빌린 즐거움의 텍스트와 즐김의 텍스트를 구별하는 한 간접적인 방법이 있다. 즐거움은 말로 표현할 수 있는 것이지만, 즐김은 말로 할 수 없다라는.

즐김은 말로 할 수 없는 것(in-dicible)이거나, 혹은 말해진 것 사이(interdite)에 놓여 있다. 나는 라캉(우리가 주목해야 할 점은, 즐김이란 말하는 주체로서의 말하는 자에게는 금지되어 있거나, 혹은 행 사이에서(entre les lignes)만 말해질 수 있다는 점이다)과 르클레르(누구든지 말하는 사람은 그 말에 의해 즐김이 금지되며, 또는 상관적으로 즐기는 사람은 누구든지 모든 문자를, 모든 가능한 말을, 그가 찬양하는 절대적인 마멸의 경지로 사라지게 한다)[33]의 말을 참조한다.

즐거움의 작가(그리고 그 독자)는 문자를 인정한다. 그는 즐김을 포기하면서 즐김을 말할 권리와 힘을 갖는다. 문자는 그의 즐거움이다. 그는 언어를 사랑하는 모든 사람들, 모든 언어 찬미자들(logophile), 즉 작가나 서한가 또는 언어학자 들처럼 언어에 집착한다. 그러므로

---

33) S. Leclaire: 라캉의 제자로 라캉과 더불어 프랑스 정신분석학회(S. F. P.)를 창설하였으며, 1963년에는 그 회장직을 맡았다. 정신분석학 교육에 많은 공헌을 하였으며(빠리 제8대학교에 정신분석학과 창설), 《정신분석학적 무의식》(1960)이라는 글을 라플랑쉬와 공저로 출판하였다.

즐거움의 텍스트에 대해 말하는 것은 가능하다(즐김의 마멸에 대해서는 어떤 토론도 불가능하다). **비평은 항상 즐거움의 텍스트만을 다루며, 즐김의 텍스트는 결코 다루지 않는다.** 플로베르나 프루스트·스탕달은 끝없이 논평된다. 비평은 이런 지침서(texte tuteur)에 대해 공허한 즐김, **과거의 혹은 미래의** 즐김을 말한다. **당신은 읽게 될 것이다, 나는 읽었다** 등. 비평은 항상 역사적·전망적이다. 확언적인(constatif)[34] 현재, 즐김의 **현재화**(présentation)는 비평에 금지되어 있다. 비평이 선호하는 질료는 우리에게서 우리의 현재를 제외한 모든 것, 즉 문화이다.

즐김의 작가(그리고 그 독자)와 더불어 감당할 수 없는 텍스트, 불가능한 텍스트가 시작된다. 이런 텍스트는 즐거움 밖에, 비평 밖에 존재한다. **그것이 다른 즐김의 텍스트에 의해 포착되는 경우를 제외하고는.** 당신은 이런 텍스트에 '대하여' 말할 수 없으며, 다만 그것 '안에서', **그것의 방식대로** 말하거나, 아니면 미친 듯한 표절 작업으로 들어가 즐김의 공허를 신경질적으로 긍정할 수 있을 뿐이다(더 이상 집요하게 즐거움의 문자를 반복하는 것이 아닌).

---

34) 오스틴에 의하면 어떤 사건이나 일의 상태를 묘사하는 것은 확언동사, 명령하다·약속하다와 같이 말하는 동시에 하나의 행위를 수행하는 동사는 수행동사(performatif)라고 명명된다.

우파(Droite)

　일련의 조잡한 신화들이 우리로 하여금 즐거움(괴상하게도 텍스트의 즐거움)이 우파적인 사고라는 것을 믿게 하려고 한다. 우파 쪽에서도 동일한 움직임으로, 모든 추상적이고 지루하고 정치적인 것은 좌파 쪽으로 발송하고, 즐거움을 자신들 것으로 간직하려 한다. 마침내 문학의 즐거움으로 오신 여러분, 우리들 곁에 오신 것을 진심으로 환영합니다! 그리고 좌파 쪽에서는 도덕성이라는 이름하에(마르크스와 브레히트의 여송연은 망각한 채) 모든 '쾌락주의의 잔재'를 의심하고 경멸한다. 우파에서의 즐거움은 지식인이나 성직자에 **맞서기 위해** 요구되는 것으로서, 그것은 머리에 대한 가슴, 이성에 대한 감각, '추상적인'(차가운) 것에 대한 '삶'(뜨거운)의 오래된 반동적 신화이다. 예술가는 드뷔시의 그 음울한 교훈처럼 **겸손하게 즐겁게 해주도록 애써야** 하지 않을까? 좌파에서는 지식 · 방법론 · 참여 · 투쟁을 '단순한 쾌락'에다 대립시킨다(그렇지만 만약 지식 자체가 **감미롭다면?**). 그들 둘 다 즐거움이 **단순한 것**(chose simple)이라는 그런 괴상한 생각에 사로잡혀 즐거움을 주장하거나 경멸한다. 그렇지만 즐거움은 텍스트의 한 **요소**가 아니다. 그것은 순진한 잔재가 아니다. 즐거움은 오성(悟性)과 감성의 논리에 종속되지 않는다. 그것은 표류이자 동시에 혁명적이며 비사회적인 그 무엇으로 어떤 집단이나 심적 상태, 개인어가 감당할 수 없는 것이다. **중성적인 그 무엇?** 텍스트의 즐거움이 파렴치한 것으로 간주된다는 것은 명백하다. 그것이 비도덕적이어서가 아니라 **탈장소적**(atopique)[35]이기 때문에 그러하다.

---

35) 여기서 '탈장소적인'이라고 번역한 프랑스어 atopique는 topique에 대립되는 개념으로, 토피크는 그리스어 topos의 형용사 형태이며, 접두사 a는 결여·부정을 나타낸다. 토포스의 원래 의미는 장소·곳이나 일반적으로는 전통이나 일반 여론에 부합되는 사회어나 상투어 일반 공론, "하나의 방법체계, 비어 있는 형식들의 일람표, 채워진 형식들의 저장고"(김현, 《수사학》, 82쪽)를 가리킨다. 따라서 이런 토포스 밖에 위치하는 아토포스(그것의 복수 형태인 atopie)는 어떤 공간에도 고정시킬 수 없는 수상쩍은 것으로 앞에서 말한 중성의 개념과도 유사한 것이다. 또 이 말은 소크라테스의 놀라운 독창성 앞에 그 정체를 헤아릴 수 없다는, 혹은 분류할 수 없다는 데에서 제자들이 부여한 명칭이기도 하다. 따라서 이 책에서 토피크는 공론으로, 토포스는 장소, 아토피는 탈장소 혹은 분류될 수 없는 것으로 각각 옮기며, 이런 복합적인 의미가 우리말로 잘 드러나지 않을 경우에는 원문 그대로 아토피 혹은 아토포스를 같이 쓰고자 한다.

교환(Echange)

한 권의 텍스트에서 이 모든 언술적인 화려함은 무엇 때문일까? 언어의 사치는 부의 과잉이나 불필요한 소모, 혹은 절대적 상실에 속하는 걸까? 즐거움에 대한 한 권의 위대한 작품(예를 들면 프루스트의 작품)은 이집트의 피라미드와 동일한 경제에 속하는 걸까? 작가는 오늘날 거지 · 수도승 · 승려의 잔존하는 대체물로 비생산적인, 그럼에도 부양받는 자일까? 불교의 승가(Samgha)[36]와 유사한 문학 집단은, 그것이 어떤 알리바이를 사용하든 간에 상업 사회에 의해 부양되는 게 아닐까? 작가가 생산하는 것에 의해서가 아니라(작가는 아무것도 생산하지 않는다), 폭로/소비(brûler)하는 것에 의해서. 잉여적인 존재이지만 전혀 불필요한 존재가 아닌?

우리의 현대성은 교환 체제를 극복하기 위해 지속적인 노력을 한다. 그것은 작품의 시장 거래(대중매체로부터 그 자신을 배제하면서)나 기호(의미의 제거나 광기에 의해), 혹은 정상적인 성관계(즐김을 번식

---

36) 산스크리트어로 처음에는 부처님 주변에 모여들었던 제자들의 공동체를 지칭하는 말이었으나, 그 의미가 확대되어 부처님의 교리를 전파하기 위해 세속생활을 포기하는 승려나 수도승 들의 공동체를 가리킨다.

목적에서 벗어나게 하는 변태에 의해)에 저항하고자 한다. 그렇지만 아무 소용도 없는 일이다. 교환 체제는 자기를 부인하는 듯이 보이는 것조차 길들이면서 모든 것을 회수한다. 교환 체제는 텍스트를 사로잡아 불필요한, 그러나 합법적인 소비의 회로 안에 집어넣는다. 그리하여 텍스트는 다시 집단적인 경제 체제에 편입된다(그것이 다만 심리적인 것이라 할지라도). 인디언들의 선물 분배 행사(potlatch)처럼, 텍스트의 불필요성 자체가 바로 유용한 것이다. 달리 말하면, 사회는 균열의 방식에 따라 존속한다. 즉 여기에는 숭고하고 무사무욕한 텍스트가 있고, 저기에는 그 가치가…… 물건의 무상성 그 자체인 상품이 있다. 그러나 사회는 이런 균열에 대해 어떤 생각도 하지 않는다. **사회는 그 자신의 변태/뒤집음을 모른다.** 두 명의 소송 당사자들은 각각 자신의 몫을 가지고 있다. 충동(pulsion)은 충족될 권리가 있고, 현실은 자기가 당연히 받아야 할 존경심을 받는다. **그렇지만**이라고 프로이트는 덧붙인다. **"우리 모두가 알고 있듯이 죽음만이 무상적인 것이다."** 텍스트로 말하자면, 텍스트의 파괴만이 무상적인 것이리라. 영원히 회수되기를 원치 않는다면 글을 쓰지 말 것, 더 이상 글을 쓰지 말 것.

듣기(Ecoute)

사랑하는 사람과 함께 있으면서 다른 생각을 하는 것. 그렇게 함으로써 나는 최선의 생각을 할 수 있으며, 내 작업에 필요한 최선의 것을 고안해 낼 수 있다. 텍스트도 마찬가지이다. 텍스트가 간접적으로 들리게 할 수만 있다면, 그것은 내게서 최상의 즐거움을 생산해 낼 것이다. 내가 텍스트를 읽으면서 머리를 자주 들고 다른 것을 들을 수만 있다면. 반드시 즐거움의 텍스트에 **매료될**(captivé) 필요는 없다. 그것은 가벼운, 복합적인, 미세한, 거의 얼빠진 행위일 수도 있다. 우리가 듣는 것은 아무것도 이해하지 못하면서, 우리가 이해하지 못하는 것은 듣는 새의 움직임과 같은 그런 갑작스런 머리의 움직임.

감동(Emotion)

감동은 왜 즐김에 대해 적대적이란 말인가(나는 그릇되게도 감동을 전적으로 감상적인 것, 도덕적인 환상 쪽에 있는 것으로 간주해 왔다)? 그것은 혼란·소멸의 가두리이다. 보수적인 외관하에 변태적인 그 무엇. 어쩌면 그것은 상실 중에서도 가장 꼬인 형태일 것이다. 왜냐하면 감동은 즐김에 어떤 고정된, 즉 강렬하고 격렬하며 거친 형상, 뭔가 필연적으로 불끈 긴장된 페니스적인 어떤 것을 부여하려는 일반 규칙에 어긋나기 때문이다. 이런 일반 규칙에 반대할 것. 다시 말하면 **결코 즐김의** 이미지에 **속지 말 것**. 사랑의 감정을 조정하는 데 있어 어떤 혼란(철이른, 지연된, 감동적인 즐김 등)이 야기될 때마다 즐김을 인정하는 데에 동의할 것. 사랑/정념을 즐김으로 인정하는 데에? 즐김은 지혜일까(즐김이 **편견을 버리고** 그 자체를 이해하게 될 때에는)?

권태(Ennui)

어떤 해결책도 없다. 권태는 단순한 것이 아니다. 이런 권태에서(한 권의 책이나 텍스트 앞에서 느끼는) 짜증이나 거부만으로는 벗어나지 못한다. 텍스트의 즐거움이 모든 간접적인 생산을 가정하듯이 권태 역시 어떤 즉흥적인 것도 내세울 수 없다. 솔직한(sincère) 권태란 존재하지 않는다. 텍스트/옹알이가 개인적으로 나를 지루하게 한다면, 사실 내가 그 요구를 좋아하지 않기 때문이다. 그러나 만약 내가 그 요구를 좋아한다면(어떤 모성적인 취향을 가지고 있다면)? 권태는 즐김과 그리 먼 것이 아니다. 그것은 즐거움의 기슭에서 본 즐김이다.

거꾸로(Envers)

하나의 이야기가 예의바르게 점잖게 악의 없이 단조로운 어조로 말해지면 질수록, 그것을 뒤집거나 더럽히거나 거꾸로 읽는 일은 더욱 쉬워진다(사드에 의해 읽혀진 세귀르 부인[37]의 작품처럼). 이 전복은 하나의 순수한 생산인 까닭에 텍스트의 즐거움을 찬연히 발전시킨다.

---

37) Mme de Ségur(1799-1874): 러시아 황제 파벨 1세 때 장관을 지낸 부친의 실각으로 프랑스로 건너가 세귀르 백작과 결혼했으나, 남편에게 버림받고 누에트 영지에서 손자손녀들을 위한 동화를 써 명성을 떨쳤다. 후일 그녀의 작품(《소피의 불행》《모범적인 소녀들》《방학》 등)은 정신분석학에 의해 사도-매저키즘적인 경향이 있다고 지적되며, 사회적인 묘사의 차원에서도 그 순진성이 부인된다.

정확함(Exactitude)

플로베르의 《부바르와 페퀴셰》[38]에서 나를 즐겁게 해주는 이런 문장을 읽는다. "식탁보와 침대보, 냅킨들이 나무 집게에 집힌 채 팽팽한 줄에 수직으로 걸려 있다." 나는 거기서 지나친 정밀함, 언어에 대한 일종의 편집광적인 정확함, 묘사의 광기(로브 그리예의 텍스트에서나 찾아볼 수 있는)를 음미한다. 그리하여 우리는 이런 역설에 이르게 된다. 그것은 문학 언어가 '순수한' 언어, 본질적인 언어, 문법학자의 언어(물론 이런 언어는 하나의 상념에 불과하지만)에 부합되는 한 그것은 흔들리며 초과하며 막연해진다는(ignorée). 여기서 문제가 되는 정확성은, 마치 사물이 **점점 더 잘** 묘사된다는 듯이 세심한 주의를 더 많이 기울이거나 수사학적인 가치의 증식에 있는 것이 아니라, 약호 변화에 있기 때문이다. 묘사의 모델은(멀리 있는) 더 이상 웅변조의 담론이 아닌(우리는 아무것도 '채색하지(peindre)' 않는다), 일종의 사전 편집상의 기술이다.

---

38) 플로베르의 미완의 작품 《부바르와 페퀴셰》는, 백과사전적인 지식을 그대로 실생활에 적용하려는 우스꽝스럽고 희화적인 두 인물의 이야기이다. 바르트는 이 작품을 패러디의 대표적인 걸작으로 간주하고 있으며, 문학에 있어 모방이나 표절의 문제는 어쩌면 문학 언어의 특성이기도 하다는 견해를 표명하고 있다.

물신(Fétiche)

텍스트는 물신의 대상이며, 또 **이 물신은 나를 욕망한다.** 텍스트는 눈에 보이지 않는 화면이나 모든 선별적인 장애물의 배열에 의해 나를 선택한다. 어휘며, 지시물이며, 읽혀질 수 있는 것이며 등. 그리고 텍스트 가운데로 사라진(고대 연극에서처럼 텍스트 **뒤에서** 권력을 휘두르는 전지적 신이 아니라) 타자가, 저자가 언제나 있다.

제도로서의 저자는 이제 죽었다. 시민으로서, 정념적·전기적인 인간으로서의 저자는 이제 사라졌다. 이렇게 지위를 박탈당한 그는, 자신의 작품에 대해 문학사나 교육·일반 견해가 확립하고 부흥시키는 책임을 맡고 있는, 그 강력한 부권을 더 이상 행사하지 못한다. 그러나 나는 텍스트 안에서 어떤 방식으로든 저자를 **욕망한다.** 그가 나의 형상을 필요로 하듯이('옹알이'할 때를 제외하고는), 나는 그의 형상(그의 재현이나 투사가 아닌)을 필요로 한다.

전쟁 (Guerre)

이데올로기적 시스템은 허구(아마도 베이컨이 **극장의 유령**(fantôme de théâtre)[39]이라고 말했을), 즉 소설이다. 그러나 그것은 플롯이나 클라이맥스, 선인과 악인 들로 짜여진 고전적인 소설이다(그러나 **소설적인 것**(le romanesque)은 이와 전혀 다르다. 그것은 단순한 비구조적인 절단, 형태의 분산, 즉 마야(maya)[40]이다). 각각의 허구는 사회적 화법(parler) 또는 사회어에 의해 유지되며, 드디어는 동일시된다. 허구란 언어가 예외적으로 **응결되어**(pris), 그것을 일반적으로 말하고 전파하기 위해

---

39) 베이컨은 그의 저서 《신기관 *Novum Organum*》에서 "그대로 내버려두면 사람을 거짓에 말려들게 하는 마음의 모든 경향을 일컫는" 것을 우상이라고 지칭하면서, 종족 · 동굴 · 시장 · 극장의 네 가지 우상을 들고 있다. 이 중에서도 극장의 우상(idola theatri)에 대해서는 "일반이 승인하고 있는 체계들은 모두 무대 연극에 불과하며, 사실과는 관계 없이 연극적으로 꾸며진 작가 자신들의 창작 세계에 해당하는 것들이다"라고 설명하면서, 그 예로 신학과 종교적인 미신, 역사적인 전통에 대한 맹목적인 충성이 인간의 판단을 잘못되게 한다고 지적하고 있다.(람프레히트, 《서양 철학사》, 387쪽에서 인용) 따라서 여기서 극장의 유령이라고 옮긴 말은 이런 무대의 우상을 지칭한다.

40) 마야란 고대 인도 철학의 중요 개념 가운데 하나로, 실재를 감출 뿐만 아니라 우리의 무지를 유발시키는 환영이나 허위로 충만된 물질계 또는 외관을 지칭하는 말이다.

한 성직 계급의 자리(신부·지식인·예술가)를 발견할 때 도달하게 되는 그런 견고함의 정도이다.

"……각각의 민족은 그들 위에 수학적으로 배분된 어떤 개념들의 하늘을 가지고 있다. 그리하여 진리가 요청될 때마다, 어떤 개념적인 신도 신의 영역 외에 다른 곳에서 찾으면 안 된다는 것을 깨닫게 된다."(니체) 우리는 모두 언어의 진리 속에 갇혀 있다. 다시 말하면, 언어의 인접성을 조정하는 저 놀라운 경쟁심에 이끌려 언어의 지역성 안에 위치한다. 왜냐하면 각각의 화법(각각의 허구)은 서로 주도권을 장악하기 위해 투쟁하며, 하나의 화법이 세력을 장악하게 되면 그것은 이내 사회적 삶의 일반적이고도 일상적인 흐름 속으로 확산되어 일반 견해(doxa), 즉 자연이 되기 때문이다. 바로 이것이 정치인들이나 정부 관료들의 자칭 비정치적이라고 하는 화법이며, 신문이나 라디오·텔레비전의 화법이며, 일상적인 대화의 화법이다. 그러나 탈권력의 공간에서도 경쟁심은 다시 권력에 대항하여 발동하며, 각각의 화법은 분열되어 투쟁한다. 냉혹한 **공론**(topique)[41]이 언어의 삶을 조정하는 것이다. 언어는 항상 어떤 장소로부터 온다. 그것은 호전적인 장소(topos)이다.

그는 한때 언어의 세계(logosphère)를 거대하고도 지속적인 편집광

---

41) 바르트가 말하는 topos나 topique는 무엇보다도 서로 주도권을 장악하기 위해 투쟁하는 사회어와 관계를 맺고 있으며, 그 전쟁터가 곧 토포스이다. 따라서 바르트의 텍스트는 이런 호전적인 토포스 밖에 위치하는, 즉 분류될 수 없는 아토픽 (atopique)한 것이다.

의 갈등으로 생각한 적이 있었다. 그 유일한 잔존물이 하나의 최종적인 형상, 즉 반은 과학적이고 반은 윤리적인 이름으로 적에게 낙인을 찍는 그런 형상을 산출할 만큼 꽤 창의적인 체계들이었다(화법 · 허구). 우리로 하여금 확인하고 설명하고 비난하고 거부하고 적을 회수하게 하는, 한마디로 말해 **적에게 대가를 치르게 하는** 일종의 회전문 같은 것으로. 이렇게 해서 여타의 것 중에서도 가장 많이 알려진 것들을 살펴보면, 마르크시스트의 화법으로 말하자면 모든 대립은 계급의 대립이며, 정신분석학의 화법으로 말하자면 모든 부인(否認)은 고백이며, 그리스도교의 화법으로 보면 모든 거부는 곧 신의 추구에 다름아니다. 그는 자본주의 권력 언어가 처음 보기에 이런 체계의 형상을 갖고 있지 않음에 놀랐다(그 반대자들을 '중독되었다 · 세뇌되었다'라고 말하는 그런 천박한 유형의 것이 아니라면). 그리하여 그는 자본주의 언어의 압력(그만큼 더 강력한)은 편집광적 · 체계적 · 논쟁적으로 분절된 것이 아니라 집요한 들러붙기, 일반 견해, 무의식의 한 방식, 즉 이데올로기의 본질 자체라는 것을 알게 되었다.

여기서 언급한 체계들이 우리를 방해하거나 귀찮게 하는 것을 멈추게 하려면, 그 중 하나 속에 사는 길밖에는 다른 방법이 없다. 그렇지 않으면 **나는, 나는, 그런데 나는 이 모든 것 속에서 무얼 하고 있지?**라고 말하든가.

텍스트는 그 소비에서가 아니라면, 적어도 그 생산 속에서 탈장소적이다. 그것은 하나의 화법도 허구도 아니며, 시스템은 그 안에서 넘쳐흘러 해체된다(이 넘침, 이 벗어남이 곧 시니피앙스이다). 이런 탈장소적인 것으로부터 텍스트는 어떤 괴상한 상태——동시에 배제되고 평화로운——를 취하여 독자에게 전달한다. 언어들의 전쟁중에도 조용한 순간은 있을 수 있다. 이 순간이 바로 텍스트이다(브레히트의 한 주인공은 이렇게 말한다. "전쟁은 평화를 배제하지 않는다…… 전쟁중에도 평화로운 순간은 있는 법이다…… 두 교전 사이에서 사람들은 맥주잔을 비우기도 한다").[42] 말의 두 공격 사이에서, 두 개의 위풍당당한 시스템 사이에서 텍스트의 즐거움은 일시적인 휴식으로서가 아니라, 마치 다른 생리학을 행하듯이 다른 언어의 엉뚱한——**분리된**——끼어들기로 항상 가능하다.

우리 언어에는 아직도 너무 많은 영웅주의가 있다. 그런 유형의 가장 나은 것 중의 하나로 나는 바타유의 언어를 생각한다. 몇몇 표현의 지나친 흥분, 그리하여 드디어는 일종의 **엉큼한 영웅주의**(héroïsme insidieux)로 흐르는 것. 텍스트의 즐거움(텍스트의 즐김)은 이와 반대로 호전적인 가치의 갑작스런 삭제, 작가의 발톱의 일시적인 벗겨짐, '심장'(용기)의 정지와도 같다.

어떻게 언어로 만들어진 텍스트가 언어들 밖에 있을 수 있단 말인가? 어떻게 최종적인 화법으로——다른 화법들은 다만 그것을 인

---

42) 브레히트의 《억척어멈과 그 자식들 *Mutter Courage und ihre Kinder*》(1941) 제6장에 나오는 대사이다.

용하고 낭송하는 것에 불과한──도피함이 없이 이 세상의 화법들을 외재화(외부에 위치시키는)시킬 수 있단 말인가? 내가 명명하면 나 역시 명명된다. 즉 이름들의 경쟁 관계에 사로잡히게 된다. 어떻게 허구나 사회어의 전쟁으로부터 텍스트가 '벗어날' 수 있을까? 그것은 점진적인 쇠진 작업에 의해 가능하다. 우선 텍스트는 모든 메타언어를 청산함으로써 텍스트가 된다. 텍스트가 말하는 것 **뒤에는**(en arrière) 어떤 목소리도(**과학 · 대의명분 · 제도**) 존재하지 않는다. 다음으로 텍스트는 끝까지 설령 그것이 **모순**된 것이라 할지라도, 그 고유한 담론적 범주나 사회언어학적인 지시물(그 '장르')들을 파괴한다. 그것은 '웃기지 않는 코미디요', 그 누구도 예속시키지 않는 아이러니요, 영혼도 신비주의적인 것도 없는 환희요(사르두이), 인용부호를 붙이지 않은 인용이다. 마지막으로 텍스트는 만약 그것이 원한다면, 언어체의 규범적인 구조조차도 공략할 수 있다(솔레르스). 어휘(과도한 신어 사용, 합성어 사용, 말의 문자로 바꿔쓰기), 구문(더 이상의 논리적 연결도 문장도 부재하는) 등. 그것은 변환(단순한 변형이 아닌)에 의해 언어적 질료의 새로운 연금술적 상태를 나타나게 한다. 기원 밖에, 의사소통 밖에 존재하는 이 전대미문의 상태, 이 백열하는 금속은 비록 그것이 분리된, 모방된, 야유조의 것이든 간에 하나의 유일한 언어가 아닌, 바로 언어라는 **질료**이다.

텍스트의 즐거움은 이데올로기를 인정하지 않는다. 그렇지만 이 무례함은 자유주의가 아닌, 변태/뒤집음에 연유한다. 텍스트와 그 독서는 분리되어 있다. 극복되거나 파괴된 것은, 사회가 모든 인간적 산물에 요구하는 그 **도덕적 통일성**이다. 우리는 텍스트(즐거움의)를 마치 방 안을 날아다니는 파리처럼 읽는다. 결정적인 것처럼 보이지만 실은 거짓된, 갑작스런, 분망한, 불필요한 선회들. 이데올로기는 텍스트와 그 독서 위를 마치 얼굴에 띤 홍조처럼 스쳐간다(이것이 사랑에 관계된 것이라면, 이 붉은빛을 관능적으로 음미하는 사람들도 있을 것이다). 즐거움의 작가들은 모두 이런 바보 같은 붉은빛을 띠고 있다(발자크 · 플로베르 · 프루스트 등. 아마도 말라르메만이 자기 살갗의 주인이리라). 즐거움의 텍스트에서 반대되는 힘들은 더 이상 억압의 상태가 아닌, 변전(devenir)의 상태에 놓여 있다. 진정으로 적대적인 것은 아무것도 없으며, 모든 것은 복수적이다. 나는 반동적인 어둠을 가볍게 통과한다. 이를테면 졸라의 《풍요》[43]라는 소설에는 이데올로기가 명백하며, 그것은 특히 끈적거리기조차 한다. 본연주의(naturisme)[44]며, 가족주의며, 식민주의 등. **그럼에도 불구하고** 나는 그 책을 읽기를 멈추지 않는다. 이런 뒤집음은 진부한 것일까? 오히려 우리는 거기서 주체가 책읽기를 분리하고, 판단의 오염이나 만족감의 환유에 저항하고 자신을 배분하는 그 능숙한 솜씨에 놀라게 되지 않을까? 그것은 즐거움이 우리를 **객관적으로** 만들기 때문일까?

---

43) 1899년에 발표된 졸라의 이 소설은, 막노동을 하면서도 미래의 수확을 거두는 네 아들의 선구자적인 이야기를 다루고 있다. 그들은 인간을 재생시키고 세상을 행복하게 만들기 위해 풍요(수태) · 일 · 진리 · 정의의 힘을 내세우며, 평화롭고 정의로운 세계를 구축하는 사도들이다.
44) 1897년 부엘리에와 르 블롱에 의해 주창된 것으로 독일 · 스칸디나비아 · 러시아의 영향을 배격하자는 주의.

어떤 이들은 '지배적 이데올로기'로부터 차단된 그림자 없는 텍스트(예술이나 그림)를 원한다. 그러나 그것은 풍요로움도 생산성도 없는 불임의 텍스트(**그림자 없는 여인**의 신화를 참조할 것)[45]를 원하는 것이다. 텍스트는 자신의 그림자를 필요로 한다. 이 그림자는 **약간의** 이데올로기, **약간의** 재현, 약간의 주체이다. 즉 유령, 주름, 흔적, 필요한 구름들이다. 전복은 그 자신의 **명암**을 생산해야만 한다.

(사람들은 흔히 '지배적 이데올로기'라고 말한다. 그러나 이 표현은 부적절하다. 이데올로기란 무엇인가? 그것은 바로 **지배하는 한에 있어서의** 이념이라는 뜻이다. 이데올로기란 지배적인 것일 수밖에 없다. 피지배 계급이란 확실히 존재하기 때문에 '지배 계급의 이데올로기'에 대해 말하는 것이 정당하다면, 피지배의 이데올로기란 존재하지 않기 때문에 '지배적 이데올로기'라고 말하는 것은 부당한 것이다. '지배를 받는' 쪽에는 아무것도, 어떤 이데올로기도 존재하지 않는다. 아니면 그들이 그들을 지배하는 계급으로부터 빌려 와야만 하는(상징화하기 위해, 따라서 살기 위해) 이데올로기가 아니라면. 바로 이것이 소외의 최종 단계이다. 사회적 투쟁은 두 개의 경쟁적인 이데

---

45) 정신분석학자 오토 랑크에 의하면, 고대 원시인에게서 그림자는 인간의 생명이나 번식과 밀접한 관계를 맺는 것으로, 그림자가 없는 인간은 죽음이 임박하거나 아니면 애를 낳지 못하는 여인으로 간주된다. 임신한 여자가 다른 남자의 그림자를 밟으면 태어난 아이가 그 남자를 닮는다고 생각하는 것이나, 악마나 마술사·유령 들을 그림자 없는 존재로 간주하는 것 등은 모두 그림자와 성, 번식과의 관계를 말해 주는 전설들이다. 리하르트 슈트라우스의 《그림자 없는 여인 *Die Frau ohne Schatten*》이라는 오페라도 이런 전설에 근거한다.(Otto Rank, 《돈 주안과 그 분신 *Don Juan et le double*》, Payot, 1973, 63-70쪽)

올로기의 투쟁으로 환원될 수는 없다. 그러므로 문제가 되는 것은 모든 이데올로기의 전복이다.)

상상계(Imaginaires)

언어의 상상계(imaginaires du langage)를 정확히 식별할 것. 독창적인 단위나 마술적 단자로서의 단어, 사상의 도구나 표현으로서의 말, 말을 문자로 바꿔쓰기로서의 글쓰기, 논리적인 닫힌 척도로서의 문장, 초보적 · 즉흥적 · 실용적 힘으로서의 언어의 결핍이나 거부조차도 식별할 것. 이 모든 인공물들은 과학의 상상계(상상계로서의 과학)에 의해 담당된다. 언어학은 언어에 대한 진리를 발화한다. 그러나 다만 어떤 **'의식적인 환상도 연루되지 않는다는 점'**에서만 그러하다. 이것이 바로 상상계의 정의이기도 하다. 즉 무의식을 의식하지 못한다는.

그러므로 언어과학 내에 단지 우발적으로 경멸조로 부여되거나 아니면 자주 거부된 것, 즉 기호학(니체가 말하는 문체론이나 수사학) · 실천 · 윤리적 행동 · '열광'(다시 한 번 니체를 인용하면)을 언어과학 안에 재정립하는 일이 그 첫번째 작업일 것이다. 두번째 작업은 과학에 반대되는 것——여기서는 텍스트——을 과학 안에 복원시키는 일이다. 텍스트는 그 자신의 상상계가 부재하는 언어이다. **텍스트는 언어과학의 일반적인 중요성(그 전문적 특성이 아닌)이 표출되기 위해 언어과학에 결핍된 바로 그것이다.** 이 모든 것은 언어학(규범적 · 실증적 학문으로서의) · 시니피앙스 · 즐김에 의해 간신히 묵인되거나 혹은 단호하게 거부된 것들로서, 바로 이것이 언어의 상상계로부터 텍스트를 철수시킨다.

텍스트의 즐거움에 대해서는 어떤 '논문'도 불가능하다. 갑자기 끝나 버리는 검열(내관 introspection)만이 가능하다면 가능할까. **그래도 그것은 즐긴다**(Eppure si gaude)![46] 그렇지만 그 모든 것에도 불구하고 나는 텍스트를 즐긴다.

그렇다면 그 사례는? 아마도 사람들은 거대한 집단적인 수확을 생각할지도 모른다. **누군가에게 즐거움을 주는** 텍스트들(그 텍스트들이 어디서 오든)을 모두 모아, 마치 정신분석학자들이 인간의 관능적인 육체를 전시하듯이, 이 텍스트적인 육체(자료체/육체를 의미하는 코르퓌스(corpus)는 적절한 표현이다)를 표출시켜야 한다고 말이다. 그렇지만 이런 작업은 선택된 텍스트만을 설명하게 될지도 모른다는 위험이 있다. 거기에는 필연적으로 계획의 분기가 있기 마련이다. 스스로 말할 수 없는 즐거움은, 동기화의 일반적인 행로——**그 중 어느것도 결정적일 수 없는**——로 들어가게 될 것이다(여기서 만약 내가 텍스트의 즐거움을 몇 개 인용한다면, 그것은 전혀 규칙적인 방식이 아닌, 언제나 지나는 길에 일시적으로 행해지는 것이다). 한마디로 말해, 이런 작업은 **씌어질 수 없다.** 나는 이런 주제의 주위를 **맴돌 수밖에 없으며,** 따라서 집단적으로 장황하게 하기보다는 홀로 짧게 하는 편이 더 나

---

46) "그래도 지구는 돈다 Eppur, si muove"(직역하면, 그래도 그것은 돈다)라는 갈릴레오의 말을 빗대어 현대 이탈리아어로 표기한 것이다.

은 것이다. 즉 긍정의 근거가 되는 **가치**(valeur)에서, 문화의 효과인 **가치들**(valeurs)로 넘어가는 것을 포기하는 편이 더 낫다.

언어 피조물로서의 작가는 언제나 허구들(화법들)의 전쟁에 사로 잡힌다. 작가를 구축하는 언어(글쓰기)는 언제나 탈장소적(아토픽 atopique)이기 때문에, 그는 거기에서 다만 하나의 노리개에 불과하다. 다의성의 단순한 효과(글쓰기의 초보적 단계)에 의해 문학적인 말의 호전적인 참여는 그 기원부터가 의심스러운 것이다. 작가는 언제나 시스템의 눈에 보이지 않는 지점에 있으며, 거기서부터 표류한다. 그는 카드놀이의 조커요, 원시 종교의 초자연적 힘인 마나[47]요, 잠재 태[48]요, 브리지 게임에서 놀이를 포기하며 죽는 자이다. 의미(투쟁)에 필요하기는 하지만, 그 자신은 고정된 의미로부터 배제되는 그런 자이다. 그의 자리와 그의 (교환) 가치는 역사의 움직임이나 투쟁의 전술적인 양상에 따라 다양해진다. 사람들은 그에게서 전부 또/혹은 무를 요구한다. 교환 체제 밖에 있는 그는, 선(禪)에서 말하는 무소득(無所得)의 세계 속에 침잠한 채 말들의 변태적 즐김 외에는 아무것도 소유하기를 원치 않는다(그렇지만 즐김은 결코 소유가 아니다. 즐김을

---

47) mana: 멜라네시아어로 초자연적이고도 비인간적인 힘, 행동의 원칙을 지칭하는 말이다.

48) 잠재태란 프랑스어의 직설법처럼 접속법이나 명령법에 비해 법이 없는 언어, 혹은 영어의 it처럼 여성이나 남성에 비해 중성을 가리키는 언어학 용어이다. 바르트에 의하면 그것은 '의미하는 부재', 즉 '아무것도 없으면서 무엇인가를 의미하는' 개념으로 설명된다.(김현, 《프랑스 비평사》, 현대편, 180쪽)

깨달음(satori)이나 상실로부터 구별짓는 것은 아무것도 없다).[49] 그러나 역설적인 것은 작가가 이런 글쓰기의 무상성(즐김에 의해 죽음의 무상성에 다가가는)에 대해 침묵한다는 점이다. 그는 긴장하고, 근육을 팽팽히 하고, 표류를 부인하고, 즐김을 억압한다. 이데올로기적인 억지(répression)[50]와 **동시에** 리비도적인 억지(물론 지식인이 자신에게, 자신의 언어에 부과하는 억지)에 맞서 싸우는 작가란 거의 없다.

---

49) 선(禪)에서 말하는 깨달음이란, 모든 일상적인 것으로부터 해방된 정신이 드디어 자신이 갈 바를 깨닫게 되는 상태를 말한다. 따라서 상실이란 이런 깨달음의 세계에 도달하기 위한 전제 조건으로, 여기서 말하는 깨달음이나 상실은 동의어인 셈이다.

50) 여기서 억지라고 옮긴 프랑스어의 répression은 의식적 · 의지적으로 불쾌한 일을 배제하는 것을 가리키는 정신분석학 용어로서, 무의식적 · 무의지적으로 의식하지 않게 되는 억압(refoulement)과는 구별된다.

상호 텍스트(Inter-Texte)

스탕달이 인용한(쓴 것이 아닌) 한 텍스트를 읽으면서,[51] 나는 조그
마한 세부적인 것에 의해 프루스트를 재발견한다. 레스카르 주교는
자기의 부주교 질녀를 일련의 애정어린 호칭으로 부르고 있는데(**내
귀여운 조카, 내 친구, 내 예쁜 갈색 머리 아가씨, 이 조그마한 귀염둥이!**), 이
것은 발벡 호텔에서 두 명의 심부름꾼, 마리 주네스트와 셀레스트 알
바레가 프루스트의 화자를 지칭하는 것을 연상시킨다(**이 귀여운 검은
머리의 악마, 이 지독한 장난꾼, 이 젊음, 이 아름다운 피부!**). 게다가 같은
방식으로, 나는 프루스트를 통해 플로베르에게서 노르망디의 꽃핀
사과나무를 읽는다. 형식구(formule)의 지배, 기원의 역전, 후에 씌어
진 텍스트로부터 전에 씌어진 텍스트를 불러오게 하는 그 무례함을
나는 음미한다. 프루스트의 작품은 적어도 내게 있어서는 지침서이
자 **일반적인 지식**(Mathésis),[52] 모든 문학 진화론의 만다라이다. 마치

---

51) 스탕달, 〈질녀에 의해 발간된 아타나즈 오제의 삶의 일화〉, 《한 여행자의 회고
록》 I, 238쪽, 245쪽.(《스탕달 전집》, Calmann-Lévy, 1891)
52) Mathésis : 일반적으로 지식·수학·과학·학문을 의미하는 이 말은, 바르트의
표현을 빌리자면 "하나의 질서, 시스템, 지식의 구조적인 영역"이다. 그러나 이런
앎의 보고로서의 문학은 시대를 벗어날 수 없는, 닫힌, 한정된 것으로서, 바르트의

세비녜 부인의 편지[53]가 프루스트 화자의 할머니에게, 기사도 소설이 돈키호테에게 그랬던 것처럼. 그렇다고 해서 내가 프루스트의 '전문가'라는 말은 전혀 아니다. 프루스트는 내가 호출하는 것이 아닌 그냥 내게로 다가오는 것이다. 그것은 '권위서'가 아닌, 단지 **순환적인 추억**이다. 이것이 바로 상호 텍스트(inter-texte)[54]이다. 그것이 프루스트이든 신문이든 텔레비전 화면이든 간에 무한한 텍스트를 벗어난 삶의 불가능성. 책은 의미를 만들고, 의미는 삶을 만든다.

후기 문학 실천에서는 거부된다.(《롤랑 바르트 평전》, 122쪽)

53) Mme de Sévigné(1626-96): 프랑스 17세기 여류 작가로, 시골에 시집을 간 딸을 그리는 애틋한 마음을 글로 달랜 《서간집》이 유명하다. 프루스트 화자의 할머니는 노상 이 글을 인용하면서 손자를 사랑하는 마음을 표현하고 있다.

54) 상호 텍스트(inter-texte) 또는 상호 텍스트성(intertextualité)이라는 개념은 바흐친의 다성성이나 카니발 문학의 영향을 받아 축조된 것으로서, 후기 구조주의 문학 실천의 주요 개념 중의 하나이다. 솔레르스는 "모든 텍스트는 여러 텍스트의 교차점에 위치하며, 그것의 재독서·강조·압축·깊이이다"라고 설명한다.(M. Angenot, 《현대비평용어집》에서 재인용, 111쪽)

등방성(Isotrope)

만약 당신이 나무에 못을 박는다면, 나무는 당신이 어디를 치느냐에 따라 다르게 반응한다. 그때 우리는 나무가 등방성이 아니라고 말한다. 텍스트 역시 등방성이 아니다. 그 가두리며 틈새는 예측불허의 것이다. (오늘날의) 물리학이 몇몇 환경, 몇몇 세계의 비등방적인 성격을 조정해야 하는 것처럼 구조적 분석(기호학) 역시 텍스트의 가장 미세한 저항이나 그 결의 불규칙한 모양을 인정해야 한다.

언어체(Langue)

어떤 대상도 즐거움과 한결같은 관계에 놓인 것은 없다(사드에 관한 라캉의 글을 참조할 것).[55] 그렇지만 작가에게서 이런 대상은 존재한다. 그것은 언어가 아닌 언어체, 즉 **모국어/어머니의 언어**이다. 작가란 어머니의 육체와 유희하는 자이다(나는 로트레아몽과 마티스에 관한 플래네[56]의 글을 참조한다). 그 육체를 찬미하거나 치장하기 위해, 혹은 그것을 조각조각 잘라 육체에 대해 알 수 있는 것의 한계까지 나아가기 위해. 나는 언어체의 **훼손**을 즐길 수 있을 때까지 나아갈 것이다. 그러면 일반 여론은 '자연을 훼손시키는 것'을 원치 않기 때문에 소리를 지르며 반대할 것이다.

---

55) 라캉, 〈칸트와 사드〉, 《쓰기 *Ecrits*》, Seuil, 1971.
56) M. Pleynet, 《로트레아몽 평전 *Lautréamont par lui-même*》, Seuil, 1967.

독서(Lecture)

바슐라르에게서 작가란 결코 글을 쓴 적이 없는 것 같다. 어떤 괴상한 절단에 의해 그들은 다만 읽혀질 뿐이다. 이렇게 하여 그는 순수 독서비평을 확립하였고, 그것도 즐겁게 하였다. 우리는 동질적인 실천(유동적인, 유쾌한, 관능적인, 단일한, 환희에 찬)에 참여하며, 또 이 실천은 우리를 만족시켜 준다. 몽상의 독서. 바슐라르와 더불어 모든 시(문학, 즉 투쟁을 중단하는 단순한 권리)는 즐거움에 유리한 쪽으로 나아간다. 그러나 작품이 일단 글쓰기의 유형으로 파악되면 즐거움은 삐걱거리고, 즐김은 싹트며, 바슐라르는 멀어진다.

선비 제도(Mandarinat)

나는 언어가 나를 아프게 하거나 매혹시키기 때문에 관심이 있다. 이것은 계급의 에로티시즘일까? 어떤 계급의? 부르주아의? 그러나 부르주아는 언어에 대해 전혀 취미가 없다. 언어는 그들의 눈에 더 이상 사치도 삶의 기술의 한 요소('위대한' 문학의 죽음)도 아닌, 다만 하나의 도구·장식에 불과하다(표현법). 그렇다면 민중의? 거기서는 모든 마술적인, 시적인 행위는 사라진다. 카니발은 끝났으며, 사람들은 더 이상 말장난을 하지 않는다. 그것은 은유의 죽음이요, 소시민의 문화에 의해 부과된 상투적인 것의 지배이다(생산 계급은 반드시 자신의 역할이나 힘, 미덕에 걸맞는 언어만을 가지고 있는 것은 아니다. 따라서 결속감, 혹은 감정이입(empathie)의 분리가 야기된다——여기서는 강력하고, 저기서는 무가치한. 총체적 환상에 대한 비판을 해본다면, 어떤 기구로든지 우선 언어를 통합한다. 그렇지만 전체를 존중해서는 안 된다라고 말할 수 있을 것이다).

하나의 작은 섬, 텍스트가 남아 있다. 그것은 특권층의, 혹은 선비 계급의 감미로움일까? 아마도 즐거움은 그러하겠지만, 즐김은 아닐 것이다.

나는 어떤 시니피앙스(어떤 즐김)도 대중 문화(대중에 의한 문화 (culture des masses)와는 물과 불처럼 구별되는)에서는 생산될 수 없다고 확신한다. 그 이유는 이 문화의 모델이 바로 소시민이기 때문이다. 우리 모순(역사적)의 속성은 시니피앙스(즐김) 전체가 극단적인 양자택일, 즉 선비적 실천(부르주아적 문화의 쇠퇴에 따른)이나 아니면 유토피아적인 상념으로 도피한다는 데 있다(**급진적인, 전대미문의, 예측불허**의 혁명에서 유래하는 미래 문화에 대한 상념. 오늘날 이런 문화에 대해 글을 쓰는 사람은 그도 모세처럼 결코 그 안으로 들어갈 수 없다는 사실만을 안다).

즐김의 비사회적인 성격은 사회성의 갑작스런 상실이다. 그렇지만 어떤 결과도 주체(주관성)·인간·고독으로 이어지지 않는다. 모든 것은 완전히 상실된다. 내밀함의 극단적인 단계, 영화관의 암흑.

모든 사회적·이데올로기적 분석들은 문학이 **환멸적인**(déceptif) 것이라는 결론에 도달한다(이것은 그 분석의 변별성을 조금 박탈하는 것이기는 하지만). 작품은 항상 역사적·경제적·정치적 상황에 의해 투쟁 밖에 위치하는 사회적으로 좌절하거나 무기력한 그룹에 의해 씌어져 왔으며, 따라서 문학은 이런 환멸의 표현이라는 것이 그것이다. 그러나 이런 분석은 글쓰기의 놀라운 이면, 즉 즐김을 망각하고 있다(이것은 오로지 기의만을 연구하는 해석학인 까닭에 당연한 일이다). 즐김은 여러 세기에 걸쳐 가장 침울하고도 음산한 철학을 찬양하기 위해 씌어진 몇몇 텍스트로부터 터져 나올 수도 있다.

현대(Moderne)

내 마음속에서 말하는 언어는 내 시대의 것이 아니다. 따라서 그것은 본질적으로 이데올로기적인 의혹의 표적이 된다. 그러므로 나는 이런 언어와 더불어 싸워야만 한다. 나는 내 주위에서 발견하는 말들을 원치 않기 때문에 그 말들을 제거하기 위해 글을 쓰는 것이다. 그러나 동시에 이 전시대의 언어는 내 즐거움의 언어이기도 하다. 나는 저녁 내내 졸라나 프루스트·쥘 베른, 《몽테 크리스토 백작》(뒤마), 《한 여행자의 회고록》(스탕달), 때로는 줄리언 그린의 소설도 읽는다. 그렇지만 이 책들은 내 즐거움이지 즐김은 아니다. 즐김은 **절대적인 새로움**(nouveau)과 더불어서만 올 수 있다. 그것은 새로움만이 의식을 뒤흔들기(약화시키기) 때문이다(쉬운 일일까? 전혀 쉬운 일이 아니다. 열 번에 아홉 번 새로움은 새것(nouveauté)의 상투적인 것에 불과하다).

새로움은 유행이 아닌, 모든 비평의 근거가 되는 가치이다. 세계에 대한 우리의 가치 평가는, 더 이상 적어도 직접적으로는 니체에게서처럼 **고귀한 것**과 **천박한 것**의 대립에 달려 있는 것이 아니라, **신구**의 대립에 달려 있다(**새로움**의 관능적인 성격은 18세기부터 시작되었다. 긴 변형이 진행중이다). 현사회의 소외로부터 벗어나기 위해서는 앞으로의 도피라는 방법 외에 다른 방법이 없다. 모든 과거의 언어는 즉각적으로 연루되며, 모든 언어는 그것이 반복되기만 하면 옛것이 된다. 그런데 권력 언어(권력의 보호하에 생산되고 전파되는 언어)란 규정상 반복 언어이며, 모든 공식적인 언어 제도는 되새기는 기계들이다. 학교며 스포츠며 광고며 대중 작품이며 유행가며 뉴스며, 이 모든 것들은 항상 똑같은 구조, 똑같은 의미, 대개는 똑같은 말만을 반복한다. 상투성은 이데올로기의 대표적 형상, 정치적 사실이다. 이와 대립하여 **새로움**은 바로 즐김이다(프로이트의 말을 인용하자면, "성인에게서의 새것은 항상 오르가슴의 필수 조건이다"). 이로부터 힘의 실제적인 윤곽이 그려진다. 한편에는 대중의 진부함(언어의 반복과 관련된)——반드시 탈즐거움적인 것은 아니지만 탈즐김의 진부함——다른 한편에는 **새로움**을 향한 격앙(주변적인, 탈중심적인), 담론의 파괴에까지 이를 수 있는 격렬한 열광이 있다. 이것은 상투적인 것 아래 억압된 즐김을 역사적으로 다시 나타나게 하려는 시도이다.

이 대립(가치의 칼)은 반드시 공인된, 명명된 반대항(유물론과 이상론, 개혁과 혁명 등)들 사이에 위치하는 것은 아니다. 그러나 그것은 **항상 도처에서**, 예외와 규칙 사이에 존재한다. 그런데 규칙은 남용이며, 예외는 즐김이다. 이를테면 우리는 어느 시기에 **신비주의자들의 예외**를 지지할 수도 있다. 규칙(일반적인 것. 상투적인 것. 관용어, 즉 견고한 언어)이 아니라면, 그 어떤 것을 지지해도 무방하다.

그렇지만 이와 정반대되는 사실을 주장할 수도 있다(내가 그걸 주장하려는 것은 아니지만). 즉 반복 자체가 즐김을 야기한다라는. 거기에는 많은 민속학적 사례가 있다. 집요한 리듬들, 주술(呪術)의 음악, 연도문, 제의, 불교의 염불 등. 과도한 반복은 상실로, 기의의 부재로 몰고 간다. 하지만 반복이 관능적인 것이 되기 위해서는 형식적이어야 하며, 문자 그대로 반복되어야만 한다. 그러나 우리 문화에서는 이런 공공연한(과도한) 반복은 탈중심적인/괴팍한 것이 되며, 음악의 몇몇 주변적인 영역으로 밀려 나간다. 대중 문화의 조잡한 형태는 수치스러운 반복이다. 그것은 내용, 이데올로기적인 도식, 모순의 삭제마저도 반복한다. 그러나 그 겉모습은 다양하다. 언제나 새 책, 새 방송 프로그램, 새 영화, 삼면 기사, 그러나 언제나 똑같은 의미.

요컨대 말이란 두 개의 대립되는 조건, 둘 다 과도한 조건에서만 관능적인 것이 될 수 있다. 지나치게 반복되거나, 아니면 반대로 새로움으로 넘쳐흘러 전혀 기대하지 않았던 것이 되든가 하면 말이다. (몇몇 텍스트 안에서 말들은 **반짝거린다.** 그것은 심심풀이의 엉뚱한 출현이다. 비록 그 출현이 현학적인 것이라 할지라도 별 상관이 없다. 이처럼 나는 개인적으로 라이프니츠의 다음과 같은 구절에서 즐거움을 느낀다. "**마치 주머니에 차는 시계가 태엽 없이도 시간 측정**(horodéictique) 능력에 의해 시간을 가리키듯이, 제분기가 맷돌에 유사한 그 무엇도 갖추지 않고도 **분쇄**(fractive) 능력에 의해 곡식을 갈 듯이.") 두 경우 모두 그것은 즐김의 동일한 물리학인 밭고랑, 새김, 소실(syncope)[57]이다. 즉 파헤쳐지거

---

57) 여기서 소실이라고 옮긴 syncope의 라틴어 어원은 부수다·끊다·중단하다라는 의미를 가진 syncopa로서, 감수성이나 움직임의 일시적인 정지·가사·실신·기절·발작을 의미한다. 또 이 말은 음악에서는 절분법, 문법적으로는 중간 말을 생략하는 어중음 소실을 가리키기도 한다.

나 빨아지거나, 혹은 터지거나 폭발하는 것.

  상투적인 것은 마치 그것이 자연스럽다는 듯이, 마치 그 되풀이되는 말이 기적적으로 매번 여러 다른 이유로 적절하다는 듯이, 마치 모방한다는 것이 더 이상 모방처럼 느껴질 수 없다는 듯이, 모든 마술이나 열광 밖에서 되풀이되는 말이다. 그것은 견고함을 열망하면서도 자신의 집요함은 모르는 무례한(sans-gêne) 말들이다. 니체는 '진리'란, 다만 과거의 은유를 응결시키는 것에 불과한 것이라고 말한 적이 있다. 이런 관점에서 본다면 상투적인 것은 '진리'로 가는 실제적인 길이요, 고안된 장식품을 기의의 규범적·구속적인 형태로 이동하게 하는 그 감지할 수 있는 형상일 것이다(더 이상 말의 기원을 연구하는 어원론이나 말의 확산을 연구하는 어휘론이 아닌, 역사 담론을 통해 그 응결의 진전이나 조밀함을 연구하는 새로운 언어과학을 상상해 보는 것도 괜찮을 터이다. 이런 학문은 아마도 진리의 역사적 기원보다는 그 수사학적·언어적인 성질을 더 많이 표출시키는 전복적인 것이 될 터이다).
  상투적인 것(새로운 단어나 감당할 수 없는 담론의 즐김과 연결된)에 대한 불신은, 그 어떤 것도(어떤 내용이나 어떤 선택도) 존중하지 않는다는 절대적인 불안정성의 원칙이다. 두 개의 중요한 단어의 연결이 **자명해질** 때마다 구토가 일어난다. 그리고 무엇인가가 자명해지면, 나는 그것을 버린다. 이것이 바로 즐김이다. 하찮은 투정일까? 애드거 앨런 포의 한 콩트[58]에서, 최면에 걸린 채 죽어가는 발드머 씨는 강직

---

58) 바르트는 애드거 앨런 포의 콩트 〈발드머 씨 경우의 진실〉에 대해, 그가 《S/

증 상태에서 사람들이 건네는 질문의 반복에 의해서만 목숨을 연명한다(발드머 씨, 주무십니까?). 그러나 이런 생존은 감당할 수 없는 것이다. 거짓 죽음, 끔찍한 죽음, 끝이 없는 길디긴 것(제발! 빨리! 나를 잠들게 해주시오. 혹은 나를 빨리 깨워 주시오! 내가 죽었다고 당신에게 말하잖소!), 상투적인 것은 바로 이 구역질나는 죽음의 불가능성이다.

지적인 영역에서의 정치적인 선택은 언어의 유보, 따라서 즐김이다. 그렇지만 언어는 다시 가장 견고한 형태(정치적 상투어)로 계속된다. 그런 언어는 구역질 없이 단숨에 삼켜 버려야 한다.

다른 즐김(다른 가두리)은 정치적으로 보이는 것을 탈정치화하고, 정치적으로 보이지 않는 것을 정치화하는 데 있다——천만의 말씀. 우리는 정치화**해야만** 하는 것을 정치화할 뿐이오. 그게 전부요.

Z)에서 시도한 방법론을 그대로 적용·분석하고 있다. 그것은 함의(connotation)와 약호(code)라는 개념에 의거하여 한 줄 한 줄 텍스트의 순서에 따라 행하는 미시적인 책읽기이다. 강직증 환자인 발드머 씨는 7개월 동안 최면술에 걸린 채 거의 죽은 상태에 놓여 있다. 그러나 P는 의사와 합의하여 그를 깨우기로 작정한다. 최면술의 손짓이 거의 성공하여 발드머 씨의 얼굴에 화색이 돌려고 할 무렵, 죽음!이라는 비명이 그의 입에서 터져 나오고, 그 순간 육체는 와해되어 부패된다는 이야기이다. 바르트는 이 이야기에서 여러 개의 약호를 도출하고 있는데, 그 중에서도 특히 상징적 약호를 부각시키고 있다. 그것은 죽음에 의한 삶의 잠식, 분류의 혼란, 금기의 위반을 가리킨다. 종교를 떠나 죽음에 대해 말한다는 것 자체가 금기시된 사회에서, 이 작품은 종교적·합리주의적인 사고에 대한 일종의 반기로 이해된다는 견해이다.(〈애드거 앨런 포의 한 콩트에서의 텍스트적 분석〉, 《서술적 텍스트적 기호학 *Sémiotique narrative et textuelle*》, Larousse, 1973)

니힐리즘 (Nihilisme)

니힐리즘——"최고의 목표가 절하된다."(니체) 이것은 불안정한, 위태로운 순간이다. 왜냐하면 또 다른 최고의 가치들이 이전의 가치들이 파괴되자마자, 혹은 파괴되기도 전에 우세해지기 때문이다. 변증법은 연속적인 확실성들을 연결시킬 뿐이다. 이렇게 해서 무정부주의 한가운데에서도 숨막힘은 존재한다. 그렇다면 최고 가치의 결핍을 어떻게 설정할 것인가? 아이러니로? 그러나 아이러니는 항상 어떤 **확실한/안전한**(sûr) 장소로부터 온다. 폭력으로? 폭력 또한 최고가치요, 그것도 가장 약호화된 것이다. 그렇다면 즐김으로? 그렇다. 만약 그것이 말해진 것, 혹은 교조적인 것이 아니라면. 아마도 가장 중요한 니힐리즘은 가면 아래 있을 것이다. 즉 제도나 관례적인 담론, 명백한 궁극성에 내재하는 방식으로.

이름짓기(Nomination)

A는 나한테 어머니가 방탕하다면 참을 수 없지만, 아버지가 그렇다면 참을 수 있을 것이라고 말하였다. 좀 이상하지, 안 그래?라고 그는 덧붙여 말했다. 그의 이런 놀라움을 멈추게 하기 위해서는 하나의 이름만 인용하는 것으로도 충분하다. **오이디푸스!** 내 눈에 A는 그 텍스트와 아주 유사하다는 생각이 들었다. 왜냐하면 그 텍스트는 **이름을 말하지 않기에**, 혹은 존재하는 이름들을 제거하기에. 그것은 말하지 않는다(어떤 의심스런 의도로?). 마르크스주의 · 브레히트주의 · 자본주의 · 이상주의 · 선 등. **이름은 입술 위에 떠오르지 않는다.** 그것은 실천, 혹은 이름들이 아닌 단어들로 쪼개진다. 텍스트는 말의 한계까지 나아가 과학과 혼동되기를 원치 않는 언어의 지식(mathésis) 속에서 이름짓기를 해체하며, 바로 이 해체가 즐김에 다가가게 한다.

방금 읽은 한 오래된 텍스트(스탕달에 의해 인용된 한 성직자의 삶의 일화) 안에는 많은 음식 이름들이 나온다. 우유며, 버터 바른 빵이며, 샹티이유 크림으로 만든 액체 치즈며, 바르산 잼이며, 몰타산 오렌지며, 설탕 친 딸기 등. 이것도 역시 순수한 재현의 즐거움일까(미식가인 독자들에 의해서만 느껴지는)? 그렇지만 나는 우유도 단 음식도 별로 좋아하지 않는다. 그래서 이런 간식들의 세부적인 것에 거의 자신을 투사하지 않는다. 그러나 무엇인가가 일어난다. 그것은 아마도 재현(représentation)[59]의 또 다른 의미와 관련해서 그런 것이겠지만. 만약 한 토론에서 누군가가 상대방에게 어떤 것을 '**환기한다면**(représenter)', 그는 단지 현실의 **최종 상태**, 그 상태 속에 내재한 다루기 힘든 면을 주장하고 있음에 다름아니다. 이와 마찬가지로 소설가는 음식 이름을 명명·인용·통보하면서(재현할 만한 것으로 간주하면서), 아마도 독자에게 질료의 최종 상태, 질료 안에서 초월될 수도, 후퇴할 수도 없는 것을 강요하고 있는지도 모른다(물론 이것은 조금 전에 인용한 마르크스주의·이상주의 등과 같은 이름의 경우는 아니다). 바로 이거야! 이 외침은 지성의 계시가 아닌, 바로 이름짓기 혹은 상상력의 한계로 이해되어야 할 것이다. 요컨대 두 종류의 사실주의가 있다. 첫번째는 '실재(réel)'를 해독하는 것이고(보여지지는 않지만 증명할 수 있는 것), 두번째는 현실(réalité. 증명할 수는 없지만 보여지는 것)을 말하는 것이 그것이다.[60] 이 두 개의 사실주의를 혼합할 수 있는

59) 여기서 재현 혹은 환기라고 옮긴 프랑스어의 représentation은 문학에서는 미메시스·반영·사실임직한 것의 동의어로, 언어나 담론을 통해 현실을 묘사하거나 모방·환기하는 것을 의미한다. 그러나 사실주의 문학을 논할 때 흔히 사용되는 이런 의미 외에도, 이 단어에는 어떤 사실을 환기·경고하거나, 타인의 잘못을 지적하거나, 자신의 사회적인 관록·위치 등으로 존경심이나 중요성을 부과/강요한다는 뜻이 있다. 따라서 두번째 의미에서의 représentation은 환기라고 옮긴다.
60) 여기서 각각 현실·실재로 번역한 프랑스어 réalité와 réel은 그 구분이 모호하다. 라캉에 의하면, 실재란 실증적인 것(현실의 일반적인 의미)이 아닌 담론의 극단적인 이타성으로 정의된다(상상계와 상징계의 결합). 따라서 그것은 즐김·고뇌·죽

소설은 '실재'의 명료함에 '현실'의 환상적인 꼬리를 덧붙인다. '럼주를 탄 오렌지 샐러드'를 오늘 우리가 식당에서 먹는 것처럼 1791년에도 먹었다면, 사람들은 아마도 놀랄 것이다. 역사적인 명료함의 시작과 저기 존재하는 사물(오렌지·럼주)의 완강함.

음·거세의 동의어이다. 즉 주체의 구조화에 있어 현실과의 관계를 설정하는 것이 바로 실재라면, 현실이란 주체와는 무관한 완전히 외적인 세계, 사물 자체를 지칭하는 말로 이해될 수 있을 것이다.

몽매주의(Obscurantisme)

프랑스인 두 명 중에 한 명은 책을 읽지 않는다고 한다. 프랑스인
의 절반이 텍스트의 즐거움을 포기하거나 박탈당하는 셈이다. 그러
나 우리는 이런 국가적인 수치를 프랑스인들이 책을 소홀히 함으로
써 다만 도덕적인 자산, 고귀한 가치만을 포기한다는 듯이 오로지 휴
머니즘적인 관점에서만 개탄한다. 사회가 반대하는 혹은 포기하는
모든 즐거움에 대해 어두운, 우둔한, 비극적인 역사를 쓰는 편이 더
나을 것이다. 즐거움에 대한 몽매주의가 있다.

설령 우리가 텍스트의 즐거움을 그 사회학적인 영역이 아닌 이론
적인 영역에 위치시킨다 할지라도(이것은 필경 모든 국가적이고도 사회
적인 의미가 제거된, 어떤 특수한 담론을 야기시킬 것이다), 문제가 되는
것은 여전히 정치적인 소외이다. 한편에는 진부한 다수, 다른 한편에
는 준엄한 소수(정치적인 또/혹은 과학적인)라는 두 개의 도덕관이 작
용하는 사회에서는 즐거움(더욱이 즐김)이 배제된다. 즐거움이라는
상념은 더 이상 어느 누구의 마음에도 들지 않는 것처럼 보인다. 우
리 사회는 냉정하고 동시에 과격해 보인다. 여하간 그것은 경직되어
있다.

오이디푸스(Oedipus)

아버지의 죽음은 문학으로부터 많은 즐거움을 빼앗아 갈 것이다. 더 이상 아버지가 존재하지 않는다면 이야기를 해봐야 무슨 소용이 있단 말인가? 모든 이야기는 오이디푸스로 귀결되는 게 아닐까? 이야기를 한다는 것은 언제나 자신의 기원을 찾기 위한, 혹은 법칙과의 갈등을 말하며 증오와 연민의 변증법 속으로 들어가는 게 아닐까? 오늘날 우리는 오이디푸스와 이야기를 동시에 버리고 있다. 더 이상 사랑하지도, 더 이상 두려워하지도, 더 이상 이야기하지도 않는다. 허구로서의 오이디푸스는 적어도 좋은 소설을 만들고, 좋은 이야기를 하는 데에 유용했다(이 글은 무르나우[61]의 《도시의 소녀》를 보고 난 후에 쓴 것이다).

대다수의 독서는 균열/틈새를 연루시키는 변태적인 것이다. 어머니가 페니스를 가지고 있지 않다는 걸 알면서도, 계속 갖고 있다고

---

61) Murnau(1889-1931): 독일 출신의 영화감독이자 독일 표현주의의 거장. 《타르튀프 *Tartüff*》(1925) 《파우스트 *Faust*》(1926) 등의 바로크적 색채의 영화를 만들었으며, 후일 미국으로 건너가 《일출 *Sunrise*》(1927) 《타부 *Tabu*》(1931) 등의 영화를 만들었다.

믿는 아이처럼(프로이트가 그 수익성을 보여준 경제) 독자는 끊임없이 이렇게 말할 것이다. **이건 말에 불과하다는 걸 나도 잘 알고 있어. 하지만 그래도**……(나는 이 말이 마치 하나의 현실을 발화하는 것처럼 감동한다). 모든 독서 중에서도 비극의 독서가 가장 변태적인 것이다. 나 자신이 **결말을 알고 있는** 이야기를 말하는 걸 들으면서, 나는 즐거워한다. 알든 모르든, 나는 내 자신에 대해 마치 모르는 것처럼 행동한다. 나는 오이디푸스의 가면이 벗겨지리라는 걸, 당통이 단두대에서 처형되리라는 걸 잘 알고 있다. 하지만 그래도…… 사람들이 그 결말을 모르는 극적 이야기에 비해, 이런 비극적인 이야기에서는 즐거움은 사라지지만 즐김은 증가된다(오늘날 대중 문화에서는 '극적' 이야기의 소비는 많으나, 즐김은 거의 없다).

공포(Peur)

즐김과 공포의 근접성(동일성?). 이런 근접성을 역겨워하는 것은, 공포가 불유쾌한 감정이어서가 아니라——이런 생각은 진부한 것이다——공포가 **별로 대수롭지 않은**(médiocrement indigne) 감정이라는 데에 있다.[62] 공포는 모든 철학의 '아무도 원치 않는 것(laisser-pour-compte)'이다(아마도 내가 알기에는 "내 생애의 유일한 열정은 공포였다"라고 말한 홉스만이 예외일 것이다). 광기도 공포를 원치 않는다(모파상의 《오를라》에서처럼 유행이 지난 광기를 제외하고는). 그리고 이것은 공포로 하여금 현대적 감정이 되는 걸 방해한다. 그것은 위반의 부인이요, 당신의 명철한 의식 속에 남아 있는 광기이다. 최후의 운명에 의해 공포에 시달리는 주체는 여전히 주체로 남아 있다. 기껏해야 신경증에 걸렸다고나 할까(이 경우, 우리는 **고뇌**(angoisse)[63]라고 말한다. 고상한 단어, 과학적인 단어. 그러나 공포는 고뇌가 아니다).

공포를 즐김에 근접하게 하는 것은 바로 공포가 절대적인 내밀함

---

62) 여기서 저자는 공포가 어떤 극단적인 수치나 극단적인 비열한 감정이 아닌, 평범하게 가치 없는 별로 대수롭지 않은 감정이기 때문에 철학이나 종교 · 문학 등 기존의 사유체계의 주목을 끌지 못했다는 점을 강조하고 있다.

63) 이 단어의 라틴어 어원은 angustia로 가슴을 죄다라는 의미이다.

이라는 사실에 연유한다. 그것이 '고백 불가능한' 감정이어서가 아니라(물론 오늘날 그 누구도 공포를 고백하려고 하지는 않겠지만), **주체를 건드리지 않고 그대로 둔 채** 주체를 분열하며, **순응하는** 기표만을 사용하기 때문이다. 광기의 언어란, 자신의 마음속에서 공포가 솟아나는 것을 듣는 사람에게는 거부된다. 바타유는 **"나는 미치지 않기 위해 글을 쓴다"**라고 말한 적이 있다. 이 말은 그가 광기에 대해 글을 썼다는 말이다. 하지만 누가 "공포를 느끼지 않기 위해 글을 쓴다"라고 말할 수 있단 말인가? 누가 공포를 글로 쓸 수 있단 말인가(이 말은 공포에 대해 이야기한다는 뜻은 아니다)? 공포는 글쓰기를 추구하거나, 강요하거나, 실행하지 않는다. 가장 완강한 모순에 의해 공포와 글쓰기는 서로 분리된 채 공존한다(**글쓰기가 공포를 느끼게 하는** 경우에는 두 말할 필요도 없지만).

문장(Phrase)

　어느 날 저녁 나는 술집 의자에 앉아 반쯤은 잠이 든 채로, 내 귀에 들리는 모든 언어들을 심심풀이삼아 헤아려 보려 했다. 음악 소리며, 대화며, 의자나 유리컵이 부딪치는 소리며, 탕제 광장이 그 대표적 장소인 그 모든 입체적 음향들을(세베로 사르두이가 묘사한 적이 있는).[64] 그것은 내 마음속에서도 말하고 있었고(이것은 잘 알려진 사실이다), 소위 이 '내적인' 말들은 광장의 소음, 즉 외부에서부터 내게로 온 자그마한 목소리들의 그 집합과도 흡사했다. 나 자신이 바로 공공 장소, 중동의 시장(souk)이었다. 단어들이며, 자그마한 통합체들(syntagmes)[65]이며, 형식구의 단편들이 나를 스쳐 지나갔으나, **어떤 문장도 형성되지는 않았다.** 마치 그것이 그런 언어의 법칙인 양. 동시에 문화적이고도 원시적인 이 말들은 특히 어휘적인 것이었으며, 산발적인 것이었다. 그것은 그 표면적인 유출을 통해 내 마음속에 어떤 결정적인 불연속성을 구축하고 있었다. 이 문장이 아닌 것(non-

---

64) 사르두이는 《텔 켈》지의 바르트 특집호(*Tel Quel*, Nº 47, 1971)에서 탕제 광장을 입체적 음향의 대표적인 공간으로 묘사하고 있다.
65) 둘 이상의 단어의 결합체를 가리키는 소쉬르 용어이다.

phrase)은, 문장에 도달할 수 있는 힘은 아직 갖지 못한 문장 이전에 존재할지도 모르는 그런 어떤 것이 아니라, 영원히 찬연히 **문장 밖에** 있는 것이었다. 그러자 은연중에 모든 언어학이, 오로지 문장만을 신뢰하고 언제나 술어적인 구문(논리나 합리적인 것의 형태로서의)에 절대적인 권위를 부여했던 모든 언어학이 사라지고 말았다. 그때 나는 이런 과학적인 스캔들을 상기했다. 어떤 언표적(locutif)인 문법(씌어진 것이 아니라 말해지는 것에 대한 문법. 이를테면 구어체의 프랑스어 문법)도 존재하지 않는다는 사실을. 우리는 문장으로 인도된 것이다(거기서부터 다시 문장론으로).

문장은 계층적이다. 그것은 예속 관계, 종속절, 내재적인 제사법(rection)[66]을 포함한다. 바로 거기에 그 완결성이 있다. 어떻게 계층적인 것이 열려 있을 수 있단 말인가? **문장**은 완결된 것이다. 문장은 완결된 언어, 바로 그것이다. 그러나 실제는 이 점에 있어 이론과 다르다. 이론(촘스키)에 따르면, 문장은 원칙상 무한한 것이다(무한한 촉매 반응을 일으키는). 그러나 실제는 언제나 문장을 끝내도록 강요한다. "모든 이데올로기적 행위는 구성상 완결된 언표의 형태로 제시된다." 크리스테바의 이 명제를 반대로 돌려 말한다면, 모든 완결된

---

66) 고대 수사학에서 하나의 문법적 형태소가 선행하는 형태소에 의해 규정되는 것을 말한다. 이를테면 라틴어로 도시를 향하여 ad urbem라는 말에서 urbem이라는 명사의 대격은 ad라는 전치사 때문이며, 도시의 ab urbe를 의미하는 말에서 urbe의 탈격은 전치사 ab에 의해 야기된 것이다. 이 두 개의 전치사는 '제사'라고 불려지고, 그 수식어인 피제사를 지배하게 된다.

언표는 이데올로기적인 것이 될 위험이 있다고 말할 수 있을 것이다. 요컨대 이런 완결의 힘이 문장의 지배를 정의하며, 마치 비싼 값으로 구입하거나 쟁취한 최상의 처세술처럼 **문장**의 동작주들(agents)을 특징짓는다. 교수란, 자신의 문장을 끝내는 사람이다. 인터뷰중의 정치가는, 명백히 자신의 문장의 끝을 상상하는 데에 많은 어려움을 느끼는 사람이다. 그가 도중에서 멈춘다면! 그의 모든 정책은 타격을 받게 될 것이다! 그렇다면 작가는? 발레리는 "우리는 단어를 생각하는 것이 아니라, 단지 문장을 생각할 뿐이다"라고 말한 적이 있다. 그는 작가이기 때문에 그런 말을 한 것이다. 작가란 자신의 생각이나 정념 혹은 상상력을 문장으로 표현하는 사람이 아니라, **문장을 생각하는 사람**이다. 즉 문장사고가(Pense-Phrase)이다(다시 말하면 완전한 사상가도, 완전한 문장가도 아닌).

문장의 즐거움은 아주 문화적이다. 수사학자·문법학자·언어학자·선생·작가·부모에 의해 만들어진 이 인공물은 다소간 유희 방식으로 흉내내어진다. 우리는 언어학에 의해 그 역설이 지적된 바 있는 한 예외적인 대상을 가지고 유희한다. 요지부동하게 구조화된, 그러나 무한히 갱신될 수 있는 것을 가지고. 뭔가 장기놀이와도 같은 어떤 것.

문장이 **육체**인 몇몇 변태적인 사람들에게는 다르겠지만?

즐거움 (Plaisir)

텍스트의 즐거움은 **고전·문화**(문화가 풍부하면 풍부할수록 즐거움은
더 크고 더 다양하다)·**지성·아이러니·섬세함·행복감·자제력**, 삶의
기술인 **안정감**이다. 텍스트의 즐거움은 실천(어떤 억지(répression)의 위
험도 없는)에 의해 정의될 수 있다. 그 독서의 장소와 시간은 집, 시
골, 식사 시간 무렵, 등잔불, 필요한 곳에 있는 가족, 떨어져 있지만
그리 멀리 있지 않은 가족(아이리스 꽃내음이 풍기는 화장실에서의 프루
스트의 그 화자처럼)[67] 등. 자아의 놀라운 강화(팡타즘에 의해), 포근한
무의식. 이런 즐거움은 **말해질 수 있다**. 바로 거기로부터 비평이 온다.
　즐김의 텍스트는 조각난 즐거움, 조각난 언어, 조각난 문화이다. 그
것은 상상할 수 있는 모든 궁극성——**즐거움의 궁극성조차도**——
밖에 위치한다는 점에서 변태적이다(즐김은 즐거움을 강요하지 않는
다. 그것은 표면적으로 지루하게 할 수도 있다). 어떤 알리바이도 성립
되지 않으며, 어떤 것도 재구성되거나 회수되지 않는다. 즐김의 텍스

---

67) 바르트가 인용하기를 좋아하는 이 에피소드(《사랑의 단상》, 191쪽 참조)는 프루
스트의 《잃어버린 시간을 찾아서》의 앞부분에 나오는 것으로, 화자가 "절대적인
고독을 요하는 탐닉이 시작될 때마다" 피신하는 휴식처이다. 화자는 이곳에서 독
서, 몽상, 때로는 자위행위로 처음 성에 눈을 뜨게 되는 곳이기도 하다.

트는 절대적으로 자동사적이다. 그러나 단순한 변태/뒤집음만으로는 즐김을 정의하기에 충분치 않다. 즐김을 정의하는 것은 극단적인 변태이다. 언제나 극단적인 이동, 극단적인 공허, 극단적인 유동성, 극단적인 예측불능. 이 극단적인 것이 즐김을 보장한다. 평범한 변태/뒤집음은 이내 하위의 궁극성의 유희로 채워진다. 즉 명성이며 선전·경쟁·담론·과시 등으로.

누구든지 텍스트의 즐거움이 확실치 않다는 걸 증명할 수 있다. 동일한 텍스트가 두번째도 똑같이 우리 마음에 들리라고 말해 주는 것은 아무것도 없다. 그것은 기분이나 습관·상황에 의해 쪼개지는 부스러지기 쉬운 즐거움이다. 그것은 **불안정한**(précaire) 즐거움이다(우리가 침묵 속에서 욕구(Envie)가 편안해지도록 기도함으로써 얻어지는 즐거움, 그러나 그 욕구가 다시 취소할 수도 있는 즐거움).[68] 바로 거기에 실증적 과학의 관점에서 이런 텍스트에 대해 말하는 것이 불가능한 이유가 있다(그 판단은 비평과학에 속하는 것이다. 비평의 원칙으로서의 즐거움).

텍스트의 즐김은 불안정한 것이 아니라, 그보다 더 나쁜 **철이른** 것이다. 그것은 제때에 오지 않으며, 어떤 성숙 과정에도 의존하지 않는다. 모든 것은 단번에 미쳐 날뛴다. 이 격앙은 오늘날의 회화에서도 명백히 드러나는 것으로, 그 격앙이 이해되는 순간 상실의 원칙은

---

68) 여기서 바르트는 프랑스어 précaire라는 말의 라틴어 어원이 precarius로서, '기도에 의해 얻어진다'는 뜻임을 암시하고 있다.

무용해지며, 그리하여 우리는 다른 것을 향해 나아가야만 한다. 모든 것은 첫번째 시각에서 행해지며 즐겨진다.

정치(Politique)

텍스트는 **정치적 아버지**(Père Politique)에게 자신의 엉덩이를 보여주는, 그런 무례한 사람이다(그런 사람이어야 한다).

일상적인 것 (Quotidien)

왜 나는(나를 포함한 몇몇 사람들은) 소설·전기·역사적 작품에서 한 시대, 한 인물의 '일상적인 삶'이 재현되는 것을 보면서 즐거움을 느끼는 것일까? 시간표·습관·식사·숙소·의복 등 이런 하찮은 세부적인 것에 대한 호기심은 왜일까? 그것은 '현실'에 대한 환영적인 취향 때문일까('**그것이 존재했다는**' 물질성 자체에 대한)? 아니면 환영(fantasme) 자체가 내가 그 안에서 쉽게 자리잡을 수 있는 '세부적인 것'을, 사적인 미세한 장면을 불러오는 걸까? 요컨대 위대한 것이 아닌 하찮은 것에 대한 연극, 그런 낯선 연극으로부터 즐김을 이끌어내는 '대수롭지 않은 히스테리 환자들'(바로 그 독자들)이 있는 걸까(하찮은 것에 대한 꿈이나 환영은 없는 걸까)?

이처럼 '오늘 날씨'(혹은 어제 날씨)에 대한 묘사보다 더 미묘하고도 하찮은 묘사를 상상하기란 불가능하다. 그러나 언젠가 나는 아미엘[69]의 글을 읽으면서 또 읽으려고 애쓰면서, 그 덕망 높은 편집자(즐거움을 배제하는 또 한 사람)가 아미엘의 일기에서 무미건조한 도덕적 고

---

69) Henri, Frédéric Amiel(1821–81): 제네바에서 출생한 스위스 작가로, 그의 《내면의 일기 *Journal intime*》는 삶과 직면하여 느끼는 불안과 수줍음을 섬세하게 분석한 것으로 유명하다.

찰만을 보존하기 위해, 일상적인 세부 사항이나 제네바 호숫가의 날씨를 삭제한 것을 자랑스럽게 여기는 데 대해서는 정말로 화가 났다. 낡지 않을 것은 아미엘의 철학이 아닌, 바로 그 날씨일 텐데.

회수(Récupération)

예술은 역사적으로, 사회적으로 타협하는 것처럼 보인다. 그래서 그것을 파괴하려는 예술가 자신의 노력이 있다. 나는 이런 노력에 세 가지 형태가 있다고 생각한다. 첫번째는 예술가가 다른 기표로 이동 하는 것이다. 즉 그가 작가라면 영화인이나 화가가 될 수 있으며, 혹 은 반대로 그가 화가나 영화인이라면 미술이나 영화에 대한 끝없는 비평 담론을 전개하며, 단호하게 예술을 비평으로 환원시킬 수 있다. 두번째는 글쓰기와 '결별하고' 지식서사적인 글쓰기(écrivance)[70]에 복종하며, 학자나 이론가 · 지식인이 되어 언어의 모든 관능성이 차 단된, 오로지 도덕적 장소에 대해서만 말하는 것이 그것이다. 끝으로 다만 자신의 작업을 청산하고, 글쓰기를 중단하며, 직업 · 욕망을 바 꿀 수 있다.

---

70) 바르트는 순수한 의미에서의 작가(écrivain)에 비해, 정보를 전달하기 위한 수단 으로 언어를 사용하는 작가를 지식서사(écrivant)라 지칭하고 있다. 따라서 여기서 지식서사적인 글쓰기라고 옮긴 écrivance는 이 écrivant들이 쓰는 글쓰기를 말한다. 즉 작가는 무엇보다도 자동사적인 언어의 본질을 추구하는 사람인 데 반해, 지식 서사는 타동사적인, 어떤 목적(설명하고 증명하고 가르치는)을 위해 글을 쓰는 사람들 이라는 의미이다.

그러나 불행하게도 이런 파괴는 항상 부적절한 것이다. 그것이 예술 밖에서 행해져 부적절하거나, 아니면 예술적인 실천 안에 머무르면서도 금방 시스템에 의해 회수되기 때문에 그러하다(전위란 곧 회수되는, 조금 고집 센 언어일 뿐이다). 이런 교체의 어려움은 담론의 파괴가 변증법적인 항이 아닌 **의미론적인 항**이라는 데에 있다. 그것은 '**대조**'(versus. **흰색** 대 **검은색**)라는 저 위대한 기호학적 신화 아래 유순하게 배열된다. 그리하여 예술의 파괴는 다만 **반론적인**(paradoxal. 문자 그대로 일반 견해(doxa)에 반대되는) 형태만을 취하도록 운명지어진다. 그 패러다임의 두 부분은 서로 밀착되어 드디어는 공모자가 되고 만다. 항의하는 것과 항의의 대상이 되는 것 사이에는 구조적인 일치가 있기 마련이다(이와 반대로 **정교한 전복**(subversion subtile)이라는 파괴 자체에는 직접적으로 관심이 없으며, 그 패러다임을 교묘하게 피하여 다른 항을 찾는 것이다. 그렇지만 이 세번째 항은 통합의 항이 아닌, 아마도 괴상한 전대미문의 항이 될 것이다. 그 사례는? 아마도 바타유가 아닐까? 그는 악덕이나 헌신·놀이·불가능한 에로티시즘이 위치하는 바로 거기에, **예기치 않은**(inattendu) 물질주의를 배치시킴으로써 이상주의의 항을 피하고 있다. 이처럼 그는 정숙함에다 성의 자유가 아닌…… 웃음을 대립시킨다).

재현(Représentation)

　즐거움의 텍스트는 반드시 즐거움을 나열하는 텍스트가 아니며, 즐김의 텍스트는 결코 즐김을 이야기하는 텍스트가 아니다. 재현의 즐거움은 그 대상과 연결되지 않는다. 그 도색성은 확실치 않다. 동물학적인 용어로 말한다면, 텍스트적인 즐거움의 장소는 모델과 흉내의 관계(모방의 관계)가 아닌, 다만 속임수와 흉내의 관계이다(욕망·생산의 관계).

　게다가 우리는 **형상화**(figuration)와 **재현**(représentation)을 구별해야 한다.
　형상화란 텍스트 윤곽 안에서의 관능적인 육체의 출현 방식이다 (그것이 어떤 정도로, 어떤 방식으로 나타나든 간에). 이를테면 저자는 직접적인 전기 형태는 아니지만(그렇게 되면 그것은 육체를 초과하고, 삶에 의미를 부여하여 하나의 운명을 주조하게 될 것이다), 자신의 텍스트 안에 나타날 수 있다(주네[71]나 프루스트처럼). 또는 소설의 인물에

71) Jean Genet(1910~86): 프랑스의 극작가로서 《하녀들 *Les Bonnes*》(1947) 《발코니 *Le Balcon*》(1956) 《흑인들 *Les Nègres*》(1958) 《병풍 *Les Paravents*》(1961) 등의 작품이 있으며, 어렸을 때 어머니에 의해 빈민구제소에 내버려진 채 10세 때에 도둑질까지

대해 우리가 욕망을 느낄 수도 있다(일시적인 충동에 의해). 끝으로 텍스트 자체가 모방적 구조가 아닌 도표적(diagrammatique) 구조로서, 물신이나 관능적 장소로 균열된 채 육체의 형태로 드러날 수도 있다. 이 모든 움직임은 독서의 즐김에 필요한 텍스트의 **형상**을 입증해 준다. 마찬가지로 아니 텍스트보다 훨씬 더, 영화는 비록 그것이 아무 것도 재현하지 않는다 할지라도 언제나 **확실히** 형상적인 것이다(바로 이 점이 왜 영화가 그래도 만들 만한 가치가 있는지를 말해 준다).

재현이란 욕망의 의미가 아닌, 다른 의미들로 붐비는 거추장스러운(embarrassé) **형상화**이다. 즉 그것은 알리바이의 공간이다(현실, 도덕, 사실임직한 것, 읽혀지는 것, 진리 등). 여기 순수한 재현의 한 텍스트가 있다. 바르베 도르비이[72]는 멤링[73]이 그린 성모 마리아에 대

하게 된다. 이 체험은 그의 생에 결정적인 영향을 미친 것으로, 그의 방황, 사회적인 이단자로서의 행적 등은 바로 여기에 연유한다. 그의 《도둑 일기 *Journal de voleur*》(1949)는 이런 자신의 자전적인 편력을 그리고 있는 것으로, 후일 사르트르의 평론 《성자 주네, 배우 겸 순교자 *Saint Genet, comédien et martyr*》(1952)를 통하여 더욱 유명해졌다.

72) Barbey d'Aurevilly(1808-89): 프랑스의 작가로, 《사악한 여인들》《데 투쉬 기사》《마술에 걸린 여인들》 등의 소설을 썼다. 소시민적인 것에 대한 경멸과 아울러 귀족적인 세련됨을 추구하는 댄디였으나, 후일 가톨릭에 귀화하여 아주 강경하고도 가혹한 논조의 글들을 《가톨릭 세계》지에 게재하였다. 그러나 그의 대부분의 작품은 거역할 수 없는 어두운 정념으로 시달리는 영혼들에 대한 이야기로, 그 격렬함이나 초자연적인, 악마적인 색채는 많은 작가들을 매료시켰으며, 특히 베르나노스나 프루스트 등에게 커다란 영향을 미쳤다.

73) Memling(1430/35경-94): 플랑드르의 화가로 우아하고도 정태적인 인물 묘사나 직선적인 리듬과 균형, 형태적인 미에 대한 관심은 르네상스 정신을 예고하는 것으로 간주된다.

해 말하면서 다음과 같이 쓰고 있다. "그녀는 수직적인 자세로 똑바로 서 있다. 순수한 인간들은 곧은 자세를 취하는 법이다. 우리는 자태나 몸짓으로 정숙한 여인을 알아볼 수 있다. 육감적인 여인들은 축 늘어져 나른하게 몸을 기울인 채 항상 쓰러질 찰나에 있다." 지나는 길에 말해 본다면, 재현의 기법은 '과학'(이를테면 힘없이 씌어진 글자로부터 쓰는 사람의 무기력을 결론짓는 필적학 같은 것)과 마찬가지로 예술(고전소설)을 낳게 했으며, 따라서 곧바로 재현을 이데올로기적이라고 말한다면(그 의미 작용의 역사적 확대에 의해), 그것은 전혀 궤변이 아니라 정당하다. 물론 재현은 모방의 대상으로 욕망 자체를 취하는 일도 많다. 그렇지만 그런 욕망은 결코 그 틀을, 그 그림을 벗어나지 못한다. 욕망은 인물들 사이를 순회한다. 그리하여 그 욕망이 만약 한 수신자를 가지게 되면, 이 수신자는 허구 안에 머무른다(따라서 우리는 행위자의 형곽 안에 욕망을 가두고 있는 기호학은, 비록 그것이 아무리 새로운 것이라 할지라도 재현의 기호학이라고 말할 수 있을 것이다. 재현이란 바로 그것이다. 아무것도 틀 밖으로 나오거나 돌출되지 않는 것. 그림이나 책, 화면으로부터).

저항 (Résistances)

어디에선가 텍스트의 즐거움에 대해 한마디하자마자, 두 명의 경찰이 당신을 덮치려 한다. 정치적 경찰과 정신분석학적 경찰이. 하찮은 것 또/혹은 죄의식으로 간주되는 즐거움은, 심심풀이의 소일거리이거나 아니면 헛된 짓이다.[74] 그것은 계급의 개념이거나, 아니면 환상이다.

오래된, 아주 오래된 전통인 쾌락주의는 거의 모든 철학에 의해 억압되어 왔다. 우리는 쾌락주의에 대한 지지를 다만 사드나 푸리에 같은 주변적인 인물들에게서만 찾아볼 수 있다. 니체에게서조차도 쾌락주의는 비관적인 것이었다. 즐거움은 지속적으로 **진리 · 죽음 · 진보 · 투쟁 · 기쁨**과 같이 강력하고도 고귀한 가치들을 위해 좌절 · 축소 · 수축되어 왔다. 그것의 경쟁자이자 승리자는 바로 욕망이다. 우리는 욕망에 대해서는 끊임없이 말하지만, 결코 즐거움에 대해서는 말하지 않는다. **욕망**은 인식론적인 권위를 가지고 있지만, **즐거움**은

---

74) 이 말은 즐거움이란 정치적 관점에서 본다면 유한 계급의 심심풀이적인 소일거리이며, 정신분석학적인 관점에서 본다면 죄의식과 관련된, 그러나 해결책이 없는 헛된 환상이라는 의미이다.

그렇지 못하다. 사회는(우리) 즐김을 지나치게 거부하기 때문에(결국에 가서는 모르게 되는) 법(그리고 그 항의)의 인식론만을 생산할 수 있지, 결코 즐김의 부재나 좀더 낮게는 그 무효성은 생산할 수 없다. **욕망**의 이런 철학적인 영속성(결코 충족되지 않는다는 점에서)은 조금 묘한 것이다. **욕망**이라는 말 자체가 '계급의 개념'을 드러내는 게 아닐까(조금은 투박한 추정이긴 하지만 주목할 만한 증거로서, '대중적인 것(le populaire)'은 다만 즐거움을 알 뿐 **욕망**은 알지 못한다)?

소위 '선정적인' 책이라고 일컬어지는 책들은(사드와 다른 몇몇 사람들을 제외하기 위해서는, 통상적인 의미에서의 선정적인 책이라는 말을 덧붙여야 한다) 선정적인 장면 그 자체보다는 기다림, 준비, 상승을 **재현**한다. 바로 이것이 그 책들을 '자극적'으로 만드는 것이며, 그리하여 기다리던 장면이 전개되면 환멸과 수축이 따르기 마련이다. 달리 말하면, 이런 책들은 **욕망**에 관한 책이지 **즐거움**에 관한 것은 아니다. 아니, 보다 교묘하게도 이런 책들은 **정신분석학이 보는 대로의** 즐거움을 무대화한다. 동일한 의미가 두 경우 모두 **그 모든 것은 환멸뿐이다**라고 말한다.

(정신분석학적인 기념비는 우회해서는 안 되며, 대도시의 그 아름다운 대로처럼 횡단해야 한다. 그 도로를 횡단하면서 우리는 유희를 하고, 꿈을 꾼다 등. 이것은 하나의 허구이다.)

텍스트에 대한 신비주의가 있는 것처럼 보인다. 이와 반대로 우리의 모든 노력은 텍스트의 즐거움을 물질화하고, 텍스트를 **다른 것과 마찬가지로 즐거움의 대상**으로 만들려고 한다. 다시 말해, 텍스트를 삶의 '즐거움'(음식·정원·만남·목소리·순간 등)에 연결시켜 그것을 우리 관능의 개인 목록에 합류하게 하거나, 아니면 텍스트에 의해 즐김의 그 커다란 주관적 상실의 구멍을 열리게 하여 텍스트를 변태/뒤집음의 가장 순수한 순간에, 그 내밀한 장소에 동일시하려 한다. 중요한 것은 즐거움의 영역을 균등하게 만들어 실천적 삶과 명상적 삶의 거짓 대립을 파기하는 것이다. 텍스트의 즐거움은 바로 텍스트의 분리에 대항하여 행해진 권리 주장이다. 왜냐하면 텍스트가 자기 이름의 특수성을 통해 말하는 것은 즐거움의 편재성, 즐김의 아토피(atopie)이기 때문이다.

모든 종류의 즐김의 관계가 삶의 즐김과 텍스트의 즐김이, 가장 개인적인 방법으로 엮어지고 짜여지는 한 권의 책(텍스트)에 대한 상념, 그리하여 동일한 건망증이 삶의 모험과 텍스트의 독서를 사로잡는 그런 책에 대한 상념.

전적으로(완전히, 근본적으로, 모든 의미에서) **소비자의 즐거움**에 의거하는 미학(이 단어가 지나치게 평가절하된 것이 아니라면)을 상상해 보자. 그 소비자가 누구이든 간에, 그가 어떤 계급이나 그룹에 속해 있든 간에——그렇다고 해서 그 문화나 언어를 추종하는 것은 아닌——아마도 그 결과는 엄청날 것이며, 고통스럽기조차 할 것이다(브레히트는 이런 즐거움의 미학을 제안한 적이 있었다. 그런데 이것은 그가 한 제안 중에서도 가장 자주 잊혀지는 것이다).

꿈(Rêve)

꿈은 아주 섬세한 도덕적 감정——때로는 형이상학적인 감정——인간 관계의 가장 정교한 의미, 정밀한 차이들, 고도로 개화된 문명에 대한 지식, 간단히 말해 강렬한 깨어남의 작업만이 성취할 수 있는 그런 놀라운 섬세함을 가지고 분절된 한 **의식적인** 논리를 허용하거나 부양하거나 보유하거나 드러나게 한다. 간단히 말해, 꿈은 **내 마음속에서 기이하거나 낯설지 않은 것은 모두** 말하게 한다. 그것은 아주 개화된 감정으로 만들어진 미개한 일화이다(꿈은 **개화자**일 것이다).

즐김의 텍스트는 자주 이런 차별화를 무대화한다(포). 그러나 그 반대의 형상(분열된 것은 마찬가지이지만)을 줄 수도 있다. 즉 불가능의 감정을 가지고 만들어진 아주 잘 읽혀지는 일화를(바타유의 《에드와르다 부인》처럼).

과학(Science)

텍스트의 즐거움과 그 제도 사이에는 어떤 관계가 있을 수 있을까? 그것은 아주 사소한 것이다. 텍스트론은 즐김을 상정하지만, 그것이 제도화될 가능성은 거의 없다. 텍스트론이 구축하는 것, 그 정확한 완성과 승화는 하나의 실천(작가의 실천)이지 과학·방법론·연구·교수법은 아니기 때문이다. 바로 이런 원칙에 의거해, 이 이론은 단지 이론가나 실천가(필사자)만을 생산해 낼 수 있을 뿐, 결코 그 '전문가'(비평가·연구가·교수·학생)는 생산해 낼 수 없다. 텍스트적인 즐거움의 글쓰기를 방해하는 것은 모든 제도적 연구에 필연적인 그 메타 언어학적인 성격 때문만은 아니며, 우리가 현재로서는 변전(devenir)에 관한 어떤 진정한 학문(이것만이 즐거움을 도덕적인 보호체계로 무장함이 없이 수용할 수 있을 것이다)도 구상해 낼 수 없기 때문이다. "우리는 아마도 **변전의 절대적인 흐름**을 인지할 만큼 그렇게 **정교하지 못한지도 모른다. 영속적인 것은** 단지 사물을 요약하거나 평범한 도식으로만 몰고 가는 우리의 조잡한 기관 덕분에 존재한다. 그런데 그 무엇도 **그런 형태로는** 존재하지 않는다. 나무는 매순간 새로운 것이다. 우리는 절대적인 움직임의 그 정교함을 포착할 수 없기 때문에 **형태**를 긍정하는 것이다."(니체)

텍스트 또한 우리의 조잡한 기관에 의해 명명된(일시적으로) 바로 그 나무일 것이다. 우리는 정교함이 부족하기 때문에 과학자가 되는 것이다.

시니피앙스(Signifiance)

시니피앙스란 무엇인가? 그것은 **감각적으로 생산되는 한에 있어서**의 의미이다.

주체(Sujet)

유물론적 주체에 관한 이론을 확립하려는 시도가 여러 분야에서 모색되고 있다. 이 연구는 세 가지 단계를 거칠 수 있다. 우선 과거의 심리학적인 방법을 빌려 상상적 주체를 둘러싸고 있는 환상들을 가차 없이 비판할 수 있다(고전문학의 모럴리스트들은 이런 유형의 비평에 탁월했다). 다음으로 혹은 동시에 좀더 멀리 나아가 잠재태(zéro)와, 그 삭제의 순수한 교체로 묘사된 주체의 현기증나는 분열을 인정할 수 있다(이것은 텍스트와 관계된다. 왜냐하면 즐김은 거기서 말해짐이 없이 그 자신의 마멸의 전율을 전하기 때문이다). 마지막으로 주체를 일반화('복합적인 영혼' '인간적인 영혼')할 수 있다. 이 말은 주체를 한데 모으거나 집단화하는 것을 의미하지 않는다. 그리하여 우리는 여기서 다시 텍스트, 즐거움, 즐김으로 돌아가게 된다. "우리는 누가 해석하는지 물을 권리가 없다. 정념으로 존재하는 것은(하나의 '존재'가 아닌 과정이나 변전으로서) 힘의 의지의 형태인, 바로 해석(interprétation) 그 자체이기 때문이다."(니체)

그리하여 주체는 아마도 환상이 아닌 **허구**로서 회귀할 것이다. 하나의 즐거움이 자신을 **개별체**로 상상하는 방식으로, 최종적인 가장 진귀한 허구, 즉 정체성의 허구를 고안하는 방식으로부터 도출된다. 그러나 이 허구는 더 이상 통합의 환상이 아닌, 반대로 우리의 복수성을 등장하게 하는 사회의 연극이다. 우리의 즐거움은 **개별체적인**(individuel) 것이지 개인적인(personnel) 것은 아니다.[75]

내게 즐거움을 준 텍스트를 '분석'하려 할 때마다, 내가 발견하게 되는 것은 내 '주관성'이 아닌 내 '개별체'이다. 그것은 내 육체를 다른 육체들과 분리시켜 내 육체에 그것의 고통, 또는 즐거움을 적응시키는 소여이다. 그러므로 내가 발견하는 것은 내 즐김의 육체이다. 이 즐김의 육체는 또한 **내 역사적 주체**이기도 하다. 왜냐하면 내가 즐거움(문화적인)과 즐김(비문화적인)의 그 모순된 유희를 조정하고, 또 내가 너무 일찍 태어났거나 너무 늦게 태어나서(이 **너무**란 말은 어떤 후회나 실수·불운을 가리키는 것이 아닌, 다만 **무의 장소**에 호소하고자 함이다) 현재로서는 잘못 위치한 주체로서 자신에 대해 글을 쓰는 것은, 바로 전기적·역사적·사회적·신경증적인 요소들(교육, 사회 계급, 유아적 양상 등)의 아주 섬세한 배합의 결과이기 때문이다. 바로 거기에 시대착오적인 주체가 표류한다.

독서의 즐거움, 혹은 즐거움의 독자들에 대한 유형학을 상상해 볼

---

75) 이 말은 즐거움이란 개인의 특성이나 고유한 성격과는 무관하게, 다만 집단적인 것과 대립되어 혼자 개별적으로 즐길 수 있는 것이지, 결코 함께 즐길 수 있는 것은 아니다라는 말이다.

수 있을 것이다. 즐거움이란 어떤 산물이나 생산의 수식어가 아닌 까닭에 사회학적인 유형은 불가능하며, 단지 독서신경증을 텍스트의 환각적인 형태와 연결시키는 정신분석학적인 유형학만이 가능하다. 절단된 텍스트, 단편적인 인용이나 형식구, 타이프치기, 단어의 즐거움에 일치하는 물신숭배자(fétichiste), 문자 · 분리된 2차 언어 · 메타언어를 관능적으로 음미하는 강박관념자(obsessionnel. 이 유형에는 모든 언어찬미자들, 즉 언어학자나 기호학자 · 문헌학자 등 언어를 **신뢰하는** 사람들은 모두 속한다), 꼬인 텍스트, 추론처럼 전개되는 이야기, 유희나 은밀한 제약처럼 제시된 구성을 소비하거나 생산하는 편집증 환자(paranoiaque), 텍스트를 **즉시 사용할 수 있는 현찰**로 간주하여 더 이상 어떤 비평적인 시선도 던지지 아니한 채 깊이도 진실도 부재하는 언어의 코미디 속으로 텍스트를 통해 그냥 **자신을 내던지는**(텍스트에 자신을 투사하는 것과는 전혀 다른) 히스테리 환자(hystérique. 강박관념자와는 정반대가 되는)가 있다.

이론(Théorie)

텍스트는 **직물**을 뜻한다. 그런데 지금까지 사람들은 이 직물을 그 뒤에 다소간의 의미(진리)가 감추어져 있는 하나의 산물, 완결된 베일로 간주해 왔다. 이제 우리는 이 직물에서 지속적인 짜임을 통해 텍스트가 만들어지며 작업하는 생성적인 개념을 강조하고자 한다. 이 직물, 이 짜임새 안으로 사라진 주체는 마치 거미줄을 만드는 분비액을 토해 내며 약해지는 한 마리의 거미와도 같이 자신을 해체한다. 우리가 신어 사용을 좋아한다면, 우리는 텍스트론을 **거미학**(hyphologie. 그리스어 어원인 **히포스**(hyphos)는 직물·거미줄을 뜻한다)이라 정의할 수 있을 것이다.

비록 텍스트론이 다른 무엇보다도 시니피앙스(줄리아 크리스테바가 말하는 의미에서의)를 즐김의 장소로 지정하였고, 또 텍스트적 실천의 그 관능적이고도 비평적인 가치를 긍정하기는 하였지만, 이 제안은 자주 망각되거나 억압·은폐되어 왔다. 그렇지만 이 이론이 지향하는 근본적인 물질주의는 즐거움이나 즐김의 상념 없이도 가능할까? 과거의 드문 유물론자들, 즉 에피쿠로스나 디드로·사드·푸리에 들도 각자 나름대로 모두 공인된 행복론자들이 아니었단 말인가?

그렇지만 텍스트론에서 즐거움의 자리는 확실치 않다. 다만 어느 날인가 이 이론의 나사못을 조금 풀고 반복되면서 견고해지는 담론이나 개인어를 이동시켜, 그것에 물음의 충격을 부여할 필요성을 시급하게 느낄 날이 올 것이다. 이 물음이 바로 즐거움이다. 속되고도 수치스러운 이름으로서의 즐거움(어느 누가 웃지 않고 자신을 감히 쾌락주의자라고 말하겠는가?)은 텍스트가 도덕성이나 진리, 즉 진리의 도덕성으로 회귀하는 것을 방해할 수 있을 것이다. 그것은 간접적인 것, 말하자면 '떠돌아다니는 닻(dérapant)'으로서, 그것 없이는 텍스트론은 다시 중심의 시스템, 의미의 철학이 될 것이다.

가치(Valeur)

즐거움의 **유보**(suspension)의 힘에 대해서는 아무리 말해도 충분치 않다. 그것은 진정한 에포케[76]요, 모든 공인된(스스로 공인한) 가치들을 멀리서 응결시키는 제동장치이다. 즐거움은 **중성**이다(악마적인 것에서도 가장 변태적인 형태).

또는 적어도 즐거움이 유보하는 것은 기의의 가치, 그 (거창한) **대의명분**이다. "당시 왕을 저격한 죄로 재판을 받고 있던 잡문가 다르메스는 그의 정치적 이념들을 보고서로 작성하고 있었는데, 그의 펜 아래에서 가장 여러 번 되풀이된 것은 귀족(aristocratie)이라는 단어였다. 그는 그것을 꾸이쪽(haristaukrassie)이라고 썼는데, 이런 식으로 씌어진 단어는 사실 아주 끔찍스러운 것이었다." 위고(《돌》에서)는 기표의 엉뚱함을 높이 평가했다. 또한 그는 이 조그마한 철자법의 오르가슴이 다르메스의 '이념'으로부터 나왔다는 것을 알고 있었다. 그의

---

76) époché의 그리스어 어원은 정지라는 뜻으로, 그리스의 회의론자들에게서는 모든 판단의 유보를 의미한다. 후일 에트문트 후설은 세상의 현실에 관한 모든 판단의 유보를 철학적으로 분석하는 방법을 이렇게 지칭하였다.

이념, 즉 그의 가치, 그의 정치적 신념, 그로 하여금 동일한 움직임으로 글을 쓰게 하고, 명명하게 하고, 철자를 틀리게 하고, 토하게 하는 가치 평가라는 것을. 그렇지만 다르메스의 정치 보고서는 얼마나 지루했을까!

텍스트의 즐거움은 바로 그것이다. 기표의 화려한 위치로 이동한 가치.

목소리(Voix)

만약 텍스트의 즐거움에 대한 한 미학을 상상하는 것이 가능하다면, 우리는 거기에 '**소리로 글쓰기**(écriture à haute voix)'를 포함시켜야 할 것이다. 사람들은 이 음성적인 글쓰기(이것은 전혀 말(parole)이 아니다)를 실천하지 않는다. 그러나 아마도 이것이 아르토[77]가 권유했고, 솔레르스가 요구하는 것이리라. 우리는 마치 그것이 존재하는 것처럼 이야기하기로 하자.

고대 수사학에는 고전 작품의 주석학자들에 의해 금지되고 망각된 한 부분을 포함하고 있었는데, 이것이 바로 담론의 육체적인 외재화를 가능케 하는 양식들의 총체인 **악시오**(actio)[78]였다. 그것은 코

---

77) Antonin Artaud(1896-1948): 그의 작품은 일종의 지적 자살이라 할 수 있는 감동적인 체험의 소산으로, 젊었을 때부터 정신적인 불균형을 체험한 그는 고행을 통하여 순수 사유의 근원에 이르려 했다. 초현실주의 운동에 참여하였으며, 특히 그의 《잔혹극 선언 *Manifeste du théâtre de la cruauté*》(1932) 《연극과 그 분신 *Le Théâtre et son double*》(1938) 등은 현대 연극에 많은 영향을 미쳤다.

78) 바르트가 쓴 〈옛날의 수사학〉(《코뮈니카시옹 *Communications*》 제16호, 1970; 우리말 번역, 《수사학》 김현 편, 문학과지성사, 64-65쪽)에 의하면, 고대의 수사학은 주제 설정의 문제를 다루는 Inventio, 구성의 문제를 다루는 Dispositio, 어휘나 문체를 다루는 Elocutio, 배우가 담론을 몸짓으로 연기하거나 낭송하는 방식을 다루는 Actio,

미디언/웅변가가 자신의 분노나 연민 등을 '표현하는' 표현의 연극이었다. 그러나 **소리로 글쓰기**는 표현적인 것이 아니다. 그것은 표현을 현상 텍스트나 의사소통의 규칙적인 약호에 내맡기면서, 그 자신으로 말하자면 발생 텍스트 · 시니피앙스에 속한다. 그것은 연극적인 억양, 간교한 어조, 영합적인 악센트가 아닌 음향과 언어의 관능적인 결합체인 목소리의 **낟결**(grain)에 의해 전달되는 것으로, 낭송법과 동등하게 예술의 질료가 될 수 있다. 즉 자신의 육체를 지배하는 예술(극동 아시아 연극에서 육체의 중요성은 바로 거기에 연유한다). 언어체의 음(son)에 비교한다면, 이 **소리로 글쓰기**는 음운론적인 것이 아닌 음성학적인 것이다. 그것의 목표는 메시지의 정확함이나 감동의 무대가 아니다. 그것이 추구하는 것은(즐김의 전망에서) 충동적인 사건들이나 살갗으로 덮인 언어로서, 목청의 낟결, 자음의 고색창연함, 모음의 관능성, 육체의 깊은 곳에서 우러나오는 모든 입체적 음향을 들을 수 있는 텍스트이다. 그것은 의미나 언어의 분절이 아닌 육체의, 혀의 분절이다. 멜로디에 대한 예술이 이 음성적인 글쓰기에 대해 뭔가 생각을 줄 수도 있을 것이다. 그러나 멜로디는 죽었으며, 따라서 오늘날 우리는 그것을 영화에서 더 쉽게 찾아볼 수 있다. 영화가 말의 음향을 **아주 가까이** 찍어(요컨대 이것이 글쓰기 '낟결'의 일반적인 정의이다) 그것의 물질성 · 관능성 안에 숨결이며, 거친 소리며, 입술의 물렁물렁함이며, 모든 인간적인 코의 현존(목소리 · 글쓰기가

___

기억에 도움을 청하는 Memoria로 구분되어 있다고 한다. 이 중에서도 배우들의 연기나 낭송에 관계되는 부분이 오늘날 가장 많이 잊혀졌다는 견해이다.

동물의 주둥이처럼 그렇게 신선하고 유연하고 매끄럽고 섬세하게 오톨도톨하고 떨릴 수만 있다면)을 들리게 하여 기의를 저멀리 추방하고, 말하자면 내 귀에 배우의 익명의 육체만을 내던지게 할 수 있다면. 그것은 알갱이로 만들고, 탁탁 튀고, 어루만지고, 줄로 썰고, 자른다. 그것은 즐긴다.

롤랑 바르트의 주요어 20개

장 자크 브로시에와의 대담

유추·독사(doxa)·기호의 오래된 주제로부터 텍스트적 즐거움의 범람,

《롤랑 바르트의 평전》에 나오는 그 단상들에 이르기까지

롤랑 바르트는 여기 스무 개의 주요어와

그에게 중요했던, 혹은 현재 중요한 작가들에 대해 이야기한다.

'즐거움'이라는 말의 범람

브로시에   현재 당신 저술의 초점을 이루고 있는 '즐거움'이라는 말
은 최근에 나타났습니다.
바 르 트   그 말은 내가 전술적이라고 부르는 한 방식으로 나타났습
니다. 오늘날 지식인의 언어가 모든 종류의 즐김의 개념
을 배제하는 그런 교훈적 요구에 지나치게 쉽게 복종한다
는 느낌을 받았기 때문입니다. 따라서 그 반동 작용으로,
나는 내 개인적 영역 안에 그 말을 재도입하여 금지하지
않고, 발신하고, **탈억압**하고 싶었습니다.
사유체계에서의 전술적인 움직임은, 그 도중에서 설명을
발견하고 이유들로 둘러싸입니다. 따라서 그 첫번째 이유
는, 내가 주관적 차원에서 쾌락주의라는 약간 낡은 이름
하에 집결될 수 있는 것, 특히 삶의 기술이라는 주제에 어
떤 중요성을 부여하고 있다는 점입니다. 그것은 내가 간
접적인 방식으로, 이를테면 브레히트와 그의 여송연의 관

---

* 이 글은 《마가진 리테레르 *Magazine littéraire*》 1975년 2월호에 발표된 것으로, 《목
소리의 결정》에 재수록되었다.

계에 대해 말하면서 이미 지적한 적이 있습니다. 게다가 브레히트의 모든 작품에는, 비록 그것이 진정으로 마르크시스트적이라는 걸 부정할 수는 없지만, 그래도 거기에는 즐거움에 대한 지극한 배려가 있습니다.

그러므로 나와 관련해서 말하자면 어떤 쾌락주의, 즉 몇 세기 전부터 실추되고 억압되어 온 한 철학의 회귀에 대한 책임감을 인식하고 있다는 점입니다. 그 억압은 우선 그리스도교적 도덕관에 의해, 다음으로는 실증주의적이고 합리주의적인 도덕관에 의해 행해져 왔으며, 불행히도 다시 어떤 마르크시스트적 윤리에 의해 그렇게 될 찰나에 놓여 있습니다.

'즐거움'이라는 말의 출현 혹은 그 회귀의 두번째 정당화는, 그것이 인간 주체에 대한 어떤 한 탐색을 허용한다는 점입니다. '즐거움(plaisir)'과 '즐김(jouissance)' 사이에 어떤 배분을 하려 하거나, 또는 **즐김**의 문제를 상정하려 할 때마다 우리는 정신분석학이 잘 알고 있고, 또 전위라고 불리는 것의 관심을 끄는, 아주 현대적인 주제와 만나게 됩니다.

브로시에 　당신은 '즐거움'과 '즐김'을 연계시키면서도 자주 대립시키고 있습니다.

바 르 트 　'즐거움과 즐김'의 대립은 내가 항상 선호해 온 의도적으로 인위적인 그런 대립들 가운데 하나입니다. 나는 자주 이런 대립들을 만들려고 노력해 왔습니다. 이를테면 '글쓰기(écriture)'와 '지식서사적인 글쓰기(écrivance)', '함의(con-notation)'와 '외연(dénotation)' 등. 이런 대립들은 문자 그대로 준수해서는 안 되는 것들로서, 이를테면 이 텍스트는 즐거움 아니면 즐김에 속하는지를 질문해서는 안 됩니다. 이런 대립들은 무엇보다도 장애물을 치우고 더 멀리 나아가도록, 혹은 단순히 말하고 글을 쓰도록 하는 데에 그 목적이 있습니다.

그래도 이 두 단어의 차이는 실제적입니다. 나 혼자만이 그걸 주장하는 것도 아닙니다. 즐거움이란 편안함·개화·용이함의 가치 속에서 확인되는 주체·자아의 강화에 연결되는 것으로서, 내게는 이를테면 고전 작품의 모든 독서 영역이 해당됩니다. 이와 대립하여 즐김이라는 주체가 견고해지는 대신 상실되며, 엄밀히 말해 그 자체가 즐김인 소모/소비(dépense)의 체험을 하는 독서나 언술행위의 체계를 가리킵니다.

이 두 단어에 의거해 잠정적으로나마 텍스트 목록을 작성해 본다면, 우리가 알고 좋아하는 대부분의 텍스트들은 대체적으로 즐거움에 속하며, 즐김의 텍스트는 지극히 드뭅니다. 게다가 그것이 즐거움을 주는지 어떤지도 확실치 않습니다. 그 텍스트들은 당신을 불쾌하게 하거나 혹은 화나게 할 수 있으며, 그러나 어느 섬광 같은 순간에 적어도 일시적으로나마 당신을 변환·변형시키며, 상실되는 자아의 소모를 체험케 합니다.

이런 즐김의 주제는 다른 주제들과도 인접한 것으로, 이 를테면 엄밀한 의미에서의 마약(drogue)이 아닌 '중독(dro-guant)'이라는 주제에, 혹은 변태의 몇몇 형태에 인접합니다.

브로시에 그런 텍스트에 좋은 점수를 주려는 것은 아닙니다만, 즐 김의 텍스트들을 몇 개 인용해 주시겠습니까? 어떤 것들 이 있습니까?

바 르 트 그것은 전위적인 텍스트들, 즉 사실임직한(vraisemblable) 것이 아닌 텍스트들입니다. 하나의 텍스트가 사실임직한 것의 약호에 복종한다면, 제아무리 선정적인 텍스트라 할 지라도 즐거움의 텍스트라고 말할 수 있습니다. 나는 사 드를 생각합니다만, 사람들은 사드를 즐김의 텍스트들 가 운데 위치시키려 할 것입니다. 사실 그 텍스트의 많은 부 분은, 그것이 즐김을 말해서가 아니라 즐김을 말하는 방 식에 의해 그러합니다. 그렇지만 그 모든 것에도 불구하 고 사드의 텍스트는 시대적인 제약에 의해 사실임직한 것 의 약호에 복종하며, 따라서 즐거움의 텍스트 쪽에 위치 합니다. 즐김의 텍스트는 뭔가 읽혀질 수 없는 것 쪽에 있 습니다. 그것은 이미지와 상상력의 기재에서 뿐만 아니 라, 언어 자체의 차원에서 우리를 뒤흔들어야 합니다.

브로시에 그렇다면 즐김은, 이를테면 세베로 사르두이[1] 쪽에 있는 건가요?

---

1) 이 책의 23쪽 〈텍스트의 즐거움〉, 주 16) 참조.

바 르 트   전적으로 그렇습니다. 솔레르스의 텍스트들도 마찬가지
          입니다만, 그걸 설명하기는 어렵군요. 즐거움의 텍스트를
          판단하기 위한 미학적 기준을 상상하는 것이 가능하면 할
          수록 즐김의 텍스트에 대한 기준은 여전히 막연하니까요.

브로시에   게다가 시대적인 추세가 즐김의 텍스트들을 즐거움 쪽으
          로 기울어지게 하고 있습니다.

바 르 트   물론입니다. 그것은 문화로 회수됩니다. 회수란 역사의 위
          대한 법칙입니다.

유추·자연·상상계

브로시에 당신이 특별히 싫어하는 것처럼 보이는 계열체가 '유추·
자연·상상계'입니다.

바 르 트 유추와 자연에 대해서는 맞는 말입니다. 또 그것은 새로
운 것도 아닙니다. 나는 항상 예술과 사유의 유추 형태에
대해 적대감을 품어 왔습니다. 게다가 바로 그 정반대되
는 이유로, 이렇게 말할 수 있을지 모르겠습니다만 언어
학적 기호를 그렇게도 사랑해 왔던 것입니다. 아주 오래
전 소쉬르를 읽으면서 나는 언어학적 기호 안에는 어떤
유추도 존재하지 않으며, 기표와 기의 사이에는 어떤 유
사성도 없다는 걸 알게 되었습니다. 바로 그 점이 나로 하
여금 언어학적 기호와 씌어진 문장, 텍스트 안에서의 그
모든 변형에 집착하게끔 한 것입니다.

이 분석을 더 멀리 밀고 나가면, 요컨대 유추의 고발은
'자연스러움(naturel)'의, 혹은 유사 자연(pseudo-nature)의 고
발이라는 걸 이해할 수 있습니다. 사회적이고 관례주의적
인 세계는 자연의 개념을 사물이 서로 닮았다는 데에 근
거하고 있으며, 그리하여 소위 '자연스러움'이라 불리는

인위적이고도 억압적인 개념을 생산해 냈습니다. 일반 상식은 비슷한 것을 항상 '자연스런' 것이라고 판단해 왔습니다. 그래서 나는 유추로부터 쉽게 '자연스러움' 혹은 '대부분의 사람들 눈에 자연스런 것으로 여겨지는 것'의 주제로 넘어갈 수 있었습니다. 그것은 '자명한 것(ce qui va de soi)'의 고발을 목적으로 하는 《신화학》을 이미 부양하고 있으므로 오래된 주제입니다. 또는 브레히트의 주제이기도 하지요. "규칙 아래에서 남용을 발견하시오." 자연스러움 아래에서 역사를 발견하시오, 자연스럽지 않은 것을 발견하시오, 남용을 발견하시오.

상상계로 말하자면, 그것은 최근의 용어입니다. 왜냐하면 오늘날 우리는 그 용어를 더 이상 바슐라르적인 의미가 아닌, 라캉적인 의미로 사용하고 있기 때문입니다.

브로시에 사르트르적인 의미도 아닌?

바 르 트 사르트르적인 의미도 아닙니다. 비록 그것이 상당히 흥미롭긴 하지만, 언젠가 우리는 사르트르의 초기 저술로 다시 돌아가야 합니다. 비록 지금은 완전히 방치되었지만, 그것은 아주 풍요로운 저술입니다. 사르트르의 문제를 재검토해야 합니다. 게다가 난 그것이 저절로 그렇게 되리라고 생각합니다.

라캉이 '상상계'라고 부르는 것은 유추, 혹은 이미지들 사이의 유추와 아주 밀접한 관계가 있습니다. 왜냐하면 상상계란 동일시(identification)의 움직임 속에서 주체가 이미지에 들러붙는, 특히 기표와 기의의 유착에 기대는 그런 주체의 기재이기 때문입니다. 그러므로 우리는 여기서 재현, 형상화, 이미지와 모델의 동질성이라는 주제를 다시 발견하게 됩니다.

브로시에 그런 사유에 당신은 기표의 사유를 대립시키고 있습니다.

바 르 트 우리는 기표라는 말을 조금 경계해야 합니다. 이제 그 말은 낡은 것이 되어가고 있습니다. 나는 기표가 아니라면, 적어도 사람들이 시니피앙스(signifiance)라고 부르는 것에 관심이 있습니다. 시니피앙스란 물론 의미의 체제입니다만 결코 하나의 기의로 닫혀지지 않는, 즉 주체가 말을 하거나 듣거나 쓸 때——그것이 내적인 텍스트라 할지라도 ——의미를 가로질러 결코 의미를 닫히게 함이 없이 이 기표에서 저 기표로 나아가는 것을 말합니다. 그런데 유추란 그 자체로 닫혀지며, 기호의 동일한 두 부분에 의해 그 닫힘을 정당화합니다.

단상·구술·하이쿠

브로시에 이런 시니피앙스에 대한 취향이 당신에게서 단상·시작·
          하이쿠의 취향으로 연결된 것이 아닙니까?

바 르 트 단상의 취향은 아주 오래된 취향으로, 《롤랑 바르트 평
          전》에서 다시 활성화되었습니다. 내가 쓴 책들과 평론(ar-
          ticle)들을 다시 읽으면서──이런 일은 전에는 한번도 없
          었습니다──나는 항상 짧은 글쓰기만을, 즉 단상이나
          단장, 제목을 붙인 몇 개의 문단, 또는 평론만을 써왔다
          는 사실을 확인했습니다. 내 삶의 어떤 시기에 가서는 책
          이라곤 전혀 쓰지 않고, 평론만을 쓴 적도 있었으니까요.
          짧은 형태에 대한 이런 취향이 이제는 체계화되고 있습니
          다. 형태에 대한 이데올로기, 혹은 反이데올로기의 관점
          에 연루된 것으로 말하자면, 단상은 내가 '덮어씌운 것(le
          nappé)' 혹은 논술이라고 부르는, 즉 말하는 것에 최종적
          인 의미를 부여하려는 생각하에 구성된 담론──전시대
          의 모든 수사학적 규칙이었던──을 깨부숩니다. 구성
          된 담론의 이런 '덮어씌운 것'에 비해 단상이란 흥을 깨는
          것, 불연속성, 어느것도 결정적으로 '굳어지지(prendre)' 않

는 일종의 문장·이미지·사유의 분산을 배치시키는 것입니다.

브로시에 무언가 무정부주의적인 글쓰기 말이지요.

바 르 트 그렇게 된다면 무척이나 기쁠 것입니다. 다만 '무정부주의'라는 말이 이런 체계의 기의가 아니라는 조건에서 말입니다. 이런 형태의 체계에서 어려운 점은 형태가 '굳어지거나' 응결되는 것을 막아야 한다는 데 있습니다. 이것은 전위적인 문체에 비해 조금은 역설적인 입장이긴 합니다만, 이런 응결을 저지할 수 있는 최선의 방법은 외면적으로는 고전적인 약호 안에 머무르는 척하면서, 어떤 문체론적 요구에 복종하는 글쓰기의 외양을 유지하면서, 그리하여 완전히 무질서하지 않는, 히스테리를 막아 주는 한 형태를 통하여 최종적인 의미로부터 분리되는 것일 터입니다.

브로시에 역사의 속임수 다음으로 글쓰기의 속임수인가요?

바 르 트 그렇습니다. 그렇지만 내가 하는 것이 그런 결과를 낳게 될지는 잘 모르겠습니다. 하지만 내가 뭔가를 욕망한다면, 아마도 그런 것이겠지요.

브로시에 그렇지만 완전히 구축된 문체 중에 당신이 무척이나 좋아하는 것처럼 보이는 문체가 바로 구술(dictée)과 하이쿠입니다.

바 르 트 사실 《롤랑 바르트 평전》에는 몇 개의 '구술'이 있습니다. 구술은 내가 많은 관심을 가졌던 문제입니다. 유년 시절의 추억을 이야기하고 싶었을 때, 그 추억은 나도 모르게 어떤 글쓰기 형태, 대체적으로 학교에서 하는 글쓰기의 형태를 취하더군요. 그것은 우리에게 친숙한 구술 혹은 작문이라는 형태였습니다. 추억의 자연스러운 담론은 학교에서 하는 담론, 즉 구술의 담론입니다. 나는 이런 표현 방식을 완전히 배제하는 대신, 그것을 다시 쓰기로 작정했습니다. 때때로 구술을 하거나, 스스로에게 작문의 주제를 부여하면서 말입니다. 마치 내 자신이 미래의 교과서에 실릴 작문 한 편을 쓰듯이 그랬습니다. 지나친 자만 같아 보이겠지만, 이것은 본질적으로 어떤 유희 정신에서 비롯된 것이지, 언젠가 내 글이 프랑스어 교과서에 실리리라고 상상해서 그런 것은 전혀 아닙니다.

그래서 《롤랑 바르트 평전》에 나오는 몇 개의 단상 옆에다 암암리에——그래도 그것이 보이기를 바라면서——인용부호를 붙인 것입니다.

브로시에　그러나 구술을 모작(pastiche)하는 것은 조심스럽게 피하면서요…….

바 르 트　그 점을 지적하시다니, 맞는 말입니다. 나는 모작을 원치 않았습니다. 그 책을 계획하던 초기에 있어, 나는 누군가에 대한 문학비평을 하면서——그것이 우연히도 내 자신에 관한——나 스스로를 모작하겠다고 생각했습니다. 그러나 이런 출발의, 장난 같은 계획의 흥분감이 사라지자 그것은 잘 되지 않았고, 지겨워지기조차 하였습니다. 아마도 난 패러디에 소질이 없는 모양입니다.

바로 그때 내 계획이 진전되었고, 그래서 공공연한 모작을 포기했습니다. 그래도 막연하게나마 인용적인, 상호 텍스트적인 영역 안에 머무르면서요.

하이쿠는 다릅니다. 그것은 단상의 본질적인, 음악적인 변전(devenir)입니다. 나는 단상의 역사적이고 실제적인 본질을 일본에서 여행하는 동안 발견했습니다. 그것은 내가 깊이 찬미하는, 다시 말해 깊은 욕망을 가지고 있는 형태입니다. 만약 내가 이제 다른 것을 쓴다고 상상한다면, 그 중 몇 개는 아마도 하이쿠와 같은 것일 터입니다. 하이쿠는 아주 짧은 형태이지만, 똑같이 짧은 형태인 잠언(maxime)과는 반대로 그 불투명성으로 특징지어집니다. 하이쿠는 의미를 야기하지 않지만, 그러나 동시에 무의미 안에 있는 것도 아닙니다. 그것은 항상 똑같은 문제입니다. 의미가 굳어지지 않도록 할 것, 그러나 의미의 최악의 상태인 무의미의 의미에 이르지 않기 위해서는 의미를 떠나지 말 것이라는.

《롤랑 바르트 평전》에는 하이쿠와 유사한 것들이 몇 개 있습니다. 그러나 그것은 전혀 시적인 형태로 주어지지 않는, 내가 '회상(anamnèse)'이라고 명명한 것들입니다. 기껏해야 두서너 줄의 문장으로 주어진, 그리고 완전히 불투명하다――적어도 내가 바란 것은 그런 것이지만, 그것을 실현하기란 무척 어려운 일입니다――는 특징을 가진 내 유년 시절과 젊은 시절의 추억들. 응결되지 않은 것들. 하이쿠는 일종의 反구술입니다. 바로 그런 이유로 이 두 가지 개념을 한데 묶은 것은 정당했습니다.

세 가지 뻔뻔함

브로시에   당신은 한순간 세 가지 뻔뻔함(arrogance), 즉 독사(여론 · 합
            의) · 과학 · 투사(militant)의 뻔뻔함에 대해 말씀하셨습니다
            만, 그래도 언어학은 과학이며, 또 언어학은 당신의 사유
            체계와 방법론의 주축이었습니다.

바 르 트   맞습니다. 그러나 우선 나는 과학의 뻔뻔함에 대해 언제
            나 똑같이 참을 수 없었던 것은 아닙니다. 과학, 차라리 과
            학성은 항상 나를 매혹시켰습니다. 오늘날 언어학으로부
            터 나를 갈라 놓는 것은, 언어의 과학이기를 바라는 언어
            학이 거의 유추적이고 혹은 상상적인 방식으로 과학적 유
            형의 메타 언어에 밀착되어, 그리하여 기의의 세계에 합
            류한다는 데에 있습니다. 이제 내가 언어학에서 문제시하
            는 것은, 다른 사회과학이나 인문과학도 마찬가지입니다
            만, 그것들이 그 자체의 언술행위 유형이나 담론의 양식
            을 의문시하는 데 무력하기 때문입니다.

            그런데 오늘날 언술행위를 의문시하는 것을 회피하기란
            무척이나 어려운 것처럼 보입니다. 왜냐하면 대략 30년 전
            부터 언술행위가 예전에는 모르던 두 개의 구현태(instance)

에 의해 이루어진다는 사실을 알게 되었기 때문입니다. 즉 이데올로기 혹은 이데올로기의 의식과 무의식, 말하자면 무의식의 의식이라고 할 수 있는 것에 의해. 이제 언표와 담론의 모든 문제점은 그것들이 어디서 행해지든 간에, 이 두 개의 구현태를 고려해야만 한다는 것입니다. 그런데 이 두 개의 구현태는 규정상 글을 쓰는 주체, 즉 자신이 정확히 어떤 이데올로기 안에 있는지 알지 못하고, 자신의 무의식도 모르는 주체로부터는 벗어나는 것입니다.

인문과학의 문제점은 이 두 개의 구현태, 즉 이데올로기와 무의식을 모른다/무시한다(ignorer)는[2] 데에 있습니다. 제가 말장난하는 것을 용서해 주신다면, 그것들을 모르는 것이 정상적이라면, 그것들을 무시하는 것은 비정상적이라고 할 수 있습니다.

그러나 이것은 일반적인 역사의 문제입니다. 즉 모든 것은 단번에 이루어질 수 없습니다. 언어과학들에 대한 나의 거리감은——기호학조차도——그것을 실천하는 사람들에 대한 거리감은 전혀 아닙니다. 개인적으로 더 이상 정통적 담론성에 의거한 언어학적 담론을 하고 싶은 생각이 없어졌다고나 할까요. 어쨌든 언어학 분야에서 나는 항상 아마추어에 불과했으니까요.

---

2) 프랑스어의 ignorer라는 동사는, 알지 못하다·모르다라는 의미 외에도 무시하다·모르는 체하다라는 뜻이 있다.

브로시에   과학에 대한 이런 불신은 아주 사르트르적인 태도가 아닙니까? 사르트르는 결코 그 사실을 표명한 적은 없지만, 과학에 대한 거리감으로 특징지어지니까요.

바 르 트   내가 글을 쓰기 시작했을 때, 전쟁 후, 전위란 곧 사르트르였습니다. 사르트르와의 만남은 내게 무척이나 중요했습니다. 나는 그에게 매혹되었다기보다는——이 말은 부조리하기에——그의 에세이스트로서의 글쓰기에 의해 변모되었고, 열광했으며, 거의 불붙다시피 했습니다. 그는 진정으로 에세이의 새로운 언어를 창조하였으며, 이 점이 내게 많은 영향을 끼쳤습니다. 그렇지만 과학에 대한 사르트르의 의혹이 현상학이나 실존적 주체에 관한 철학의 지평에서 비롯된 것이라면, 나의 의혹은 적어도 현재로서는 정신분석학 언어에 의해 더 많이 부양되었습니다.

브로시에   그렇지만 정신분석학 또한 주체에 관한 철학이 아닙니까?

바 르 트   바로 그래서 사르트르의 문제가 재검토되어야 한다고 다시 한 번 말합니다. 그것은 적어도 촘스키적인 의미에서 다시 씌어져야 합니다.

브로시에   당신은 과학과 투사의 뻔뻔함을 말씀하셨는데, 촘스키는 바로 과학자이자 투사이기를 원한 사람이 아닙니까?

바 르 트   나는 체질적으로 촘스키에게 동감할 수 없습니다. 물론 존경하기는 하지만. 내가 깊은 애정을 갖고 있는 언어학자는 벤베니스트입니다. 물론 우리는 소쉬르와 야콥슨,

그밖의 다른 언어학자들에게도 많은 빚을 지고 있습니다
만, 실제 영향을 끼친 사람의 수는 제한되어 있습니다. 내
게 영향을 끼친 사람들로는 사르트르·브레히트가 있으
며, 아직도 브레히트의 영향은 계속됩니다. 브레히트와는
항상 생생한 관계를 가지고 있습니다. 또 벤베니스트가
있습니다.

브로시에 벤베니스트에게는 또한 소설적인 면, 문헌학 안에서의 상
상적인 면이 있기 때문이 아닙니까? 인도유럽어의 동작
주와 동작의 명칭, 그것은 또한 한 권의 경탄할 만한 소설
입니다.

바 르 트 벤베니스트의 아름다움은 그가 단지 언어의 학자, 언어
기능의 학자라는 사실뿐만이 아니라 언어체(langues)들의
학자라는 점에 있습니다. 그는 과감히 언어체에 도전했습
니다. 그런데 언어보다는 언어체가 더 중요합니다. 그렇
게 해서 벤베니스트는 이름들이나 단어들을 통해 지극히
구체적인 것을 다루게 된 것입니다. 바로 거기에서 벤베
니스트 작품의 거의 소설적인 양상이 연유합니다.

두번째 요소는, 벤베니스트에게는 사유이자 동시에 형태
인 아주 놀라운 유형의 글쓰기·문체가 있다는 점입니다.
그것은 단순히 자신의 생각을 전달하는 학자의 지식서사
적인 글쓰기가 아닙니다. 벤베니스트의 육체와——비록
그 육체가 부재하는 것처럼 보이기 위해 싸운다 할지라도
——그가 쓰는 것, 즉 그의 글쓰기 방식 사이에는 특별한

관계가 있습니다. 나는 벤베니스트에게서 격렬하면서도 동시에 신중한 면, 지적인 저속함의 완전한 부재, 재치, 나를 무한히 매혹시키는 그 모든 미학적인 가치들을 사랑합니다. 게다가 이것은 브레히트에게서 발견되는 장점들의 목록과도 거의 동일합니다.

또 우리의 대담이 출판될 것이므로, 나는 다음과 같은 사실을 말해야만 한다고 생각합니다. 우리 가운데 몇몇 사람들은 벤베니스트의 상황 앞에서 어떤 분노를 느끼고 있습니다. 그는 이제 병든 사람이며, 게다가 물질적으로 지극히 어려운 처지에서 자신의 병을 앓고 있습니다. 또 문화는 오늘날 유행의 측면에서나 공식적인 측면에서 그에게 전혀 주의를 기울이지 않고 있습니다. 그가 현재 프랑스에서 가장 위대한 학자들 중의 한 사람이라는 것은 명백한 사실인데도 말입니다. 그의 상황은, 다만 물리적 가난에만 국한되지 않기 때문에──그는 4,5년 전에 병에 걸렸으며, 그것도 언어의 인간에게는 아주 끔찍한 병에 걸렸습니다[3]──우리 사회를 부끄럽게 할는지도 모릅니다.

---

3) E. Benveniste(1902-76): 프랑스의 언어학자로 1937년 이래 콜레주드프랑스에서 비교문법 강의를 담당해 왔으며, 특히 그의 인도유럽어에서의 이름이나 언어학적 기호, 인칭 관계의 구조, 언술행위 개념에 관한 연구는 이야기 분석에 많은 영향을 미쳤다. 그의 《일반언어학 문제》(1966-77)는 오늘날까지도 중요한 저서로 평가되며, 바르트는 여기서 벤베니스트가 말년에 말을 하지 못하는 병에 걸렸다는 사실을 환기하고 있다.

인명·인칭대명사

브로시에   당신은 인명에 많은 관심과 중요성을 부여하고 있는데,
      당신의 선조는 프루스트입니까?

바 르 트   이것도 꽤 오래된 것입니다. 내가 프루스트에 대해 쓴 유
      일한 텍스트가 고유명사에 관한 것이기 때문입니다.[4] 프
      루스트 자신도 고유명사에 대해 확실한 철학을 갖고 있었
      습니다. 나와 고유명사의 관계는 내게도 약간은 수수께끼
      같은 것으로, 시니피앙스나 욕망――어쩌면 즐김조차도
      ――과도 비슷한 것입니다. 정신분석학은 이 문제에 많
      은 관심을 기울였으며, 말하자면 고유명사가 주체와 욕
      망으로 가는 왕도라는[5] 사실은 이미 잘 알려져 있습니다.
      고유명사, 특히 내 유년 시절의 고유명사에 대한 이 애정
      어린, 수수께끼 같은 집착을 시인합니다. 나는 유년 시절
      과 청년 시절의 일부분을 프랑스의 조그마한 소도시 바욘
      의 부르주아들 가운데서 보냈는데, 항상 바욘의 부르주아

---

4) 〈프루스트와 이름들〉, 《로만 야콥슨을 위하여 *To honour Roman Jakobson*》, Mou-
ton, 1967. 《글쓰기의 영도 *Le Degré zéro de l'écriture*》, Seuil, 1972에 재수록되었다.
5) 이 말은 프로이트의 "꿈은 무의식으로 가는 왕도다"라는 말을 빗대어 한 것이다.

가문들의 이름과 접하게 되었습니다. 그 이름들은 유사음의 반복, 순수한 시적인 발성, 사회적이고 역사적인 두께때문에 내 관심을 끌었고, 날 즐겁게 했고, 궁금하게 했습니다.

두번째 관심은 내가 소설을, 지나간 시대의 소설이나 회고록을 읽을 때 나타나는 것으로, 나는 고유명사에 아주 민감합니다. 한 소설의 성공 여부는 그 고유명사의 성공 여부에 달렸다고 자주 생각할 정도니까요.

브로시에   그 증거로서, 피에르 로티에 대해 〈아지야데라는 이름〉의 평론을 쓰신 거지요.[6]

바 르 트   아지야데라는 이름은 잘 찾아낸 이름입니다.

브로시에   인명에서 대명사로 넘어가기로 하지요. 당신이 최근에 쓰신 《롤랑 바르트 평전》에는 롤랑 바르트의 이니셜인 'R. B.'와 '나'라는 1인칭 대명사 사이에는 아주 정교한 유희가, 움직임이 있습니다. 3인칭 'R. B.'가 주어로 나오는 문장이 아주 자연스럽게 1인칭 소유형용사로 수식되는 경우가 있더군요.

바 르 트   《롤랑 바르트 평전》에는 '나' '그'('그'라고 부르면서 '나'에 대해 말하는), 내 이름의 이니셜인 'R. B.' 그리고 '당신'(때로는 '당신'이라고 지칭하면서 내 자신에 대해 말하는)의 네 가지 체제가 있습니다. 이 주제에 대해서는 그 책의 한 단

---

6) 〈Le nom d'Aziyadé〉, 《글쓰기의 영도》에 재수록되었다.

장에서도 약간 설명했습니다만, 그러나 그 모든 설명은 본질적으로 상상적인 것이기 때문에, 그 주제를 완전히 해명해 주지는 못합니다. 그러므로 독자는 내가 말하는 것보다 더 멀리 나아가야 합니다.

대략적으로 말한다면 대명사 '나'는 진정으로 상상계, 자아의 대명사입니다. 내가 '나'라고 말할 때, 내가 상상계 안에 있다는 것은 어쨌든 지금처럼 확실합니다. 한 권의 책, 실제로 상상계에 관한 한 권의 책을 쓰기 위해, 나는 그 모든 대명사들을 가지고 물결무늬를 짜고 싶었습니다. 그러나 더 이상 상상계의 구조만은 아닌, 그렇다고 해서 진실의 구조도 아닌 그런 심적 구조를 통하여, 마치 우리가 옷감을 풀어헤치듯이 자신을 풀어헤치며, 올이 풀려 나가며, 자신을 조각조각 자르는 그런 상상계에 관한 책을 쓰고 싶었습니다. 거기에는 여러 개의 지배적인 신경증 요소들 사이에, 일종의 '브라운 운동'[7] 같은 왕래가 있습니다. '나'는 상상계의 대명사이며, 그리고 보다 자주 사용되는 '그'는 거리감의 대명사입니다. '그'는 여러 방식으로 이해될 수 있는데, 그 점에 대해서는 독자가 주인입니다. 마치 내가 스스로에게 너무 많은 중요성을 부여하여, 나 자신에 대해 말하면서 '그'라고 말하는 일종의 과장법으로

---

7) 브라운 운동이란 영국의 식물학자 로버트 브라운이 1827년에 발견한 것으로, 물 속에 떠돌아다니는 꽃가루의 불규칙한 운동을 말한다.

생각하든가, 아니면 일종의 고행(mortification)으로 생각하든가 하면서 말입니다. 왜냐하면 누군가에 대해 '그'라고 말하는 것은, 그를 부재하게 하거나 괴롭히거나 조금은 죽은 것으로 만드는 것이기 때문입니다. 혹은 이것은 너무도 행복한 가정이긴 합니다만, 그래도 말해 보기로 하지요. 브레히트적 시각에서 거리감의 '그', 즉 자신을 비평의 대상으로 삼는 서사적인 '그'입니다.

그리고 '당신'으로 말하자면, 두 가지 해석이 가능합니다. 나는 스스로에게 거의 '당신'이라고 말하지 않았습니다만, 그래도 서너 번 그랬습니다. '당신'은 고발, 자체 고발의 대명사, 혹은 일종의 분해된 편집증으로 간주될 수 있습니다. 그러나 보다 경험적이고 도발적인 방식으로, 마치 사드가 몇몇 주석에서 자신을 '당신'이라고 지칭한 것처럼 사드적인 '당신'으로 이해될 수도 있습니다. 그것은 글쓰기 조작자로서의 '당신'을 가리키는 것으로, 주체로부터 필사자를 떼어 놓는 당시에는 아주 현대적이고 독창적인 것이었습니다.

'R. B.'는 별로 중요하지 않습니다. 그것은 대부분 '그'를 쓰기가 애매한 문장에 나옵니다.

브로시에　'R. B.'는 조금은 수사학적인 방식으로 회상하는 인물을 가리키는 것이 아닙니까? 간접화법의 근원 같은, 즉 R. B.가 말하기를…… 하는 식으로 말입니다.

바 르 트　거기에는 물론 필리프 솔레르스가 《텔 켈》지에 'R. B.'[8]라

는 제목으로 나에 관해서 쓴, 아주 아름다운 텍스트의 여
운이——문장의 음악과 관계되기 때문에——남아 있습
니다.

8) 이 글은 《텔 켈 *Tel Quel*》지, 1971년 47호, 롤랑 바르트 특집호에 발표된 것이다.

아마추어

브로시에 제가 찾아낸 또 하나의 말이 '아마추어'입니다. 이 말은
로제 바이양[9]에게서도 자주 반복되는 것으로, 당신에게
서 '아마추어'란 무엇을 의미합니까?

바 르 트 그것은 내게 흥미로운 주제입니다. 나는 그 주제를 순전
히 실천적이고 경험적인 방식으로 이해할 수 있습니다.
시간이 있으면, 나는 단지 아마추어의 자격으로 그림을
그리거나 음악을 연주합니다. 아마추어 상황의 커다란 이
점은 상상계나 나르시시즘을 연루시키지 않는다는 점입
니다. 아마추어의 자격으로 데생을 하거나 색칠을 할 때,
우리는 **이마고**(imago)——즉 데생이나 그림을 그리면서
자신에 대해 투사하게 될 이미지——에 전혀 신경 쓸 필
요가 없습니다. 그러므로 그것은 해방입니다. 나는 그것

---

9) Roger Vailland(1907-65): 프랑스의 작가로 기자 생활을 거쳐 한때 공산당에 입당
한 적도 있으나, 도덕적이고 종교적인 구속을 거부하고 절대적 자유를 추구하는 그
의 성향은 세계에 대한 일정한 거리감으로 나타난다. 그의 《내적 일기》(1968)의 출
판은, 그의 명철한 사유와 활달한 기질을 드러낸 것으로 자주 라클로와 스탕달에 비
유된다.

이 문명으로부터의 해방이라고까지 말할 수 있습니다. 푸리에식의 유토피아에 포함될 수 있는 것이지요. 존재들이 다른 사람들에게 불러일으키게 될 이미지에 신경 쓰지 않고 행동할 수 있는 그런 문명 말입니다.

실천적인 측면에서 아주 중요한 이 주제를, 나는 이론으로 전환시킵니다. 미래의 사회, 완전히 소외되지 않은 사회, 글쓰기의 측면에서 단지 아마추어의 활동만을 인정하게 될 그런 사회를 상상할 수 있기 때문입니다. 이것은 특히 텍스트 영역에서 가능합니다. 사람들은 즐거움을 위해 글을 쓰거나 텍스트를 쓰며, 타자에게 야기할 수도 있는 이미지를 걱정하지 않고 글쓰기의 즐김을 활용할 수 있을 것입니다.

브로시에   음악과의 관계는 어떻습니까? 나는 아마추어로서 음악을 연주한다, 그러나 피아노는 규칙적인 연습, 지속적인 노력을 요한다라고 말씀하셨는데……

바 르 트   어린 시절 나는 피아노를 쳤습니다. 바욘에 사는 고모가 피아노 선생님이었고, 그래서 음악적인 분위기 속에서 살았습니다. 그러나 더 이상 피아노를 연습하지 않은 후부터는 어떤 기술도 습득할 수 없었고, 또 속도도 낼 수 없었습니다. 다만 아주 일찍부터 악보 읽는 법을 배웠기 때문에 손가락이나 겨우 놀릴 수 있는 정도지요. 그래서 악보는 해독할 수 있지만, 연주는 할 줄 모릅니다. 그렇지만 이것은 진정한 아마추어 활동에는 걸맞는 것입니다. 아주 느린 속도와 가락이 맞지 않는 음을 통하여, 그래도 난 음악적 텍스트의 물질성에 도달합니다. 그것이 내 손가락으로 전해져 오기 때문이지요. 음악의 관능성은 순수하게 청각적인 것만은 아닌, 또한 근육질적인 것이기도 합니다. 아마추어는 소비자가 아닙니다. 아마추어의 육체와 예술의 접촉은 아주 긴밀하며, 현존하는 것입니다. 바로 그 점이 아름다우며, 바로 거기에 미래가 있습니다. 그러나 우리는 여기서 또 한 번 문명의 문제로 넘어가게 됩니다. 기술의 발전과 대중문화의 발전은 연주자와 소비자의 분리를 끔찍할 정도로 심화시키고 있습니다. 우리 사회는 상투적인 것을 활용하는[10]——이런 말을 할 수 있다면——소비 사회이지, 아마추어 사회는 전혀 아닙니다.

역사는 일련의 돌발 사건과 반동 작용으로 이루어진 통계학자들에게는 친숙한 저 정상 분포 곡선으로 제시됩니다. 지배 계급 가운데에도 진정한 아마추어 정신이 존재하던 그런 소외된 시대(군주제 사회나 봉건 사회 안에서조차도)가 있었습니다. 따라서 우리는 이런 아마추어 정신을 다른 사회성의 공간에서, '엘리트'가 아닌 다른 곳에서 되찾아야 합니다. 지금 우리는 이 곡선의 낮은 부분에 위치하고

---

10) 우리말로 '재담을 하다'라는 표현에 상응하는 프랑스어의 jouer sur les mots는, 단어의 뉘앙스나 모호함을 최대한 활용하는 것을 말한다. 따라서 이런 표현법에 의거해 구성된 jouer sur les stéréotypes는 상투적인 것의 모든 의미나 효과를 최대한 활용하는 것을 말한다.

있습니다.

브로시에　바로 그런 이유로 당신은 어디선가 부르주아 문화의 매력
(은밀한/신중한(discret))에 대해 말씀하신 겁니까? 부르주아
문화 외에 다른 문화란 존재하지 않으므로.

바 르 트　타락한 부르주아 문화인 소시민의 문화가 존재하며, 그것
은 역사적으로 당연합니다.

정 치

브로시에 정치의 자리는 어디에 있습니까? 당신의 저술에서 정치
와의 관계는 지극히 신중해 보입니다.

바 르 트 신중하기는 하지만 집요한 것이지요. 우선 나는 하나의
구별을 하고 싶습니다. 당신에게는 허울 좋은 것처럼 보
일는지 모르지만, 그래도 이 구별은 내게 유효합니다. 그
것은 '정치(la politique)'와 '정치적인 것(le politique)'을 구별
하는 것입니다. '정치적인 것'이란 역사와 사유, 모든 행
해지고 말해지는 것에 대한 근본적인 범주로서 실재의 차
원 그 자체입니다. 그러나 정치는 이와 다릅니다. 그것은
정치적인 것이 반복의 담론으로, 되씹는 담론으로 전환되
는 바로 그 순간입니다. 정치적인 것에 대한 관심이나 집
착이 크면 클수록, 나는 정치 담론에 대해 비관용적인 입
장을 취하게 됩니다. 그 점이 내 입장을 어렵게 만들지요.
내 입장은 조금은 분열된, 자주 죄의식을 느끼는 그런 것
입니다. 그러나 나만이 이런 입장에 놓여 있다고는 생각
지 않습니다. 현재로서는 대부분의 사람들, 적어도 대부
분의 지식인들이 정치에 대해 죄의식을 느끼는 그런 관계

에 처해 있다고 생각합니다. 오늘날 전위 운동의 본질적인 임무 가운데 하나는, 지식인들이 정치에 대해 느끼는 이런 죄의식의 문제를 공략하는 일일 것입니다.

그러나 이것은 이런 해명이 변증법적 방법의 도움을 받아야만 하기 때문에 아주 복잡합니다. 즉 무조건적인 탈정치화를 하기 위해 정치를 청산하는 것은 불가능하기 때문입니다. 우리가 추구하는 것은 정치 담론 안에서 반복되지 않는 어떤 현존 양식(mode de présence)입니다. 내 방법은 명백히 신중하고도 막연한 것입니다. 내가 추구하는 것은 일종의 수축(déflation)입니다. 그 까닭은 내가 정치 담론의 팽창으로 둘러싸여 위협을 받고 있다고 느끼기 때문이지요.

브로시에   그렇지만 정치란 다만 담론에 관계되는 것만은 아닐, 또한 행위이기도 할 텐데요?

바 르 트   그것이 큰 문제입니다. 정치가 정말로 행위인지? 아니면 담론에 불과한 것인지?

브로시에   우리는 《신화학》을 읽으면서 직접적으로 정치적인 텍스트 앞에 있다는 인상을 받게 됩니다. 푸자드[11]에 관한 담론뿐 아니라, 바르도나 D. S.[12]에 관한 글들이 그렇습니다.

---

11) Pierre Poujade(1920-2003): 프랑스의 서적상·출판인·정치가로서, 1950년대에 프랑스에서 우익 저항 운동을 지도하였다. 국가의 경제 통제와 조세 정책에 반대하여 상인이나 장인을 보호해야 한다는 푸자드 운동(1953)의 창설자이기도 하다.
12) D. S.란 시트로앵 자동차 회사에서 당시 새로이 출하한 자동차 이름으로, 그 발음이 '여신(Déesse)'과 같다.

그런데 그후에 쓰신 글들에서는 정치 환경이 점점 더 은밀해지고, 더 위협적입니다. 당신의 《미슐레 평전》은 그 자체로서 여전히 정치적인 것뿐만 아니라 정치에도 연결되어 있습니다.

바 르 트 그것이 내가 미슐레를 분명히 낮게 평가하는 점이기는 합니다만. 즉 그의 이데올로기 말입니다.

브로시에 하지만 당신은 그 문제를 그 책의 한 페이지, 첫 페이지에서 해결했다고 말씀하셨는데요.

바 르 트 아마도 그 부분은 내가 최선을 다하지 않았겠지요.

브로시에 《롤랑 바르트 평전》에서 정치적인 것은 숨겨져 있지만, 도발의 가능성으로 항상 현존해 있는 것처럼 보입니다.

바 르 트 그렇습니다. 담론으로요. 현재 프랑스인의 삶이 내포하는 실질적인 관점에 비추어 볼 때, 그것은 확실합니다. 문제는 바로 담론과의 관계입니다. 그 문제가 진전되었다거나 혹은 더 복잡해졌다면, 그 이유는 내가 《신화학》을 쓸 무렵 뻔뻔한 담론은 단지 우파 쪽에서만 왔으며, 우파의 모든 특징을 가지고 있었기 때문입니다. 그런데 지금 우리는 이 뻔뻔함이 좌파 쪽으로 이동하고 있는 걸 목격하고 있습니다. 뻔뻔한 좌파의 담론이 존재하며, 바로 이것이 내 개인적 문제의 핵심을 이루고 있습니다. 나는 한 정치적 장소 안에서의 내 상황과, 그 장소로부터 온 담론의 공략 사이에서 분열되어 있습니다.

브로시에 그렇지만 《신화학》이 출판된 당시로 돌아가 본다면, 그때

는 에드가 모랭 같은 지식인들이 공산당에서 제명되었으
며, 스탈린식 담론의 뻔뻔함이 지금보다 훨씬 더 심했던
시기였습니다만.

바 르 트 그렇습니다. 그러나 오늘날 뻔뻔한 담론은 공산당보다 좌
파 쪽에서 더 많이 발견됩니다. 그렇다고 해서 이렇게 말
할 수 있다면, 상황이 나아진 것은 아닙니다. 그것은 공산
당의 언어가 독사·상식·명백함·'자명함(cela va de soi)'의,
조금은 끈적거리는(poisseux) 언어로 넘어갔다는 걸 의미하
기 때문입니다. 우리는 아직도 이런 두 개의 언어 사이에,
즉 언어의 지배 양식에 대해 말하면서 내가 하나는 통치
(régne), 다른 하나는 승리(triomphe)라고 말했던 것 사이에
갇혀 있습니다.

우리는 통치와 승리 사이에 갇혀 있으며, 바로 그런 이유
로 현상황은 살기 힘든 것입니다.

브로시에 그래서 많은 사람들이 좌파에서 우파로 넘어간 것이지요.
살기가 더 쉬운 곳을 찾아서.

바 르 트 물론입니다. 하지만 나로서는 그걸 원치 않습니다. 거처
의 안정감을 느끼기보다는 차라리 '거처의 어려움'을 느
끼는 사람이라는 비난을 받고 싶습니다.

브로시에 당신이 정말로 싫어하는 것이 **독사**이며, 즐거움의 범람은
이에 대한 새로운 공략이지요.

바 르 트 그렇습니다. **독사**가 즐거움의 금지 혹은 즐김의 금지로서
제시된다면, 독사에 대한 공략은 즐김의 충동으로 더욱

강화되어 합의나 여론에 맞서 격렬하지는 않지만 적어도
끈질긴 그런 집요함 속에서 폭발합니다.

책읽기

브로시에   저는 당신이 "책읽기를 사랑한다"라고 말한 드문 비평가 중의 한 사람이라는 사실에 강한 인상을 받았습니다.

바 르 트   당신의 환상을 깨고 싶지 않군요. 더욱이 나는 책읽기를 좋아하니까요. 하지만 그렇게 대단한 독서광은 아닙니다. 건방진 독자이지요. 즐거움을 재빨리 측정해 본다는 점에서 건방진 독자이지요. 책이 지루하다고 생각되면, 나는 그것을 중단하는 용기, 혹은 비겁함을 갖고 있습니다. 책에 대해 나는 모든 종류의 초자아로부터 점점 해방되어 가고 있습니다. 그러므로 내가 읽는 책들은 대부분 내가 읽고 싶어하는 책들입니다.

그러므로 나의 독서 체제는 전혀 규칙적이고 평화로운 소화 체제가 아닙니다. 책이 지루해서, 혹은 책에 열광하여, 혹은 뭔가를 생각하기 위해 매번 중단하고 싶은 욕구를 느낍니다. 이런 독서 방식은 작업하는 데에도 그대로 반영되어 한 권의 책을 요약하거나 카드에 기재하는 일, 그리하여 내가 그 뒤로 사라지는 일 등은 할 수 없으며, 또 하고 싶지도 않습니다. 반대로 책의 몇몇 요소나 문장을

분리하여 그것을 불연속적인 단상으로 소화하는 일 따위
는 아주 잘할 수 있으며, 또 하고 싶어합니다. 이것은 물
론 문헌학적으로 좋은 태도는 아닙니다. 내 자신의 이득
을 위해 책을 변형시키는 셈이니까요.

브로시에 당신은 어디선가 청탁에 의해서만 글을 쓰신다고 말씀하
셨는데, 《텍스트의 즐거움》도 마찬가지입니까?

바 르 트 아닙니다. 그 책은 예외입니다. 그 책은 청탁받지 않았으
며, 그 주제도 명백히 내가 찾아낸 것입니다. 내 말은 그래
도 청탁이 자주 도움이 되며, 또 아주 오랫동안 그래도 사
람들이 텍스트를 청탁했기 때문에 글을 썼다는 뜻입니다.
청탁을 받지 않고 쓴 유일한 텍스트는 나의 첫번째 텍스
트로, 나는 그것을 한 친구의 소개로 모리스 나도에게 보
여주었습니다. 그후부터는 항상 거의 어떤 텍스트나 주제
를 청탁받아 써왔지요.

요즈음은 사정이 달라졌습니다. 청탁이 조금은 나를 숨막
히게 하며, 차라리 내 마음속에서 자발적으로 떠오른 책
들을 쓰고 싶다는 욕구를 느낍니다. 그것을 쓰거나 만드
는 즐거움을 위해, 혹은 어원적으로 말해 그것을 꾸미는
(feindre)[13] 즐거움을 위해.

---

13) 프랑스어의 꾸미다 · 가장하다 · ~인 체하다라는 뜻을 가진 feindre의 라틴어 어
원은 만들다 · 제작하다 · 상상하다라는 의미의 fingere이다.

시골·카페

브로시에　《롤랑 바르트 평전》에서 시골에 대해 말씀하고 있습니다
　　　　　만, 제 상상력이 부족해서 그런지 '시골에 있는' 당신의 모
　　　　　습은 전혀 상상이 안 갑니다.

바 르 트　그 말은 맞기도 하고, 틀리기도 합니다.

브로시에　물건들의 배열이나 책상·피아노·펜은 빠리에서와 마찬
　　　　　가지라고 하셨는데, 그래도 주변 환경은 아주 다르지 않
　　　　　습니까?

바 르 트　전혀 다르지 않습니다. 프랑스 남서 지방에서의 나는 '집'
　　　　　에서 삽니다. 시골은 곧 집입니다. 그 대립은 도시와 시골
　　　　　사이에 있는 것이 아니라 아파트와 집 사이에 있습니다.
　　　　　그렇다고 해서 주변 환경이 존재하지 않는다는 말은 아닙
　　　　　니다(나는 특히 남서 지방의 빛을 사랑합니다).

브로시에　당신에게 중요한 장소 중의 하나가 카페이지요?

바 르 트　그것은 내 만남의 장소입니다. 카페가 복합적인 공간이기
　　　　　때문에 좋아하는 것이지요. 카페에서 나는 같은 테이블에
　　　　　앉아 있는 사람들과 완전히 공모자가 됩니다. 그들이 말
　　　　　하는 것에 열심히 귀기울이면서요. 동시에 텍스트나 파라

그람(paragramme),[14] 입체 음향에서처럼 내 주위에는 사람들이 들어오고 나가고, 모든 기분 전환의 장이, 소설적인 장치가 만들어집니다. 나는 카페의 이런 입체 음향에 아주 민감합니다.

그런데 시골은 고독입니다. 이상적인 것은 한 달이나 두 달 시간적인 여유가 있을 때, 이미 상당히 진척된 지적인 일거리를 가지고, 그래서 공무원이나 도로공사 인부처럼 조금씩 긁적거리기만 하면 되는 일거리를 가지고 떠나는 것이겠지요.

브로시에 그러나 시골은 또 산만한 장소가 아닙니까? 과일 먹는 일이며, 초목 보러 가는 일이며, 당신의 작업으로부터 주의를 흐트러지게 하는 그 모든 사소한 것들에 대해 말씀하셨는데……

바 르 트 일이란 지루하기 때문이지요. 결코 그걸 부정해서는 안 됩니다.

---

14) 원래 소쉬르의 글자 수수께끼, 즉 아나그람(anagramme)에서 유래하는 이 용어는(이 책의 35쪽 〈텍스트의 즐거움〉, 주 29) 참조) 일반적으로 한 텍스트 안에서의 모든 의미 단위들의 변형 관계를 가리킨다. 이런 아나그람과 바흐친의 대화주의에 근거하여 크리스테바는 일상 언어의 문법적이고 의미론적인 규범과는 다른, 의미의 다원적이고 역동적·공간적인 문자 표기나 도표적인 글읽기, 반론적이고 비선조적인 글쓰기의 실천을 파라그람이라고 지칭하며 그 중요성을 강조하고 있다.

소설적인 것

브로시에 저는 이런 문장에 주목합니다. "나는 자신을 비평가가 아닌 소설가로 간주한다. 그러나 소설이 아닌, 소설적인 것(romanesque)의 소설가이다. 나는 소설적인 것을 사랑한다. 그러나 소설이 죽었다는 것은 알고 있다."

바 르 트 소설적인 것이란, 줄거리에 의해 구조화되지 않은 담론의 한 양식입니다. 그것은 일상적인 현실이나 사람들, 삶에서 일어나는 모든 것에 대한 기록·투자·관심의 양식입니다. 이런 소설적인 것을 소설로 변형한다는 것이 내게는 무척이나 어렵게 느껴집니다. 왜냐하면 줄거리가 있는, 다시 말해 내게는 본질적으로 반과거와 단순 과거의 사용, 그리고 심리적으로 다소간에 안정된 작중인물을 가진, 그런 서술체를 전개하는 모습을 상상할 수가 없기 때문입니다. 그런 일은 내가 결코 할 수 없으며, 바로 그렇기 때문에 소설이 내게는 불가능해 보입니다. 그러나 동시에 나는 내 작업 안에서 소설적인 체험을, 소설적인 언술행위를 밀고 나가고 싶다는 강한 욕구를 느낍니다.

브로시에 당신은 한번도 소설을 쓰신 적이 없습니까? 시작조차도?

바 르 트　솔직히 말해 없습니다. 결코 없습니다.

브로시에　모든 전기는 소설적인 것, 다시 말해 자신의 이름을 감히 말하지 못하는 소설이라고 말씀하셨는데, 한 권의 전기인 《롤랑 바르트 평전》은 또한 소설이 아닙니까?

바 르 트　그것은 소설이지, 전기는 아닙니다. 이 우회는 다릅니다. 그것은 지적인 소설적인 것으로, 다음과 같은 두 가지 이유에서입니다. 이 책의 많은 단상들이 삶의 소설적인 표면이라는 그런 유형에 관심을 가진다는 점과 이 단상들에서 무대화된 것이 상상계, 즉 소설 담론 그 자체라는 점입니다. 나는 스스로를 소설의 한 인물처럼 무대화하였습니다. 그러나 이 인물은 어떻게 보면 고유명사를 갖지 못한, 정확히 말해 소설적인 모험이라곤 전혀 갖지 못하는 그런 인물입니다.

그것은 지적인 담론이라기보다는 소설적인 담론입니다. 그래서 때로 어리석게 보일지라도 상관하지 않습니다. 왜냐하면 그 담론의 주체는 자신이 발화하는 것에 동일시하는 지적인 주체가 아니라 다른 주체, 즉 지적인 주체가 약간 어리석다고 생각하는 의견이나 판단을 때때로 내뱉는, 그러나 그것이 자신의 상상계에 속하는 까닭에 그래도 내뱉는 소설적인 주체이기 때문입니다. 그렇다고 그 사실을 고백하는 것은 아니지만.

브로시에　게다가 당신의 세계에서 어리석음(bêtise)의 자리는 참 묘한 것입니다. 그것은 도처에 존재하지만, 또 어떤 곳에도

존재하지 않는, 마치 당신에게서 신(神)과도 같은 존재라

고나 할까요.

바 르 트　신에게는 그 반대가 사실이 아니기를 바랍니다. 사실 나

는 어리석음에 커다란 매력을 느낍니다. 동시에 커다란

구역질을 느끼는 것도 물론이고요. 어리석음에 대해 말한

다는 것은 무척이나 어려운 일입니다. 어리석음의 담론이

란 **단지**(simplement) 자신을 배제할 수 없는 담론이기 때문

입니다. 내 말은 자신을 완전히 배제할 수 없다는 뜻은 아

닙니다. 그렇게 말한다면 자기 기만이 되겠지요. 내 말은

단지 자신을 배제할 수 없다는 뜻이지요.

우리는 이 사실을 플로베르 이후로부터 잘 알게 되었습니

다. 어리석음에 대한 플로베르의 태도는 아주 복잡한 것

으로, 표면상으로는 어리석음을 비판했지만, 그것이 거짓

비판이었다는 것은 아주 명백합니다. 뭔가 거북한 태도였

지요.

어쨌든 어리석음의 존재 양식은 승리(triomphe)입니다. 우

리는 어리석음에 대항할 수 없습니다. 다만 어리석음을

내재화하거나, 동종요법(homéopahthie)처럼 소량을 취하며

조정하는 길밖에는. 그래도 너무 많이 취해서는 안 되겠

지만.

브로시에　그렇지만 《신화학》은 전적으로 어리석음에 반대하는 방향

으로 나아가고 있습니다.

바 르 트　그것은 《신화학》이 정치 의식, 혹은 내가 언급한 적이 있

는 역사적 이유로 보다 단순한 反이데올로기 의식에 근거하기 때문이지요.

몇 개의 중요한 이름들

브로시에　사드를 좋아하십니까?

바 르 트　예, 사드 읽기를 좋아한다는 직접적인 이유 때문이지요. 어쩌면 나는 사드를 제대로 읽지 않는지도 모릅니다. 하지만 어떻게 사드를 읽어야 할지 누가 안단 말입니까? 나는 사드를 아주 소설적인 방식으로 읽습니다. 나는 그가 아주 위대한 작가——이 말의 가장 고전적인 의미에서——라고 생각합니다. 그는 아주 경이로운 소설들을 만들었습니다. 사드에게서 내가 좋아하는 것은 바로 그런 점이지, 그 위반적 양상은 별로 아닙니다. 비록 그것의 중요성을 이해하기는 하지만. 프루스트를 좋아하듯이, 나는 사드를 작가로서 좋아합니다.

브로시에　마르크스는요?

바 르 트　매번 마르크스를 읽거나 다시 읽을 때마다, 나는 오늘날의 정치 게임에서 중요한 통설(vulgate)을 창설해 낸 사람 앞에서 느낄 수 있는 그런 놀라움이 아니라, 담론이나 담론성에 하나의 단절을 이룩한 사람 앞에서 느끼는 그런 놀라움을 느끼게 됩니다. 마르크스의 매 페이지마다 거기

에는 어떤 우회가 있어, 그것은 그의 시스템 밖에서조차
도 예기치 않은, 아주 예리한 것이 됩니다. 나는 그런 것
에 아주 민감합니다.

브로시에 브레히트는?

바 르 트 예, 나는 그의 극작품을 항상 좋아해 왔습니다만, 어쩌면
지적인 작품을 더 좋아하는지도 모르겠습니다. 그의 마지
막 저술인《정치와 사회에 관한 저술》은 4,5년 전에 프랑
스어로 번역되었는데, 아주 경탄할 만한 책입니다. 정확하
면서도 격렬하지요. 그 텍스트는 내게 끊임없이 인용하고
싶다는 욕망을 불러일으킵니다.《롤랑 바르트 평전》을 쓰
면서 한순간 별로 할말이 없는 것처럼 느껴졌습니다. 그
때 나는 비록 팡타즘에 불과한 것이긴 했지만, 브레히트
의 구절들을 삽입하는 모습을 그려 보았습니다.

내가 브레히트를 발견한 것은, 1954년 베를린 앙상블 극
단이 프랑스 국립극장의 초대로《억척어멈과 그 자식들》을
공연하러 왔을 때였습니다. 그때 나는 사라 베른하르트 극
장 2층 앞자리에서 베르나르 도르트[15]와 함께 문자 그대
로 그 공연에 불타올랐던 것을 기억합니다. 그러나 즉시
말하거니와, 그것은 또한 프로그램에 인쇄된 브레히트의
20여 줄의 글로 인한 것이었습니다. 나는 연극과 예술에
관한 그런 언어를 한번도 읽은 적이 없었으니까요.

---

15) Bernard Dort: 프랑스의 연극학자로 프랑스 빠리 제3대학교 교수이다.

브로시에　무얼 발견하셨는데요?

바 르 트　그 발견은 시간에 따라 진화되었습니다. 처음에는 지극히 세심한, 정통한, 확고한 마르크시스트적 사유와 즐거움·형태·색채·조명·짜임, 놀라우리만큼 잘 고안된 예술의 그 모든 물질성의 결합에 매혹되었지요. 이런 두 가지 제약의 산물이 바로 우리가 해야 할 일이라는 것을, 욕망해야만 하는 대상이라는 것을 알게 되었습니다. 다음으로 나는 브레히트의 다른 텍스트들을 읽게 되었고, 즐거움이자 동시에 지적인 경계심, 책임감의 그런 윤리를 발견하게 되었습니다. 그것은 파토스나 끈적거림——휴머니스트적인, 혹은 자생적인 끈적거림이든 간에——으로 시간을 소비하지 않는 그런 것이었습니다.

또한 브레히트에게는 간교한 면과 중국적인 면——이렇게 말할 수 있을지 모르겠습니다만. 왜냐하면 이 말은 또 다른 의미를 함축하기 때문입니다——이 있습니다.

브로시에　당신은 대다수의 사람들처럼 브레히트를 극작가로 국한시키지 않으십니까?

바 르 트　아닙니다. 그는 아주 위대한 관념적인 작가입니다. 그의 《정치와 사회에 관한 저술》에는 수많은 형태의 에세이가 있습니다. 거기에는 논문만 있지 않고, 대화의 단편들·계획·선전문·메모 등이 있습니다. 사물을 생생하게 만드는 모든 것이.

브로시에　사르트르는 50년대에, 마르크시스트 중에 유일하게 글을 읽을 줄 아는 사람이 루카치라고 말하였는데, 그 말은 결국 틀린 것으로, 거기에는 또한 브레히트가 있는 겁니까?

바 르 트 물론입니다. 나는 루카치에 대해서는 말할 수 없습니다. 그를 잘 알지 못하니까요. 그리고 별로 관심도 없습니다. 결국 평가 기준이라는 것도 그렇게 체계적인 것은 아니니까요. 거기에는 지성의 미학 같은 것이 작용하기 마련이며, 나는 그것을 감수합니다.

지 드

브로시에 《롤랑 바르트 평전》에서 당신은 앙드레 지드를 가리켜 당
신의 '위르쉬프(Ursuppe)'[16] 당신의 원초적인 문학 양식이
라고 말씀하셨는데.

바 르 트 우리는 지드에 대해 더 이상 충분히 말하지 않습니다. 지
드는 젊은 시절의 내게 아주 중요한 사람이었습니다. 이
것은 물론 다른 많은 것들을 은폐시켰습니다. 즉 지드와
는 많은 문학적 접촉을 하였지만, 초현실주의자와는 별로
접촉하지 못했으니까요. 나는 지드에 대해 항상 호의적인
감정을 가져왔습니다. 그는 적어도 한 권의 명작, 위대한
현대적 책인 《늪지대》를 남겼으며, 그 책은 현대성에 입각
해 명백히 재평가되어야 합니다. 그리고 지드의 《일기》는
내가 몰두해 온 주제와 연관해서 항상 좋아했습니다. 그
것은 진정성(authenticité)의 주제로서, 자신과 반대되는 진
정성, 교활한 진정성으로, 그리하여 더 이상 진정성이 아

---

16) 위르쉬프(Ursuppe)란, 기초의 · 원초적인이라는 뜻을 가진 ur와 식사 · 야식 · 수
프의 뜻을 가진 suppe의 합성어로 바르트가 만든 말이다.

닌 그런 것입니다. 지드의《일기》주제는《롤랑 바르트 평전》의 그것과도 아주 유사합니다.

비 평

브로시에 　지나간 일을 정리해 본다면, 당신은 라신의 극작품들에
관해 일련의 서문들을 쓰셨고, 그리하여 그 서문들을 한
데 모아 머리말과 함께 《라신에 관하여》라는 책으로 출
간했습니다. 그런데 역시 라신에 관해 논문을 쓴 소르본
의 한 교수가 몇몇 사람들, 특히 당신에게 일종의 선전포
고라 할 수 있는 《신비평 혹은 새로운 사기》를 포베르 출
판사에서 출간했습니다. 그러자 당신은 그 책에 대한 응
답으로 《비평과 진실》을 발표했습니다. 피카르가 라신에
관해서 쓴 그 거대한 역사적인 박사 논문은 별로 읽혀지
지 않는 데 반해, 당신이 쓴 책은 거의 모든 사람들에 의
해 읽혀졌습니다. 이 논쟁의 진정한 내기는 어디에 있다
고 생각하십니까?

바 르 트 　아주 오래된 추억입니다만, 객관적으로 그리고 역사적으
로 말한다면──만약 이런 표현이 가능하다면, '역사'라
는 말이 이런 조그마한 일에는 너무 거창하게 느껴집니다
만──그것은 엄밀히 말해 대학 교육과 관계된 것이라고
생각합니다. 라신에 관한 내 서문에 의해, 소르본 학생들

의 논문에는 하나의 어휘——그것은 본질적으로 용어상의 문제입니다——가 끼어들었고, 드디어는 교수가 지겨워진 것입니다. 교수 측에서의 이런 비관용적인 감정은 쉽게 설명될 수 있습니다. 무대 전면에 하나의 언어가 끊임없이 대대적으로 반복되는 것을 보면서 참을 수 없었던 것이지요.

게다가 유능한 그 교수의 선전 책자는, 그 기원에 있어 라신에 관한 논문들에서 과거의 위대한 작품에 대해 통상적으로 사용되는 그런 비평 어휘가 아닌 한, 어휘가 끊임없이 되풀이되는 것을 보면서 개인적으로 참을 수 없었던 것입니다. 바로 거기에 대학의 문제가 이데올로기 문제로 중첩되는 이유가 있습니다. 왜냐하면 이런 통상적인 비평은 계속해서 문학사나 원천 혹은 영향을 탐색하는 실증주의적 비평이거나, 혹은 미학비평——바로 이것이 그 교수의 비평이었습니다. 그는 라신 극작품의 플레이아드판 서문에서, 자신은 거의 발레리의 영감을 이어받은 미학비평을 시도하고 있다고 밝혔습니다——혹은 오늘날 정신분석학은 전혀 고려하지 않고 심리학만을 고려하는 완전히 시대에 뒤진 비평이기 때문입니다.

조금은 작위적인 이 대결에는 과거의 신구 논쟁 같은 면이 있습니다만, 새로운 점은 사소한 것이긴 하지만 내가 라신의 극작품 같은 고전 텍스트에 대해 심리비평이나 미학비평, 혹은 원전비평과는 다른 어떤 언어를 구사했다는 점입니다.

브로시에 　하지만 정신분석학 비평은, 이를테면 샤를 모롱 같은 이
　　　　　들과 더불어 이미 대학의 관습 안에 편입되지 않았습니
　　　　　까?

바 르 트 　맞습니다. 하지만 《라신에 관하여》라는 책 안에는 두 개
　　　　　의 언어, 조금 거창하게 말하면 두 개의 인식론이 있습니
　　　　　다. 정신분석학적 언어와——적어도 통설적인——구조
　　　　　화의 시도가 그것입니다. 구조적 언어가 비평 안으로 스
　　　　　며들기 시작했고, 그래서 나는 라신의 인물들을 심리적
　　　　　개념이 아니라, 하나의 구조 안에서 그 인물들이 차지하
　　　　　는 입장에 따라 분석했습니다. 권력 혹은 예속의 관계 등.
　　　　　이 두 가지 요소, 즉 정신분석학적 언어와 구조주의적 언
　　　　　어가 소르본 교수의 눈에는 지나치게 유행에 편승하는 것
　　　　　처럼 보였던 것이지요.

　　　　　정신분석학은 모롱과 같은 사람들의 매개에 의해 대학에
　　　　　편입될 수 있었습니다. 왜냐하면 모롱의 정신분석학은 정
　　　　　신분석학적 문학비평의 초기 시도들에 비해 아주 구식의,
　　　　　정통적인 것이었기 때문입니다. 그것은 작가의 유년 시절
　　　　　과 연관지어 작품을 설정하는 것으로, 비평 작업의 영역
　　　　　안에 저자의 전기나 유년 시절을 포함시키는 한 소르본은
　　　　　더 이상 어떤 반박도 하지 않았지요.

　　　　　그러나 구조적 비평(예를 들면 골드만의 비평, 물론 나와는
　　　　　상당히 거리가 있지만)은 적대적이고 경멸적인 방식으로 취

급받았으며, 소르본대학교를 화나게 한 것도 《라신에 관하여》의 그 정신분석학적 양상보다는, 구조주의적 혹은 前구조주의적 양상이 아니었나 하고 자문해 봅니다.

브로시에 사실 이 모든 것은 오래된 일이며, 오늘날 이런 유형의 반박은 이해하기가 어렵습니다.

바 르 트 예, 그렇지만 그것은 나와 마찬가지로 피카르라는 개인을 초과합니다. 소르본의 교수는 하나의 형상입니다. 다른 형태로조차도 언제나 되돌아올 수 있는 그런 형상이지요.

일 본

브로시에 당신이 쓰신 책 중에 스키라 출판사가 〈창조의 오솔길〉 총
서 안에 발행한, 일본에 관한 책인 《기호의 제국》이 가장
'행복하게 씌어진' 책이라고 말씀하셨는데……

바 르 트 예, 그렇게 말했습니다. 왜냐고요? 왜 우리는 자신의 책
에 대해 생각하는 바를 말하지 못한단 말입니까? 특히 우
리가 쓴 책에 대해 갖고 있는 아주 미묘하고 애정어린 관
계가, 비평가들이나 우리를 둘러싸고 있는 사람들의 평가
와 일치하지 않을 때는 더욱 그러합니다. 보다 많이 알려
진 《글쓰기의 영도》나 《신화학》조차도, 나는 그 책들과 그
렇게 긴밀하고 개인적인, 육체적인 관계는 가지지 못했습
니다. 반대로 사람들이 별로 말하지 않는 《미슐레 평전》과
는 아주 깊은 관계를 갖고 있습니다.

《기호의 제국》으로 말하자면, 나는 그 책을 쓸 때 고뇌가
없는 순수한 즐거움, **이마고**가 개입되지 않은 그런 즐거
움을 느꼈습니다. 그 단상에서 은밀히 그 사실을 비추었
습니다만, 더 이상은 여기서도 말하지 않겠습니다. 여하
튼 그 행복감은 성적인 행복감, 행복한 성과 관계된 것으

로, 다른 곳에서보다 일본에서 더 발견한 것입니다. 이 두 가지를 함께 다룬 데 대해서는 내가 옳았다고 생각합니다.

브로시에 당신에게는 약간 동양적인 면, 당신과 일본의 생활 양식 사이에는 어떤 유사점이 있는 것처럼 보입니다.

바 르 트 나는 일본의 생활 양식에 무척이나 매료되었습니다. 우리는 다시 한 번 그 교차로에서 브레히트를 발견하게 됩니다. 당시 중국이 전혀 유행이 아니었는데도, 브레히트는 중국 연극에 관심을 가진 최초의 서구인들 중의 한 사람이었으니까요.

브로시에 《기호의 제국》은 당신이 음식에 대해 말씀하신 드문 책 중의 하나입니다(다른 하나는 푸리에에 관한 에세이입니다). 거기에는 이론이 아니라 음식에 관한 지극히 관능적인 묘사가 있습니다.

바 르 트 맞습니다. 일본은 나에게 아주 일상적인 주제들,《신화학》의 주제와는 달리 행복한 주제들을 제공함으로써 글쓰기의 차원에서 나를 해방시켰습니다. 왜냐하면 일본은 바로 일상적인 것이 미학화되어 있는 나라이기 때문입니다. 적어도 나는 일본을 그렇게 보았고, 바로 그 점이 나를 매혹시켰습니다. 삶의 기술은 내게 아주 중요한 주제로서, 언젠가 다시 다루어 보고 싶습니다만 어떤 형태가 될지는 아직 잘 모르겠습니다. 그것은 거리감, 신중함, 어떤 공허, 동시에 섬세한 관능성이라는 대체적으로 동양적인 미학에 속하는 것입니다. 사드가 진술한 부드러움의 원칙이라고나 할까요.

브로시에 당신의 책에서는 고도로 산업화된, 광란에 빠진 일본의
모습을 전혀 찾아볼 수가 없습니다.

바 르 트 물론입니다. 내가 일본의 청사진을 제시한다고 주장한 적
은 없었으니까요.

브로시에 당신 자신을 위해 그런 양상을 잘 삭제하셨군요.

바 르 트 그것은 《텍스트의 즐거움》에서 한층 강화된 '떼어놓기/분
리(décrochage)'의 시작입니다.

브로시에 그 경우 그것은 또한 장소에 대한 즐거움이겠지요.

바 르 트 나는 일본에서 체류하는 동안 항상 잘 지내왔습니다. 그
곳에서 나는 매번 민속학자의 삶을——이렇게 말할 수
있다면——살았습니다. 하지만 이국적인 태도를 감시하
러 간다는 그런 서구의 민속학자가 가지는 자기 기만 같
은 것은 전혀 없었습니다. 일본에서 나는 내 기질과 상반
되는 행동을 할 수 있었으며, 이곳에서는 가지지 못할 그
런 에너지를 가질 수 있었습니다. 그리하여 그 거대한 도
시, 세계에서 가장 큰 도시, 완전히 낯선 도시에서 말도
전혀 모른 채 밤마다 배회하곤 했지요. 그래도 마음은 항
상 편안했습니다. 새벽 4시경 아주 외진 구석에서도 항상
행복했지요. 만약 같은 시각에 빠리 외곽에 있는 바뇰레
에 가야 했다면, 물론 가기는 했겠지만 그와 같은 매혹은
못 느꼈을 것입니다.

일본에서 내 관심을 끌었던 것들로 말하자면——바로 그

런 이유로 민속학자라고 말한 것입니다——나는 얻을 수
있는 모든 정보들을 얻으려고 기회를 노렸고, 실제로 그
모든 것들을 주의 깊게 살펴보았습니다. 누군가가 막연
하게 내가 좋아할지도 모르는 장소가 있다고 말하기만 해
도, 그곳을 찾아보기 전에는 결코 포기하는 법이 없었으
니까요. 바로 이것이 민속학자의 태도이지요. 욕망에 의해
유인된 탐색.

브로시에   게다가 당신은 라신이나 사드·프루스트에 관한 글에서
도 자신이 민속학자라고 말한 적이 있습니다.

바 르 트   나는 그 단상에서 왜 민속학이 좋은지를 간략하게 설명하
였습니다만, 그것은 이미 고갈되어 더 이상 연구할 대상
이 없는 원시인에 대한 민속학이 아니라 현대성의 민속학
또는 대도시의, 또는 미슐레에 의해 시작된 프랑스의 민
속학입니다. 그리고 프루스트·사드·라신의 책들은 인종
들의 모임이자 사회들입니다.

꼬시기

브로시에 《롤랑 바르트 평전》에서 여러 번 되풀이되는 저 놀라운 말, 꼬시기(drague)라는 말을 정의해 주셨으면 합니다.

바 르 트 그것에 대해 말하다 보면 아마 정의할 수 있을 것입니다. 그것은 내게 중요한 주제입니다. 꼬시기란, 욕망의 여행이지요. 그 자신의 욕망을 위해 경계, 탐색의 상태에 있는 육체이지요. 또 꼬시기는 만남, 그것도 '첫번째'를 강조한다는 점에서 시간성을 연루시킵니다. 마치 첫번째 만남이 전대미문의 특권, 즉 모든 반복으로부터 벗어난 그런 특권을 소유한다는 것처럼 말입니다. 내게 해로운 주제는 반복, 되풀이, 상투적인 것, 반복의 자연스러움입니다. 그런데 꼬시기는 비자연·비반복입니다. 꼬시기의 행위는 물론 반복되는 행위이기는 하지만, 그래도 그 내용은 절대적인 새로움입니다.

그러므로 꼬시기는 하나의 개념으로, 나는 그 개념을 그것의 기원인 관능적 탐색에서부터 이를테면 텍스트의 탐색, 소설적인 요소의 탐색으로 옮길 수 있습니다. 이를테면 '첫번째' 놀라움에 자신을 내맡기는 것 말입니다.

브로시에   텍스트를 꼬신다는 것은 아주 관능적인 꼬시기입니다.

바 르 트   예, 그 모든 것은 문장이나 인용, 형식구, 단상의 매혹과
연관지어져야겠지요. 물론 짧은 글쓰기의 주제이지요. 내
가 이런 짧은 글쓰기를 단상으로 표현하려고 했을 때, 나
는 스스로를 독자가 꼬시는 저자의 상황에다 집어넣었습
니다. 그것은 우연의 행복이지요. 하지만 열렬히 욕망하고
사유된, 어떻게 보면 오랫동안 망을 본 우연이라고나 할
까요.

변태/뒤집음

브로시에 당신이 쓰신 것 중에 "변태란, 그냥(simplement) 우리를 행복하게 한다"라는 문장이 있습니다.

바 르 트 그 말은 그냥 그렇다는 뜻이지요.

브로시에 변태/그냥이라는 대립 외에도 '변태'란 무슨 뜻입니까?

바 르 트 당신이 인용한 단상에서 나는 마약과 동성애에 대한 두 가지 암시 후에, '변태'라는 말을 사용하였습니다. 이 말은 '변태'가 그 단상에서 정신분석학적인 정확함을 가지고 있지 않다는 뜻입니다. 정신분석학에서 말하는 마약은 엄밀히 말해 변태에 분류될 수 없는 것입니다. 변태란 종족 번식이나 사회적 목적을 위해 득이 되지 않는 그런 즐거움을 추구하는 것입니다. 이를테면 번식의 수단으로 계산되지 않은 사랑의 즐거움 같은 것. 그것은 아무것도 아닌 것을 위해 행해지는 즐김이지요. 소비의 주제이기도 하구요. 그렇지만 우리는 이런 일반적인 의미에다 정신분석학적인 특성을 덧붙일 수 있습니다. 프로이트적 사유에 따르면, 중요한 변태 중의 하나로 물신숭배(fétichisme. **절단된** 글쓰기를 소망하는 데에서 찾아볼 수 있는 주제)가 있습니다.

변태가 신경증에서 분리되는 한 프로이트적 사유는 변태적인 사람이, 요컨대 행복한 사람이라는 사실을 강조하는 셈입니다.

일본에 관한 책에서 《롤랑 바르트 평전》의 몇몇 단상에 이르기까지, 내가 써온 것은 일종의 변태적 글쓰기의 기호 아래 놓여 있다고 말할 수 있습니다.

브로시에　변태는 즐거움의 원칙이지요.

바 르 트　변태는 물신숭배의 매개에 의해 어머니와의 특별한 관계를 연루시킵니다. 그리하여 또 다른 주제가, 현재 내가 많은 관심을 가지고 있는 상상계라는 주제가 솟아오릅니다. 게다가 《롤랑 바르트 평전》은, 조금은 물신숭배의 사유와 상상계의 사유의 접합점 같은 것입니다. 바로 그런 이유로 《롤랑 바르트 평전》은 《텍스트의 즐거움》보다 더 순결한 책이라고 생각할 수 있습니다. 그 책에서 가장 중요한 것은 즐김의 문제가 아니라 이미지·상상계의 문제이기 때문입니다.

현재 내 관심을 끄는 것은 이런 상상계의 영역으로서, 《롤랑 바르트 평전》이 그 첫번째 무대화입니다. 그리고 내가 빠리고등연구실천학교에서 시작한 사랑의 담론에 대한 세미나는, 이런 상상계의 문제에 보다 분명히 연결되어 있습니다.[17]

---

17) 이 세미나의 결실이 1977년에 발표된 《사랑의 단상》이다.

심의(審議)

나는 한번도 일기를 쓴 적이 없다. 아니 일기를 써야만 하는 것인지도 결코 알지 못했다. 때로 시작하다 금방 포기하고, 그렇지만 얼마의 시간이 지나면 다시 시작하고. 그것은 진중함도, 학문적인 견고함도 없는 가벼운 단속적인 욕망이다. 나는 이 일기의 '병'을 진단할 수 있다고 생각한다. 그것은 일기 안에 씌어지는 것의 가치에 대한 해결할 수 없는 의혹이다.

이 의혹은 엉큼한 것이다. 혹은 지체된 의혹이라고나 할까? 일기의 첫 단계에서 나는 기록(일상적인)을 하고, 즐거움을 느낀다. 그것은 단순하며 쉽다. **무언가 할말**을 찾기 위해 애쓸 필요도 없다. 그 재료는 저기, 곧바로 있다. 그것은 노천 광산과도 같다. 나는 몸을 기울이기만 하면 된다. 변형시킬 필요도 없다. 그것은 가공되지 않은 것으로, 바로 거기에 그 가치가 있다. 이런 첫번째 단계와 가까운 두번째 단계(이를테면 어제 쓴 것을 다시 읽는)에서의 인상은 그리 좋은 것이 아니다. 마치 상하기 쉬운 음식이 변질되고 썩어 가서는 하루하루 먹을 수 없는 것이 되는 것처럼 그것은 지속되지 않는다. 나는 거기서 '진솔함'의 작위성과 '즉흥적인 것'의 예술적인 빈약함을 인지하며 절망한다. 아니 보다 심하게, 나는 내가 전혀 원치 않았던 한 '포

---

* 이 글은 《텔 켈 *Tel Quel*》지 1979년 82호에 〈심의 Délibération〉라는 제목으로 발표된 것으로, 《언어의 살랑거림》에 재수록되었다.

즈'를 확인하면서 역겨워하고 짜증을 낸다. 일기라는 상황에서, 그것은 '작업하지' 않기 때문에(작업이라는 행동에 의해 변형되지 않는) 나는 바로 '포즈를 취하는 사람(poseur)'이 되는 것이다. 그것은 의도의 문제가 아닌 효과의 문제로서, 문학의 모든 어려움이 바로 거기에 있다. 나는 내가 쓴 것을 다시 빨리 읽으면서, 일련의 동사가 없는 문장들이나(불면의 밤. 이미 연이어 3일째…… 등), 또는 동사가 아무렇게나 축약된 문장들(성 S광장에서 두 명의 소녀와 마주침)을 보고 짜증이 난다. 아무리 완전하고 올바른 형태로 복원시키려 해봐야 소용 없는 짓이다(나는 마주쳤다. 불면증의 밤을 보냈다 등). 모든 일기의 모태가 되는 동사 축약은 여전히 내 귀에서 지속되고, 늘 되풀이되는 후렴구처럼 날 지겹게 한다. 세번째 단계에서 나는 몇 달 동안 쓴 일기를 여러 해가 지난 후 다시 읽으면서, 그렇다고 해서 내 의혹이 완전히 제거된 것은 아니지만, 나는 그 글 덕분으로 일기에 적힌 사건들을 회상하며, 더욱이 그것이 되살아나게 하는 굴절(빛·분위기·기분)을 회상하며 즐거움을 느낀다. 요컨대 이 지점에서는 어떤 문학적 소득은 없지만(표현의 문제, 즉 문장으로 만드는 문제를 제외하고는), 그러나 내 모험(이 모험의 회상은 모호할 수밖에 없다. 추억이란 다시는 돌아오지 않을 것을 확인하고 두번째로 잃어버리는 것이기에)에 대한 일종의 나르키소스적인 집착이 있다(미미한 나르시시즘이다. 지나치게 과장할 필요는 없다). 그렇지만 한 번 더 이런 거부의 단계를 거치고 난 후에 얻은 이 마지막 관대함이 여전히 일기 쓰는 것을(체계적으로) 정당화할까? **그것은 쓸 가치가 있는 걸까?**

나는 여기서 '**일기**'라는 장르를 분석하려는 것이 아니다(그것을 다룬 책들은 많다). 다만 한 실질적인 결정을 내리기 위한 개인적인 심의일 뿐이다. 즉 **일기를 출판할 목적으로** 써야 할까라는. 일기를 '작품'으로 만들 수 있을까? 그러므로 나는 내 머리를 스쳐가는 기능들에 대해서만 언급할 것이다. 이를테면 카프카는 "자신의 불안감을 도려내기 위해" 혹은 "자신의 구원을 얻기 위해" 일기를 썼다고 한다. 그러나 이런 동기는 내게 자연스럽지 않으며, 적어도 지속되지 않는다. 마찬가지로 사람들이 전통적으로 **내적 일기**에 부여하는 목적들도 내게는 더 이상 유효하지 않은 것처럼 보인다. 그것은 모두 '진솔함'의 이점이나 그 명성에 관계된 것이지만(자신에 대해 말하고, 자신을 해명하고, 자신을 판단하는), 정신분석학이나 사르트르의 자기 기만(mauvaise foi)의 비평, 마르크시스트의 이데올로기 비평은 고백을 헛된 것으로 만들었다. 진솔함이란 2급의 상상계에 불과하다. 아니 **내적 일기**(작품으로서)의 정당성은 문학적――이 단어의 절대적 의미에서, 비록 그것이 향수어린 것이라 할지라도――일 수밖에 없다. 나는 여기서 네 가지 동기를 본다.

첫번째 동기는, 개별적인 글쓰기나 '문체'(예전에는 그렇게 말했을) 혹은 저자에 고유한 개인어(최근에는 이렇게 말하는)로 채색된 텍스트를 제공한다는 점이다. 이 동기를 시적 동기라 부르자.

두번째 동기는, 중요한 정보에서부터 세부적인 풍습에 이르기까지 모든 크기가 뒤섞인 한 시대의 흔적을 나날이 먼지로 분산시킨다는 점이다. 나는 톨스토이의 **일기**에서 19세기 러시아 영주의 삶에 관한 글을 읽는 데에 아주 생생한 즐거움을 느끼지 않는가? 이 동기를 역사적 동기라 부르자.

세번째 동기는, 저자를 욕망의 대상으로 설정한다는 점이다. 만약 내가 어떤 작가에 관심이 있다면, 나는 그의 내밀함이나 그의 시간·취향·기분·조심성의 그 일상적인 주조를 알고 싶어할 것이다. 그리하여 '그'라는 인간을 그의 작품보다 더 좋아할 수 있으며, 혹은 그의 일기에 탐욕스럽게 달려들어 그가 쓴 책들을 소홀히 할 수도 있다. 그리하여 나는 다른 사람들이 내게 줄 줄 알았던 즐거움의 저자가 스스로 되면서, 이번에는 내 차례로 작가에서 사람으로, 혹은 사람에서 작가로 이동하게 하는 그 회전문에 의해 그들을 유혹할 수 있다. 혹은 보다 진중하게 내가 쓴 것보다(내 책에서) 내가 가치가 있다는 것을 증명해 보일 수도 있다. 그때 일기의 글쓰기는 **힘의 과잉**(force-plus, 니체의 Plus von Macht)으로 우뚝 솟아오르며, 사람들은 이것이 공적 글쓰기의 결함을 보충해 주는 것이라고 생각한다. 우리는 이 동기를, 그것이 결코 **상상계**를 이길 수 없다는 점에서 유토피아적 동기라 부르자.

네번째 동기는, 일기를 문장의 제조소, '아름다운' 문장이 아닌 정확한 문장의 제조소로 설정한다는 점이다. 나는 열심히 열정적으로, 마치 정념과도 흡사한 그런 충실한 의도를 가지고 언술행위(언표가 아니라)의 정확함을 끝없이 가다듬는다. "네 입술이 정직(正直)을 말하면, 내 속이 유쾌하리라."(〈잠언〉, 제23장 16절) 이 동기를 사랑의 동기라 부르자(어쩌면 우상숭배적인 동기라고 할 수도 있을 것이다. 나는 **문장**을 우상화한다).

내 초라한 인상에도 불구하고, 그러므로 일기를 쓰고 싶은 욕망은 가능하다. 즉 **일기**라는 틀 안에서 처음에는 문학에 부적절한 것처럼 보였던 것으로부터 문학의 장점들을 모으는 형태, 즉 개별화·흔적·매혹·언어의 물신화로 넘어갈 수 있다는 것을 인정할 수 있다. 최근 몇 년 동안 나는 세 번의 시도를 하였다. 첫번째는 어머니의 병환중에 썼던 것이기에 가장 진중하며, 또 글쓰기에 의해 고뇌를 도려낸다는 카프카의 의도에 조금은 부합된다는 점에서 가장 긴 것이기도 하다. 다른 두 번의 시도는 각각 한나절에 관한 것이다. 그것들은 보다 실험적인 것이긴 하지만, 그걸 다시 읽으면서 지난날에 대한 향수를 느끼지 않는 것은 아니다(그 중 하나만을 여기에 옮긴다. 두번째 것은 나 외에 다른 사람들도 관련되었기에).

1977년 7월 3일, U에서

새로 온 가정부 X부인의 손자는 당뇨병에 걸렸는데, 그녀가 손자를 헌신적으로 유능하게 잘 돌본다고 누군가가 말했다. 병에 대한 그녀의 견해는 다소 혼란스러운 것으로서, 당뇨병이 유전이 아니기를 바라면서도(나쁜 혈통이라는 표시이므로) 병의 원인에 대한 모든 책임감으로부터 벗어나기 위해, 그 병이 운명적인 것이기를 바라는 것이었다. 그녀는 병을 사회적 이미지로 제시하고 있지만, 이 이미지는 덫에 걸린 것이다. **낙인**이란 자만심과 고통의 원천처럼 보인다. 천사에게 엉덩이를 삐고, 관절이 탈구된 저 이스라엘의 야곱처럼. **다시 낙인찍힌다**는 즐김과 수치심.

어두운 상념들, 불안, 고뇌, 나는 사랑하는 사람의 죽음을 본다, 미칠 것만 같다 등. 이런 상상은 신앙과는 정반대가 된다. 왜냐하면 불행의 운명을 끊임없이 상상한다는 것은, 곧 그것을 끊임없이 인정하는 것이기에. 그것을 말한다는 것은 곧 그것을 단언하는 것이다(또 한 번의 언어의 파시즘). 나는 죽음을 상상하면서 기적을 좌절시킨다. 《오르데트》[1]의 광인은 말하지 않았다. 그는 내재성의 그 수다스

---

1) 덴마크의 작가 뭉크의 희곡 작품으로, 말의 힘에 의한 부활의 주제를 다룬 작품

럽고 단호한 언어를 거부했던 것이다. 그렇다면 이런 신앙에의 무력감은 무엇일까? 어쩌면 아주 인간적인 사랑일까? 사랑은 신앙을 배제하는 걸까? 아니면 그 반대일까?

지드의 노년과 죽음(《여자 친구의 수첩》[2]에서 읽은)은 증인들로 둘러싸여 있었다. 그러나 그 증인들, 나는 그들이 어떻게 되었는지 모른다. 아마도 그 대부분은 그들 차례로 이제 죽었을 것이다. 증인들 자신이 증인 없이 죽어 가던 시대도 있었다. 역사는 이렇게 삶의 조그마한 파열, 교체되지 않은 죽음으로 이루어진다. '단계(degrés)' 혹은 단계의 과학에 대한 인간의 무력감. 반대로 단계의 무한함을 보는 능력은 고전적인 신(神)에게나 부여될 수 있다. '신'은 절대적인 **지수**(指數)일 것이다.

(죽음, 진정한 죽음이란 증인 자신이 죽어 갈 때이다. 샤토브리앙은 자신의 할머니와 고모할머니에 대해 말하면서 "어쩌면 나는 그분들이 존재하였다는 것을 아는 이 세상의 유일한 사람일 것이다"라고 말했다. 그렇다. 그러나 그는 그 사실을 글로 썼고, 그것도 아주 잘 썼다. 그리하여 적어도 우리가 샤토브리앙을 읽는 한에 있어서는, 우리도 역시 그 사실을 안다.)

이다. 이 작품은 덴마크 감독 카를 드리어에 의해 영화로 만들어지기도 하였다.
2) Mme Van Rysselberghe, 《여자 친구의 수첩 Cahiers de la Petite Dame》, vol. 4, Gallimard, 1973-77.

1977년 7월 14일

　대다수의 프랑스 아이들처럼 신경질적이고, 흥분하고, 금방 어른 흉내를 내는 아이가 소가극에 나오는 근위병(붉은색과 흰색) 복장을 하고 있다. 아마도 그는 군악대의 앞장을 서게 될 것이다.

　왜 이곳에서의 **근심**은 빠리에서보다 더 견디기 힘든 걸까? 이 마을은 모든 공상이 제거된 너무도 정상적인 세계이어서, 모든 감수성의 움직임마저도 절대적으로 부적절해 보인다. 나는 지나치므로 배제된다.

　마을을 한 바퀴 도는 동안, 빠리에서 프랑스에 대해 몇 주일 동안 배우는 것보다 더 많은 것을 배우는 것처럼 느껴졌다. 이것은 환상일까? 사실주의적 환상일까? 농촌·시골·지방은 사실주의의 전통적 질료를 이룬다. 작가란 19세기에는 빠리에서 지방에 대해 글을 쓰는 사람이었다. 거리감이 **모든 것을 의미하게끔** 한다. 도시에서, 거리에서, 나는 정보들로——의미 작용이 아니라——쇄도당한다.

1977년 7월 15일

오후 5시. 집과 들판의 고요. 파리떼들. 다리가 아프다. 마치 내가 아이였을 때 사람들이 성장통이라고 부른 것에, 혹은 감기에 걸린 것처럼? 모든 것은 끈적거리고 잠들어 있다. 그러나 여느 때처럼 생생한 의식, 내 '탈진'의 생생함(용어상의 모순).

X의 방문. 그는 옆방에서 끊임없이 말한다. 감히 문을 닫을 수도 없다. 나를 방해하는 것은 소리가 아니라, 대화의 진부함이다(적어도 내가 모르는 언어로 말한다면 음악적으로 들릴 텐데). 나는 항상 타자들의 저항에 놀라며, 얼이 빠지기조차 한다. **타자**란 내게 있어 **지칠 줄 모르는 사람**, 바로 그것이다. 에너지, 특히 언어의 에너지는 나를 놀라게 한다. 이것이 아마도 내가 광기를 믿는 유일한 순간일 것이다(폭력을 제외하고는).

1977년 7월 16일

며칠 동안의 흐린 날씨 후에 다시 화창한 아침. 주변의 광채와 정교함. 차갑게 빛나는 비단 같다고나 할까? 이 텅 빈 순간은(어떤 의미도 부재하는) 어떤 충만한 자명성을 산출한다. 삶이 살 가치가 있다는 자명성을. 아침에 장보는 일(마을이 아직 한적할 때 식료품 가게와 빵집에 가는 일)은 무슨 일이 있어도 놓치지 않을 것이다.

오늘은 어머니가 좀 나으신 것 같다. 커다란 밀짚모자를 쓰시고 정원에 나가 앉으셨다. 어머니는 조금만 나아도 집안일에 끼어들고 싶어하신다. 모든 것을 정돈하시고, 낮에는 화덕을 끄신다. 내가 결코 하지 않는 일들을.

아름다운 햇살이 비치는 바람 부는 오후, 그러나 이미 석양이다. 나는 정원 한구석에서 쓰레기를 태운다. 그 물리적 양상은 모두 관찰할 만하다. 긴 대나무 막대기로 종이 뭉치를 뒤적인다. 종이는 서서히 타오른다. 인내심이 필요하다. 종이의 저항은 참으로 놀랍다. 이와 반대로 에메랄드색 비닐 봉지(쓰레기를 담은 봉투)는 아주 빨리 타올라 흔적도 없다. 그것은 문자 그대로 사라진다. 이 현상은 많은 경우에 은유로 사용될 수 있을 것이다.

　도저히 믿기 어려운 일들(《쉬드 우에스트》 신문에서 읽었는지, 아니면 라디오에서 들었는지 잘 기억나지 않지만). 이집트에서는 다른 종교로 개종한 회교도들을 사형에 처하기로 결정했고, 소련에서는 프랑스의 한 여성 협력관을 몰래 소련인 친구에게 선물을 주었다는 이유로 추방했다고 한다. 비관용에 대한 현대 사전을 만들 것(문학은――이 경우 볼테르는――그것이 증언하는 악이 잔존하는 한 결코 유기될 수 없다).

1977년 7월 17일

마침 일요일이어서 그런지 날씨가 더 아름다운 것 같다. 두 개의 이질적인 강도(強度)가 서로서로를 강화시킨다.

나는 요리 만들기를 그렇게 싫어하지 않는다. 오히려 그 조작을 좋아하는 편이다. 음식이 만들어지면서 형체가 변하는 것을 관찰하며 즐거움을 느낀다(채색·조밀함·압축·결정화·편극화 등). 이 관찰은 뭔가 조금은 변태적이다. 반대로 분량을 재는 일이나 시간 맞추는 일은 할 줄 모르며, 또 실패한다. 음식이 탈까 두려워 기름을 너무 많이 두르든가, 아니면 충분히 익지 않을까 너무 오래 불에 두든가 하면서 말이다. 간단히 말해 **그것을 알지 못하기 때문에**(얼마나 많이, 얼마나 오래) 두려운 것이다. 바로 거기에 약호(지식의 절상)의 안정감이 있다. 나는 감자 삶기보다는 차라리 밥짓는 편을 더 좋아한다. 그것이 17분 걸린다는 것을 알고 있기에. 이 숫자는 정확하므로(우스꽝스러울 정도로) 날 매혹시킨다. 반올림한 대략의 숫자는 날조된 것처럼 보여 보다 신중을 기하기 위해 더 첨가한다.

1977년 7월 18일

어머니의 생신. 정원의 장미 봉오리 하나밖에 드릴 수 없었다. 그래도 그것은 우리가 여기 온 후에 첫번째로 핀 유일한 것이다. 저녁에는 Myr.가 와서 음식을 만들고, 식사도 같이할 것이다. 수프와 피망이 든 오믈렛을. 그녀는 또 샴페인과 페르호라드산 편도 케이크를 가져올 것이다. L부인은 자기 집 정원에 핀 꽃을 딸 편에 보내왔다.

강렬한 슈만적인 의미에서의 **기분**(Humeurs). 일련의 모순된 불연속적인 감정의 격앙. 막연한 고뇌, 불길한 일에 대한 상상, 때맞지 않은 유쾌함. 오늘 아침, 이런 **근심** 한가운데에 고립된 행복감. 날씨(아주 화창하고 산뜻한 날씨), 음악(하이든), 커피, 여송연, 좋은 펜, 집안일 하는 소리(변덕스런 인간 주체. 그 불연속성이 우리를 두렵게 하고, 기진맥진케 한다).

1977년 7월 19일

오늘 아침 일찍 우유를 사러 나갔다 돌아오는 길에 교회 안을 보려고 들어갔다. 그것은 공의회의 '새로운 모습 보이기'에 의해 개조된, 완연한 프로테스탄트의 교회였다(목조로 된 회랑만이 바스크 양식의 전통을 보여주었다). 그림이라곤 전혀 없었고, 제단은 단순한 탁자로 변했다. 물론 촛불도 없었다. 서글픈 일이 아닌가?

저녁 6시쯤 침대에 누운 채 반쯤 잠들어 있었다. 한나절 흐린 후에 저녁 무렵 밝아진 하늘을 향해 활짝 열린 창문. 마치 떠 있는 듯한 행복감. 모든 것은 액체, 공기가 통하는, 마실 만한 것이었다(나는 공기를, 시간을, 정원을 들이마신다). 게다가 나는 스즈키 다이세쓰(鈴木大拙)의 글을 읽고 있었기에, 마치 선(禪)에서 말하는 **사비**(孤)에, 혹은 블랑쇼가 프루스트에 대해 말한 그 '유동적인 무거움'(또 블랑쇼를 읽고 있었기에)에 다가간 듯한 느낌이었다.

1977년 7월 21일

베이컨과 양파·백리향을 살짝 구웠다. 그것은 탁탁 튀고 향기로운 냄새를 풍긴다. 그러나 이 냄새는 식탁 위에 내놓았을 때의 그런 음식의 냄새는 아니다. 먹을 때와 준비할 때의 냄새가 따로 있다('모이라[3]의 과학'을 위한 관찰).

---

3) 모이라는 그리스 운명의 여신으로, 로마의 파르케 여신에 해당된다. 출생·삶·죽음을 세 명의 자매가 각기 관장하는데, 이 텍스트에서는 그 잡다한 의미가 강조되어 잡동사니의 과학이라는 의미로 이해된다.

1977년 7월 22일

몇 년 전부터 내 유일한 계획은 내 자신의 어리석음을 탐색하는 것처럼 보인다. 더 정확히 말하자면 어리석음을 말하고, 내 책의 대상으로 삼는 것이다. 이렇게 말함으로써 나는 이미 '자기 중심적인 어리석음'과 '사랑의 어리석음'을 말한 셈이다. 세번째는 정치적인 어리석음으로, 나는 언젠가 그것에 대해 말해야 한다. 내가 사건들(évé-nements)에 대해 정치적으로, 나날이 생각하는 것은(나는 사건에 대해 뭔가 생각하기를 멈추지 않는다) 어리석은 것이다. 이런 어리석음을 이 小3부작의 제3권, 일종의 **정치 일기**에서 진술해야 한다. 거기에는 엄청난 용기가 필요하다. 하지만 그것은 아마도 **정치적인 것**(le politique. 차라리 **정치**(la politique))⁴⁾이 불러일으키는 이 권태 · 공포 · 분노의 뒤섞인 감정을 쫓아낼 수 있을지도 모른다.

나는 읽는 것보다 쓰는 것이 더 어렵다.

---

4) 바르트에 따르면, 정치적인 것이란 "역사와 사유, 모든 행해지고 말해지는 것에 대한 근본적인 범주"를 가리키며, 정치란 이 정치적인 것이 "반복의 담론으로 전환되는" 것을 말한다. 즉 정치적인 것은 이론의 영역을, 정치는 그것의 실천을 의미한다.(이 책의 148쪽 〈롤랑 바르트의 주요어 20개〉, '정치' 참조)

어제저녁 E. M.과 같이 앙글레의 '카지노' 슈퍼마켓에서, 우리는 **상품**이라는 그 바빌론 사원에 매료되었다. 그것은 진짜 황금 송아지였다. '부'(싸구려)의 축적, 종류별로(유형별로 분류된) 쌓아 놓은 것들, 물건을 실은 노아의 방주(스웨덴의 나막신에서 야채 코너의 가지에 이르기까지), 포개 놓은 손수레들. 우리는 갑자기 사람들이 아무거나 산다는(나 자신도 그렇게 하는) 걸 확신하게 되었다. 출구 계산대 앞에 세워진 각각의 수레는, 그것을 운반하는 사람들의 괴벽이나 충동·변태·배회·무모함의 수치스러운 증명서이다. 우리 앞을 사륜마차처럼 뽐내며 지나가는 수레 앞에서, 저기 편안히 휴식을 취하고 있는 셀로판 포장의 피자를 사야 할 필요는 전혀 없다는 자명성.

나는 상점의 **역사**에 관한 책을 읽고 싶다(그런 책이 있을까?). 졸라의 《부인들의 행복》[5]이 나오기 전에는 어떤 일이 있었을까?

---

5) 1883년에 발표된 이 작품은 근대 사회의 발전에 대한 일종의 풍속 소설로, 거대한 백화점 탄생에 의한 영세업자들의 파산, 고용인들의 생활상, 구매자, 은행과의 관계들을 묘사한 작품이다. 이 책의 제목인 《부인들의 행복》이란 백화점 이름이다.

1977년 8월 5일

《전쟁과 평화》의 독서를 계속하면서 나는 늙은 볼콘스키가 죽어 가는 장면을 읽으며 격한 감동을 느꼈다. 아버지가 딸에게 하는 그 애정어린 마지막 말(내 사랑하는 딸아, 내 친구야). 전날 밤 아버지를 방해하지 않으려고 조심하는 딸. 그런데 실은 아버지가 그녀를 찾고 있었는데도. 그리고 아버지가 돌아가시면 자유를 찾을지도 모른다는 기대감 때문에 잠시나마 아버지의 죽음을 바랐던 데 대한 마리의 자책감. 이 모든 것이, 이 다정함과 이 찢어짐이 프랑스인들의 임박한 도착과 떠나야만 하는 절박함으로 가장 난잡한 소동 한가운데에 함께 어우러져 있다.

문학은 내게 있어 종교보다 더 격렬한 진실의 효과를 자아낸다. 이 말은 단지 문학이 내게는 종교와도 같다는 뜻이다. 그러나 라카생은 단호하게도 《라 캥젠 리테레르》지에서 "문학이란 다만 교과서 안에나 존재하는 것이다"라고 선언하고 있다. 이제 나는 **만화**……의 이름으로 부인되고 있다.

1977년 8월 13일

오늘 아침 8시경, 아주 찬란한 날씨. 빵집에 가기 위해 Myr.의 자전거를 타보고 싶은 생각이 들었다. 어렸을 때 타보고는 한번도 탄적이 없었다. 그 조작이 내 몸에는 아주 낯설고 어렵게만 느껴졌다. 그리고 무서웠다(오르고 내리는 것이). 나는 이 모든 사실을 빵집 여주인에게 말했다. 그런데 빵집을 나오면서 자전거에 올라타려다, 물론 넘어졌다. 그렇지만 본능적으로 공중에 두 다리를 벌린 채 아주 우스꽝스런 자세로 과도하게 넘어졌다. 그때 날 구해 준 것이(아주 큰 아픔으로부터) 바로 그 우스꽝스러움이라는 사실을 알게 되었다. 나는 나의 추락을 동반했고, 그렇게 함으로써 내 자신을 구경거리로 우스꽝스럽게 만들었다. 그러나 또 그렇게 함으로써 그 추락의 효과를 약화시킨 것이다.

갑자기 현대적인 사람이 되지 않아도 무관하다는 생각이 든다.
(마치 눈먼 사람이 손가락으로 삶의 텍스트를 만지다 여기저기서 '이미 말해진 것'을 알아보는 것처럼.)

1979년 4월 25일

공허한 저녁.

어제저녁 7시경, 고약한 봄날씨의 쌀쌀한 빗속에 58번 버스를 타려고 뛰어가야만 했다. 버스 안에는 이상하게도 노인들만 있었다. 어떤 부부가 **전쟁사**에 대해 큰 소리로 말하고 있었다(어떤 책? 우리가 더 이상 모르는). "그 책은 사건을 대충 다루지 않고, 세부적인 것까지도 전부 다루고 있어요"라고 남편이 경탄해 마지않았다. 퐁뇌프에서 내렸다. 시간이 좀 남았으므로 센 강변 메지스리 가를 따라 조금 거닐었다. 푸른색 작업복을 입은 일꾼들이(그들이 형편 없는 보수를 받는다는 건 냄새로도 알 수 있었다) 커다란 새장들을 운반대 위에 거칠게 내려놓자 오리며 비둘기 들이(이 모든 가금은 언제나 우둔하다) 미친 듯이 여기저기로 떼를 지어 움직였다. 가게문이 닫히는 중이었다. 나는 문틈으로 두 마리의 개를 보았다. 한 마리의 개가 장난삼아 다른 개를 귀찮게 굴자 그 개는 아주 인간적인 방법으로 퇴짜를 놓는 것이었다. 한 번 더 개를 가지고 싶다는 생각이 들었다. 내가 개를 산다면 그것은 그 시달림을 당한 개(그것은 일종의 폭스 개였다), 무관심하지 않으면서도 품위 있게 자신이 시달리고 있다는 것을 보여준 그 개일 것이다. 그곳에는 또 나무들이며, 화분에 심은 화초들이 있었다. 내

가 영구히 살러 갈 U로 가기 전에——빠리에는 다만 '일'과 쇼핑을
위해서만 오게 될——필요한 물건들을 사는 내 모습을 그려 보았다
(그렇게 하고 싶다는 욕구와 혐오감). 황폐하고도 음산한 부르도네 가
로 들어섰다. 자동차를 몰고 가던 사람이 BHV[6]가 어디 있는지 물었
다. 기이한 일이었다. 그는 다만 약자만을 아는 듯 시청이 어디 있는
지, 또 시청이 무엇인지도 모르는 것 같았다. 나는 엥파스 화랑(낡아
빠진)에서 실망했다. D. B.의 사진 때문이 아니라(그것은 창문과 커튼
을 푸른색의 단색으로 찍은 폴라로이드 사진이었다), 전시회 개막전 모
임의 그 냉랭한 분위기 때문이었다. W는 없었고(아마도 아직 미국에
있는 모양이다), R도 없었다(나는 그들이 싸웠다는 것을 잊고 있었다).
아름답고도 위압적인 D. S.가 내게 말했다. "아름답죠, 그렇지 않아
요?——그렇군요, 아주 아름답군요." (그렇지만 좀 빈약하군요, 충분
치 않군요라고 마음속으로 덧붙였다.) 그 모든 게 초라했다. 나이를 먹
어 가면서 점점 더 하고 싶은 것만을 할 용기가 생겼으므로, 방 안을
두 번 빨리 돌고서는(오래 쳐다본다고 해서 별 득이 될 것도 없으므로)
슬그머니 인사도 하지 않고 빠져나왔다. 그런 다음 아무 소득도 없이
거리를 배회했다. 이 버스에서 저 버스로, 이 영화관에서 저 영화관
으로. 몸이 얼어 기관지염에나 걸리지 않을까 걱정되었다(이 점에 대
해서는 여러 번 생각한 적이 있다). 마침내는 플로르 카페에서 달걀과
포도주 한 잔으로 몸을 녹였다. 일진이 무척이나 나쁜 하루였다. 따

---

6) 빠리 시청 근처에 있는 백화점 이름으로 시청 백화점(Bazar Hôtel de Ville)의 약자
이다.

분하고도 뻔뻔한 관중, 관심을 가질 만한 얼굴이나 팡타즘을 일으킬 만한, 적어도 이야기로 꾸밀 만한 얼굴은 하나도 없었다. 그날 저녁 의 참담한 실패는 오래전부터 내 머릿속에서 그려 오던 삶의 개혁을 시도하게끔 부추겼으며, 이 첫번째 기록이 그 흔적이다.

(다시 읽는다. 이 단장은 그날 저녁의 느낌을 다시 살아나게 한다는 점 에서 꽤 확실한 즐거움을 준다. 그러나 묘한 것은 이 글을 다시 읽으며 내 가 가장 생생하게 체험하는 것은 글로 씌어지지 않은 것 안에, 기록의 간 극 안에 있다는 점이다. 이를테면 버스를 기다리는 동안의 리볼리 가의 그 잿빛. 지금 와서 그것을 묘사하려 해봐야 쓸데없는 짓이다. 결국은 말해지 지 않을 또 다른 느낌을 위해 다시 잃어버리게 될 테니. 마치 부활이란 항 상 말해진 것 밖에서 이루어진다는 것처럼. **유령**의, **망령**의 자리.)

이 두 개의 단상을 다시 읽어봐야 소용 없는 일이다. 그것이 출판될 수 있다고 말해 주는 것은 아무것도 없다. 그렇다고 출판될 수 없다고 말하는 것도 없다. 나는 내 자신을 초월하는 문제, '즉 출판 가능성의 문제'에 부딪힌 것이다. '좋은 글인가, 나쁜 글인가?'(모든 저자가 질문하는 형태)의 문제가 아니라, '출판할 만한가, 또는 그렇지 못한가'의 문제이다. 이것은 다만 출판업자의 질문만은 아니다. 그 의혹은 자리를 이동하여, 텍스트의 질에서 그 이미지로 넘어간다. 나는 텍스트의 문제를 타자의 관점에서 제시한다. 여기서의 타자란 독자, 혹은 어떤 독자가 아니다(이 질문은 출판업자의 질문이다). 쌍수적인, 그리고 개인적인 관계에서 포착된 타자란 **내 글을 읽을 누군가**이다. 나는 내 **일기**가 '내가 쳐다보는 사람'의 시선하에, 혹은 '내가 말을 거는 사람'의 침묵하에 놓여 있다고 상상한다. 이것은 모든 텍스트의 상황이 아닐까?——아니다. 텍스트는 익명의 것이며, 혹은 적어도 일종의 **가명**, 즉 저자의 가명에 의해 생산된다. 그러나 일기는 전혀 그렇지 않다(비록 그 '나'가 가짜 이름이라 할지라도). **일기**는 텍스트가 아닌 '담론'(특정 약호에 의해 '씌어진' 말(parole))이다. 그러므로 내 자신에게 제기하는 질문, 즉 **'일기를 써야 할까?'**라는 질문은, 즉시 내 머릿속에서 **'당신 마음대로'**라는 불친절한 대답이나, 혹은 보다 정신분석학적인 **'그건 당신 문제야'**라는 대답으로 이어진다.

이제 내게는 이런 의혹의 원인을 분석하는 일만이 남아 있다. 왜

나는 **이미지의 관점에서 일기**의 글쓰기를 의심하는 걸까? 그것은 **일기**의 글쓰기가 내 눈에는 어떤 잠행성의 질환처럼 부정적인——환멸적인——특징들에 의해 주조되기 때문이라고 생각한다. 나는 이 점에 대해 말하고자 한다.

일기는 어떤 **사명감**(mission)——이 말을 우스꽝스럽게 여기지 말자——에도 부응하지 않는다. 문학작품은 단테에서 말라르메·프루스트·사르트르에 이르기까지, 그것을 쓴 사람들에게는 항상 일종의 사회적·신학적·신화적·미학적·도덕적인 목적을 지녀 왔다. '건축물처럼 미리 구상된' 책은 세계의 질서를 재생하며, 언제나 일원론적인 철학을 연루시키는 것으로 여겨져 왔다. **일기**는 **책(작품)**에 이를 수 없으며, 그것은 말라르메의 구분을 빌리자면 앨범에 불과하다('작품'인 것은 지드의 생애이지, 그의 일기가 아니다). 그런데 **앨범**이란 교체 가능할 뿐만 아니라(이 정도라면 별문제가 아니다), **무한히 삭제할 수 있는** 종이들의 묶음이다. 나는 내가 쓴 **일기**를 다시 읽으면서 '그것이 마음에 들지 않는다는' 구실로 한 줄 한 줄 지워 **앨범**을 통째로 없애 버릴 수도 있다. 이것이 바로 그루코 마르크스와 치코 마르크스[7]의 방식이었다. 그들은 자신들을 묶어 놓는 계약 조문을 읽어 가면서 하나하나 찢어 나갔다. 그러나 세계의 비본질을, 비본질적인 것으로서의 세계를 본질적으로 표현하는 형태가 곧 **일기**라고 생각하면서 일기를 쓸 수는 없을까? 그러기 위해서는 **일기**의 주체가

---

7) 일명 마르크스 브라더스로 불려지는 세 명의 마르크스 형제 가운데 두 사람을 지칭하는 것으로, 미국 영화에 새로운 장을 연 희극 배우들이다.

'나'가 아닌, 세계라야 한다. 그렇지 않으면, 진술된 것은 세계와 글쓰기 사이를 가로막는 일종의 자기 중심주의이다. 내가 아무리 노력해 봐야 견고하지 않은 세계와 대면해서 나는 견고해질 수밖에 없는 것이다. 어떻게 자기 중심주의 없이 **일기**를 쓸 수 있단 말인가? 바로 이 물음이 나로 하여금 일기 쓰기를 가로막는다(자기 중심주의로 말하자면, 이제 진저리가 난다).

비본질적인 **일기**는 또한 필연적인 것도 아니다. 광적인 욕망에 의해 구술되는 그런 유일하고도 기념비적인 작품에 대해 하듯이, **일기**에 자신을 투여할 수는 없다. 생리적인 기능처럼 규칙적이고 일상적인 **일기**의 글쓰기는, 어쩌면 즐거움이나 편안함은 주겠지만 열정은 주지 못한다. 그것은 글쓰기의 자그마한 기벽으로, 그 필요성은 씌어진 것에서 읽혀진 것으로 가는 도중에 상실된다. "나는 지금까지 내가 써온 것이 특별히 소중하다거나, 혹은 적어도 쓰레기로 내버릴 만큼 그렇게 가치 없는 것이라고는 생각하지 않는다."(카프카) 변태적인 사람이 "예, 그렇지만"이라는 말에 복종하듯이, 나는 내 텍스트가 쓸데없다는 것을 잘 알고 있다. 그렇지만 동시에(동일한 움직임으로) 그것이 존재한다는 믿음으로부터 벗어날 수도 없다.

비본질적인 불확실한 **일기**는 게다가 진정한 것이 아니다. 이 말은 일기에서 자신을 표현하는 주체가 진솔하지 않다는 뜻은 아니다. 내 말은 일기라는 형식 자체가 부동의, 선행하는 **형식**(바로 **내적 일기**라는 형식)을 빌릴 수밖에 없으며, 그 형식을 뒤집을 수 없다는 것을 의미한다. 나는 **일기**를 쓰면서 규정상 가상(simulation)의 운명에 처해진다. 실상 그것은 이중의 가상이다. 모든 감동은 어디에선가 이미 읽은 적이 있는 감동의 모사(copie)이기 때문에, **기분의 모음집**(Relevé d'Humeur) 안에 있는 그 약호화된 언어로 '기분'을 진술한다는 자체가 모사(copie)를 모사하는 것이다. 비록 그 텍스트가 '독창적'이라 할지라도 그것은 이미 모사인 것이다. 하물며 그 텍스트가 진부하고 낡은 것이라면 두말할 필요도 없다. "작가는 그의 고통, 자신이 소중히 여겨 온 용(龍)들에 의해, 또는 어떤 경쾌함에 의해 텍스트에서 자신을 재치 있는 어릿광대로 설정해야 한다."(말라르메) 얼마나 역설적인 말인가! 가장 '직접적'이고도 가장 '즉흥적인' 글쓰기의 형태를 선택하면서 나는 가장 서투른 광대가 된 자신을 발견한다. (그렇지 말라는 법이 어디 있단 말인가? 광대가 되어야만 하는 '역사적' 순간들도 있지 않은가? 나는 시대에 뒤진 한 글쓰기 형태를 극단적으로 밀고 나가면서 문학을 사랑한다고 말하지 않는가? 문학이 사라져 가는 바로 그 순간에 찢어질 듯한 아픔을 가지고 문학을 사랑한다고? 나는 문학을 사랑한다, 그러므로 문학을 모방한다. 그러나 바로 그 점에 대해 나는 어떤 열등감도 없다.)

이 모든 것은 거의 같은 말이다. 즉 **일기**를 쓸 때 가장 큰 고통은 판단의 불안정성이다. 불안정성이라고? 차라리 그 냉혹한 하강곡선이라고나 할까. 카프카는 **일기**에 기록된 것의 가치 부재는 항상 늦게야 인지된다고 말한 적이 있다. 어떻게 뜨거운 순간에 씌어진 것(그래서 내가 자랑하는)을 가지고 맛있는 찬 음식을 만들 수 있단 말인가? 바로 이런 상실이 **일기**의 거북함을 야기한다. 한 번 더 말라르메를 인용하면(그러나 그는 일기를 쓰지 않았다), "우리가 나지막하게 고백할 때는 설득력이 있고 생각에 잠긴 듯 꿈꾸는 듯 진실해 보이던 것이, 그것을 설명하기만 하면 객설이 되어 버린다." 마치 동화에서처럼 내 입에서 나오는 꽃들은 모두 저주나 마법의 효과로 두꺼비가 된다. "내가 뭔가를 말하면, 그것은 즉각적으로 결정적으로 그 중요성을 상실한다. 글로 기록할 때도 뭔가를 상실하기는 마찬가지이지만, 그러나 때로 다른 무엇을 얻기도 한다."(카프카) **일기**에 고유한 어려움은, 글쓰기에 의해 분출되는 이런 2차적인 중요성이 확실치 않다는 점이다. 즉 **일기**가 말을 회수하고, 그 말에 새로운 금속성의 저항을 부여하는지의 여부가 확실치 않다. 물론 글쓰기는 **상상계**의 ——강력하고도 터무니없는 말의 흐름인——유출을 기적적으로 멈추게 하는 그런 낯선 활동이다(이 점에 대해서 정신분석학은 지금까지 잘 이해하지 못했으며, 따라서 별 영향력이 없다). 그러나 바로 **일기**는, 그것이 '아무리 잘 씌어졌다 할지라도' 글쓰기에 속하는 걸까? 그것은 애쓰고, 커지고, 딱딱해진다. 나는 텍스트만큼이나 커진 것일까? 결코 아니다! 당신은 결코 그 근처에도 가지 못할 것이다. 바로 거기에 그 환멸의 효과가 있다. 내가 쓸 때에는 수긍할 만하던 것이, 다시 읽을 때는 실망하게 되는.

요컨대 이 모든 실추는 명백히 주체의 어떤 한 결함을 지적한다. 이 결함은 실존적인 것이다. **일기**가 제시하는 것은 '나는 누구인가?'라는 비극적인 질문, 광인의 질문이 아니라 '나는 존재하는가?(Suis-je?)'라는 희극적 질문, **얼빠진 자**의 질문이다. 희극 배우, 바로 그것이 **일기** 쓰는 사람이다.

달리 말하면, 나는 결코 내 자신으로부터 벗어날 수 없다. 만약 내가 내 자신에게서 벗어나지 못하고, **일기**의 '가치가' 무엇인지를 결정하지 못한다면, 그것은 일기의 문학적 정체가 내 손가락 사이로 빠져나가기 때문이다. 한편으로 나는 그 쉽고도 낡은 형태를 통하여, 일기가 단지 텍스트의 연옥에 불과한 양, 그 구성되지 않은, 진화되지 않은 미숙한 형태를 체험한다. 그러나 다른 한편으로, 그래도 일기는 텍스트의 본질적인 고통을 내포한다는 점에서 그 텍스트의 진정한 편린이다. 그 고통은 다음과 같은 사실에서 연유한다고 생각한다. 즉 문학이란 **증거가 없다는**(sans preuve). 이 말은 문학이 말하는 것뿐만 아니라, 더 나아가 말하는 것이 말할 만한 가치가 있는지 어떤지를 증명할 수 없다는 뜻이다. 이 가혹한 조건(카프카가 **유희**와 **절망**이라고 말한)은 바로 **일기**에서 절정을 이룬다. 그러나 또 바로 그 지점에서 모든 것이 역전된다. 왜냐하면 **텍스트**는 **논리학**의 고요한 하늘로부터 텍스트를 추방하는 이런 증명에의 무력감으로부터, 바로 그것의 본질과도 같은, 그것만이 소유하고 있는 어떤 **유연성**을 끌어내기 때문이다. 카프카——그의 **일기**는 아마도 우리가 역겨워하지 않고 읽을 수 있는 유일한 것이리라——는 문학의 이런 이중적 공리, **적절함**과 **덧없음**에 대해 아주 놀라울 정도로 잘 표현하고 있다. "나는 삶에 대해 구상하고 있던 소망들을 하나씩 다 검토해 보았다. 그때 내게 가장 중요하게, 혹은 가장 매력적으로 보인 것은 삶을 보는 한 방식을 획득하려는 욕망이었다(그리고 그것과 관련해서, 글쓰기를 통해 다른 사람들을 설득하려는). 그 안에서 삶은 추락과 상승의 그 무거운 움직임을 간직할 것이며, 그러나 그것은 동시에 지극히 명철한 의식 속에서 아무것도 아닌 것, 꿈, 표류의 상태로 인지될 것이다." 그렇다, 바로 그것이 이상적인 **일기**이다. 하나의 리듬(추락과 상승·신축성)이자, 동시에 미끼(나는 내 이미지에 도달할 수 없다)인 것.

요컨대 미끼의 진실을 말하고, 가장 형식적 조작인 리듬에 의해 이 진실을 보증하는 글쓰기. 우리는 이제 **일기**를 **죽도록** 작업함으로써만 **거의** 불가능한 **텍스트**처럼 극단적인 피로까지 작업함으로써만 **일기**를 구원할 수 있다는 말로 결론을 내리고자 한다. 이 작업의 종착역에 이르면, 이렇게 씌어진 **일기**는 더 이상 어떤 **일기**와도 닮지 않으리라.

작품에서 텍스트로

몇 년 전부터 언어에 대한 생각에 어떤 변화가 일어났다는 (혹은 일어나는 중이라는) 것은 명백하다. 그 결과 적어도 그 현상적인 실존을 이런 언어에 의존하고 있는 작품(œuvre. 문학적인) 또한 마찬가지이다. 이 변화는 물론 요즈음의 언어학·인류학·마르크스주의·정신분석학(여타의 학제 중에서도)의 발전과 연결된다(이 '연결'이라는 말은, 여기서 의도적으로 중성적인 방식으로 사용된 것이다. 아무리 복합적이고 변증법적인 것이라 할지라도 그것을 한정지을 수는 없기 때문이다). 작품이라는 개념에 파급된 새로움은 반드시 이런 학제들 내부의 쇄신에서 기인하는 것만은 아닌, 오히려 전통적으로 그 학제들과는 전혀 무관한 한 대상의 차원에서 그 학제들이 만남에 기인한다. 오늘날 연구 활동의 강력한 가치로 간주되는 **상호 학제성**(interdisciplinaire)은 특정 지식의 단순한 대조만으로는 성립될 수 없다. 상호 학제성은 안전한 것이 아니다. 그것은 과거의 학제들의 연계가 새로운 대상이나 새로운 언어(그런데 이것은 둘 다 평화롭게 대조를 일삼던 학문의 영역에서는 자리를 잡을 수 없다)를 위해 해체될 때——어쩌면 유행의 충격을 통하여 격렬하게——**실제로**(경건한 소망을 말하는 것이 아니라) 시작되는 것처럼 보인다. 바로 이런 분류의 거북함이 어떤 변화를 진단

* 이 글은 1971년 《미학 *Revue d'Esthétique*》지에 발표된 것으로, 《언어의 살랑거림 *Le Bruissement de la langue*》(Seuil, 1984)에 재수록되었다.

할 수 있게 해준다. 작품의 개념을 사로잡는 것처럼 보이는 이 변화
는, 그렇지만 과대평가되어서도 안 된다. 이 변화는 진정한 의미에
서의 단절이라기보다는 인식론적인 이동의 성질을 띠고 있다. 그런
데 이 인식론적인 단절은, 흔히 말해지는 것처럼 마르크스주의와 프
로이트주의의 출현과 더불어 19세기에 도래한 것처럼 보인다. 그후
어떤 새로운 단절도 일어나지 않았으며, 1백 년 전부터 우리는 반복
(répétition) 속에서 살고 있다고 말할 수 있을 것이다. **역사**가, 우리의
역사가 오늘날 우리에게 허용하는 것은 이동하거나 다양화하거나 초
과하거나 거부하는 정도이다. 아인슈타인의 과학이 **좌표계의 상대성**
(relativité des repères)을 연구 대상 안에 포함시켜야 한다고 주장한 것
처럼, 마르크스주의·프로이트주의·구조주의의 단합된 행동 또한
문학에서 필사자(scripteur)와 독자 및 관찰자(비평가)의 관계를 상대화
할 것을 요구한다. **작품**(œuvre)이라는 전통적 개념과 대면하여——오
랫동안 아니 오늘날까지도, 말하자면 뉴턴적인 방식으로 이해되어
온——과거의 범주를 이동·전복시켜 얻은 새로운 대상에 대한 요
구가 생겨났으며, 바로 이 대상이 **텍스트**(Texte)이다. 나는 이 말이 유
행이라는 것을(나 자신도 자주 그 말을 사용하게 되었으므로), 따라서
몇몇 사람들에게는 수상쩍은 존재라는 것을 잘 알고 있다. 그런 이
유로 **텍스트**가 위치해 있는 것처럼 보이는 바로 그 교차로에서, 나
는 그 주요 '명제(proposition)'들을 어떻게 보면 나 자신에게 환기하고
싶은 것이다. 이 '명제'라는 말은, 논리적인 의미보다는 차라리 문법
적인 의미로 이해되어야 할 것이다. 그것은 논증행위가 아닌 언술행
위, '터치(touche)' 혹은 은유적으로 남아 있기를 바라는 그런 접근이

다. 바로 여기에 그 명제들이 있다. 그것은 방법론·장르·기호·복수태·계보·독서·즐거움과 관계된다.

1) **텍스트**를 계산할 수 있는 대상으로 생각해서는 안 된다. 텍스트로부터 작품을 물질적으로 분리하고자 하는 것은 무의미한 짓이다. 작품은 고전적인 것이며, 텍스트는 전위적인 것이라는 말은 특히 해서는 안 된다. 그것은 현대성이라는 이름하에 조잡한 수상자 명단을 작성하거나, 또는 그 연대기적 상황을 이유로 어떤 문학적 생산은 '그 안에 있고', 또 어떤 것은 '그 밖에 있다'고 언명할 수 있는 것이 아니다. 아무리 오래된 작품이라 할지라도 거기에는 '**텍스트**'가 있을 수 있으며, 오늘날의 문학적 산물 안에서도 전혀 텍스트가 아닌 것이 있다. 그 차이는 다음과 같다. 즉 작품은 책들의 공간의 한 부분을 차지하는 실체(substance)의 단편이나(이를테면 도서관에서), **텍스트**는 방법론적인 영역이라는 점이다. 이 대립은 라캉의 구별을 상기시킨다(그 말을 문자 그대로 재생하려는 것은 아니지만). 즉 '현실(réalité)'은 보여지는 것이나, '실재(réel)'는 증명될 수 있다는.[1] 이와 마찬가지로 작품은 보여지는 것이나(서점·서류함·시험 일정표 안에서), 텍스트는 증명되는 것이며, 몇몇 규칙에 의해 (혹은 반하여) 말해진다. 작품은 손 안에 쥐어지나, 텍스트는 언어 안에서 유지된다. 그것은 단지 담론의 움직임 속에서만 존재한다(아니 **텍스트**는 그 자신이

---

1) 이 책 80쪽 〈텍스트의 즐거움〉, 주 60) 참조.

텍스트라는 것을 알기 때문에 텍스트인 것이다). **텍스트**는 작품의 분해가 아니며, **텍스트**의 상상적인 꼬리가 바로 작품이다. 혹은 **텍스트는 작업이나 생산에 의해서만 체험할 수 있는 것이다.** 그 결과 **텍스트**는 결코 멈출 수 없다(이를테면 도서관의 서가에). 텍스트의 구성 운동은 **횡단**(traversée)이다(특히 그것은 작품을, 여러 작품들을 관통할 수 있다).

2) 같은 방식으로 **텍스트**는 (좋은) 문학에 멈추지 않는다. 그것은 위계질서나, 심지어 단순한 장르 구분에도 포함될 수 없는 것이다. 반대로 (또는 바로) **텍스트**를 구축하는 것은 과거의 분류에 대한 그 전복의 힘이다. 조르주 바타유를 어떻게 분류할 것인가? 그 작가는 소설가인가? 아니면 시인? 에세이스트? 경제학자? 철학자? 신비주의자? 그 대답은 지극히 당혹스러운 것이어서, 문학 교과서 안에서는 일반적으로 바타유를 망각하는 편을 더 좋아한다. 실상 바타유는 텍스트들을, 어쩌면 지속적으로 하나의 유일하고 동일한 텍스트만을 썼다. 만약 **텍스트**가 분류의 문제를 제기한다면(게다가 이것이 그 '사회적' 기능 가운데 하나이다), 그것은 텍스트가 언제나 어떤 한계체험을 연루시키기 때문이다(솔레르스의 표현을 빌리자면). 티보데는 물론 좁은 의미에서이긴 하지만, 이미 이런 한계작품에 대해 말한 적이 있다(이를테면 샤토브리앙의 《랑세의 생애》[2] 같은 작품은 사실 오늘 우리에

---

2) 1844년에 씌어진 이 작품은, 샤토브리앙이 그 고해신부의 요청에 따라 쓴 라트라프의 생애에 관한 전기이다. 그러나 이 작품은 단순한 전기가 아닌 일종의 앙

게도 '텍스트'로 보인다). **텍스트**는 언술행위의 규칙들(합리적인 것, 읽혀질 수 있는 것)의 한계까지 나아간다. 이것은 '영웅적인' 효과를 위해 의존하는 그런 수사학적인 개념은 아니다. **텍스트**는 정확히 **일반 견해**(doxa)[3]의 경계 뒤편에 위치하고자 한다(우리 민주 사회를 구성하고 대중매체의 강력한 부추김을 받는 일반 견해는 바로 그 한계, 그 배타적 에너지, 그 **검열**(censure)에 의해 정의되는 게 아닐까?). 텍스트는 언제나 **반론적인**(paradoxal)──이 단어의 어원적인 의미를 그대로 받아들인다면, 일반 견해 밖에 있는──것이다.

3) **텍스트**는 기호에 비해 접근하거나 체험되는 것이다. 작품은 하나의 기의(signifie)로 닫혀진다. 이런 기의에 두 가지 의미 작용의 양상이 부여될 수 있다. 기의를 명백한 것으로 간주하는 것──그때 작품은 문자과학, 즉 문헌학의 대상이 된다──과, 또는 이 기의가 은밀하고도 최종적인 것, 우리가 찾아내야만 하는 것으로 간주하는 것──그때 작품은 해석학, 혹은 해석(마르크시스트적·정신분석학적·주제적)의 대상이 된다──이 그러하다. 요컨대 작품은 그 자체로서 하나의 일반적인 기호처럼 작용하며, 따라서 그것이 **기호**(Signe) 문명의 제도적 범주를 표상한다는 것은 지극히 당연하다. 이와 반대

티 르네라고 할 수 있는 것으로서, 일찍이 바르트는 이 책에 대해 "아무것도 말하지 않는다"는 점에서, "혹은 아무것도 아닌 것을 말한다"는 점에서 미래의 책을 예시한다고 말한 적이 있다.(《랑세의 생애》에 대한 바르트의 〈밤의 여행자〉 서문 참조)
3) 이 책의 38쪽 〈텍스트의 즐거움〉, 주 31) 참조.

로 **텍스트**는 기의의 무한한 후퇴를 실천한다. **텍스트**는 지연시킨다. 그것의 영역은 기표(signifiant)이다. 기표는 '의미의 첫 부분'이나 그 물질적인 입구가 아닌, 오히려 반대로 의미의 **뒤늦음**(après-coup)으로 이해되어야 할 것이다. 마찬가지로 기표의 **무한성**은 뭔가 '말로 표현할 수 없는 것(ineffable. 명명할 수 없는 기의)'에 관계된 것이 아니라, **유희**의 개념에 관계된다. **텍스트** 영역에서의 기표의 지속적인 생성 (계속 돌아가는 달력처럼)은, 성숙의 유기적인 진로나 해석학적인 심화의 진로가 아닌 분리·중복·변주의 계열적인 움직임에 따라 이루어진다. **텍스트**를 지배하는 논리는 이해(작품이 '말하고자 하는 바'를 정의하는)가 아닌 환유이다. 연상·인접·이월(移越)의 작업은 상징적 에너지(그것이 없다면, 인간이 죽어 갈)의 분출과 일치한다. 작품은 (대부분의 경우) **평범하게**(médiocrement) 상징적인 것이나(그 상징성은 곧 고갈되어 정지된다), **텍스트**는 **근본적으로/완전히**(radicalement) 상징적인 것이다. **그것의 전적으로 상징적인 속성 안에서 구상되고 인지되고 수용되는 작품이 곧 텍스트이다.** 이렇게 해서 **텍스트**는 언어로 회수된다. 그것은 언어처럼 구조화되어 있으나 탈중심적인 것이며, 닫힌 것이 아니다(때로 구조주의를 '유행'이라고 비난하는 사람들의 그 경멸적인 의혹에 대답해 본다면, 현재 언어에 부여된 인식론적인 특권은 바로 구조라는 역설적인 개념의 발견에 기인한다는 점이다. 구조란 중심도 끝도 없는 체계이다).

4) **텍스트**는 복수태(pluriel)이다. 이 말은 텍스트가 단지 여러 개의

의미를 가지고 있다는 뜻이 아니라 의미의 복수태 자체를, **환원 불**
가능한(다만 받아들일 수 있는 것만이 아닌) 복수태를 구현한다는 뜻이
다. **텍스트**는 의미의 공존이 아닌 통과이자 횡단이다. 그러므로 아무
리 진보적인 해석이라 할지라도 그것은 해석이 아니며, 폭발·분산
이다. **텍스트**의 복수태는 그 내용의 모호성에 달려 있는 것이 아니라,
그것을 짜고 있는(어원적으로 말하면 텍스트는 직물이다) 기표들의 **입**
체적인 복수태라고 불릴 수 있는 것에 달려 있다. **텍스트**의 독자는 한
가로운 주체에 비유될 수 있다(자신의 마음속에서 모든 상상계의 긴장
을 늦추는). 적당히 공허한 이 주체는 골짜기 기슭을 산책한다(이 일
은 이 글을 쓴 저자에게 실제로 있었던 일이다. 그는 바로 거기서 텍스트
의 생생한 개념을 포착하였다). 골짜기 아래에는 급류(oued. 이 급류는 낯
설음의 감정을 입증하기 위해 거기 있다)가 흐른다. 그가 인지하는 것은
이질적이고도 분리된 실체와 전망에서 오는 복수태적인 환원 불가능
함이다. 빛, 색채, 초목, 열기, 공기, 미세한 소리의 폭발, 새들의 가
냘픈 지저귐, 골짜기 건너편에서 들리는 아이들의 목소리, 지나가는
소리, 몸짓, 가까이 혹은 멀리 있는 주민들의 옷차림. 이 모든 **사건**
들(incidents)은 반쯤 알아볼 수 있는 것들이다. 그것은 기존의 약호
(code)들로부터 온 것이지만 그 배합은 유일하며, 그래서 산책을 차
이로서만 반복될 수 있을 뿐인 차이로 설정한다. **텍스트**도 마찬가지
이다. **텍스트**는 그것의 차이(그 개별성이 아니라) 속에서만 존재할 수
있다. 그 독서는 일회적(semelfactive. 이것은 텍스트에 대한 모든 연역
적·귀납적인 과학을 쓸모없는 것으로 만들어 버린다. 텍스트의 '문법'이
란 존재하지 않는다)[4]인 것이지만, 전적으로 인용과 지시물·메아리

들로 짜여진다. 즉 과거의, 혹은 현대의 문화적 언어들이(그렇지 않은 언어가 어디에 있단 말인가?) 하나의 거대한 입체 음향 속에 텍스트를 여기서 저기로 횡단한다. 다른 텍스트의 '사이 텍스트(entre-texte)'로 해서, 모든 텍스트를 사로잡는 상호 텍스트성은 텍스트의 어떤 기원과도 혼동될 수 없다. 작품의 '원천'이나 '영향'에 대한 연구는 계보의 신화를 충족시키는 것이다. 텍스트를 이루는 인용은 익명의, 인지할 수 없는, 그렇지만 **이미 읽혀진 것**이다. 그것은 인용부호를 붙이지 않은 인용이다. 작품은 어떤 일원론적인 철학도(그것은 우리가 아는 것처럼 대립적이다) 방해하지 않는다. 이런 철학에 따르면, 복수적인 것은 곧 **악**이다. 이런 작품과 대면하여 **텍스트**는 악마에 들린 인간의 말을 좌우명으로 삼을 수 있다. "내 이름은 군대입니다. 우리 수가 많기 때문입니다."(〈마가복음〉, 제5장 9절) **텍스트**를 작품에 대립시키는 이 복수적이고도 악마적인 짜임은, 일원론적인 담론이 그 **법칙**처럼 보이는 독서에 중대한 변화를 야기할 수 있다. 전통적으로 신학적인(역사적인, 혹은 유추적인) 일원론에 의해 회수되던 성서의 몇몇 '텍스트'들은 의미의 분산에 놓여질 것이며(결국에 가서는 유물론적 독서에), 오늘날까지도 확고하게 일원론적인 마르크시스트적 작품 해석은 복수화됨으로써 더욱더 유물론적인 것이 될 터이다(단 마르크시스트 '제도'가 그걸 허용하는 한에 있어서).

---

4) 언어학 용어로 같은 행위가 여러 번 되풀이되는 반복사(fréquentatif)에 비해 한 번에 이루어진다고 가정되는 행위를 말한다.

5) 작품은 계보의 과정에 연루된다. 그것은 작품에 대한 세계의 **한정**(종족의, 다음으로는 **역사**의), 작품들 사이의 **연계**, 작품의 저자로의 **귀속**을 전제로 한다. 저자는 작품의 아버지이자 소유자로 간주된다. 따라서 문학과학은 필사본과 저자의 공공연한 의도를 **존중**할 것을 가르친다. 그리고 사회는 작품과 저자의 합법적인 관계를 상정한다 (이것이 '저자의 권리'이다. 그러나 이것은 프랑스 혁명에 가서야 합법화된, 그리 오래되지 않은 개념이다). **텍스트**는 **아버지**의 기재 없이도 읽혀진다. **텍스트**의 은유는 여기서도 작품의 은유와 **구별**된다. 작품은 생명체의 확장이나 '**발전**'(développement. 생물학적이고도 수사학적인 이 말의 모호함은 의미 있는 것이다)[5]에 의해 성숙하는 **유기체**의 이미지를 가리키지만, **텍스트**의 은유는 **망**(réseau)의 은유이다. 즉 **텍스트**가 확장된다면, 그것은 체계나 배합의 결과에 따른 것이다(게다가 이 이미지는 생명체에 대한 현행의 생물학 관점과도 유사하다). 따라서 **텍스트**는 어떤 생명적 '존중'도 아니한다. 그 존중은 **파기될** 수도 있다(게다가 중세는 두 권의 권위서, 즉 성서와 아리스토텔레스를 가지고 그렇게 해왔다). **텍스트**는 아버지의 보증 없이도 읽혀진다. 상호 텍스트성의 복원은 역설적으로 유산을 파기한다. 이 말은 **저자**가 **텍스트**로, 그의 텍스트로 '회귀할' 수 없다는 뜻이 아니라 손님의 자격으로 초대된다는 뜻이다. 그가 소설가라면, 그는 자신의 등장인물 중의 하나로 기재되어 양탄자 위에 그려진다. 그의 기재는 더 이상 특권적 · 가부장적 · 비은폐적인(aléthique) 것이 아니라 유희와 관계된다. 말하자면 그

---

5) 수사학적으로는 전개, 생물학적으로는 성장 · 발육을 의미한다.

는 종이 저자(auteur de papier)가 된다. 그의 삶은 더 이상 자신의 허구의 기원이 아닌, 자신의 작품에 협력하는/경쟁하는(concurrent) 한 허구이다. 삶에 대한 작품의 도치가 있다(더 이상 그 반대가 아닌). 프루스트나 주네의 작품이 바로 그들의 삶을 텍스트로 읽게 해준다. 전기(biographie)라는 말은 여기서 그 어원적인 의미, 즉 삶의 글쓰기라는 강력한 의미를 되찾게 된다.[6] 따라서 문학 윤리의 진정한 '십자가'인 언술행위의 진지함은 거짓 문제가 된다. 텍스트를 쓰는 **나**는 종이 위에 씌어진 **나**일 뿐이다.

6) 작품은 일반적으로 소비의 대상이다. 나는 여기서 소위 소비 문화라고 불리는 것에 대한 선동적인 발언을 하려는 것은 전혀 아니다. 그러나 오늘날 책의 차이를 결정짓는 것은 독서라는 작업이 아닌 작품의 '질'(이것은 결국 '취향'에 대한 평가를 전제로 한다)이라는 사실을 인정해야 한다. '교양' 독서와 기차에서 하는 독서 사이에는 구조적으로 어떤 차이도 없다. **텍스트**(그 빈번한 난해성 때문이라 할지라도)는 작품을 소비로부터 구해 내(만약 작품이 그것을 허용한다면) 유희·노동·생산·실천으로 수용하게 한다. 이 말은 **텍스트**가 글쓰기와 글 읽기 사이에 존재하는 거리감을 파기할 것(적어도 축소시킬 것)을 요구한다는 뜻이다. 이것은 작품 안에서 독자의 투사를 강화함으로써

---

6) 전기(biographie)를 뜻하는 그리스어 어원은, 삶을 의미하는 bio와 문자·글쓰기를 의미하는 graphie의 합성이다.

가 아니라, 동일한 의미 실천 안에 글쓰기와 글읽기를 연결시킴으로써 가능하다. 쓰기와 읽기를 가르는 거리는 역사적이다. 사회적인 구별이 강력히 작용하던 시대에서(민주주의 문화 구축 이전에) 읽기와 쓰기는 동등하게 계급의 특권이었다. 그 시대의 최대 문학 약호였던 **수사학**은 쓰기를 가르쳤다(비록 그것이 일반적으로 생산해 낸 것은 텍스트가 아닌 담론이긴 했지만). 의미심장하게도 민주주의의 도래가 그 강령을 전도시킨 것이다. 오늘날의 **학교**(중등교육)가 자만하는 것은 더 이상 쓰기가 아닌 **읽기**(잘 읽는 것)를 가르친다는 것이다(이 결핍의 느낌이 오늘날 다시 유행이 된 것이다. 사람들은 선생이 학생들에게 '자신을 표현하는 방법'을 가르쳐 줄 것을 요구하나, 이것은 역으로 표현을 금지하는 것이나 다름없다). 사실, **소비**로서의 **읽기**는 텍스트와 **유희**하는 것이 아니다. '유희(jouer)'라는 말은, 여기서 그 모든 다의성(polysémie) 속에서 이해되어야 할 것이다. 우선 텍스트는 그 자체로써 **유희한다**(놀이가 가능한 문이나 기구처럼). 그리고 독자는 두 번 유희한다. 그는 **텍스트를 가지고 유희하며**(놀이의 의미에서), 그리하여 그것을 재생산할 실천을 추구한다. 그러나 이 실천이 수동적·내적인 **모방**이 되지 않게 하기 위해서(텍스트는 바로 이러한 축소에 저항한다) 그는 텍스트를 **연주한다**(jouer). 게다가 음악의 역사는('예술'이 아닌 연주로서의) **텍스트**의 역사와 아주 흡사하다. 능동적인 아마추어가 많이 존재하던 시대에서는(적어도 어떤 특정 계급에서) '연주'와 '감상'은 별차이가 없었다. 그러다가 점차적으로 두 개의 역할이 나타났다. 우선 부르주아 청중들이(물론 그들도 조금은 연주할 줄 알았다. 피아노의 모든 역사가 거기에 있다) 그 연주를 위임한 **연주자**의 역할과, 연주할 줄은 모르고 음악을 듣기만 하던 아마추어(수동적인)의 역할이 그것이다(지금은 레코드가 피아노를 대체한다). 그러나 오늘날 후기 계열적인(post-sériel) 음악은, 이런 '연주자'의 역할을 전복시켰다. 연주자는 일종의 공저자로서, 악보를 '표현한다기'보다는 악보를 완성하는 자이다. 텍스트도 이런 새로운 종류의 악보와 아주 유사하다. 그것은 독자에게 실질적인 협동을 요구한다. 이것은 아주 중대한 변화이다. 누가 작품을 연주/집행(exécuter)[7]한단 말인가(말라르메는 바로 청중이 책을 **생산하기**를 바라면서 그런 질문을 던진 적이 있다)? 그런데 오늘날에는 비평만이 작품을 집행/연주한다(내가 말장난하고 있다는 것을 인정한다). 현대적인 텍스트(난해한)나 전위적인 영화, 혹은 그림 앞에서 느끼는 '권태'는 바로 독서를 소비로 축소시키기 때문이다. 권태란 텍스트를 생산·유희·해체할 수 없다는 것을, **시동을 걸 수 없다는** 것을 의미한다.

7) 이것은 **텍스트**에 대한 마지막 접근, 즉 즐거움의 문제를 상정(제안)하게 한다. 나는 쾌락주의 미학이라는 것이 진정으로 존재한 적이 있었는지를 잘 알지 못한다(행복주의 철학이라는 것도 아주 드문 것이었다). 물론 작품의(몇몇 작품들에 대한) 즐거움은 존재한다. 나는 프루스트·플로베르·발자크를 읽고 또 읽는 데에 커다란 기쁨을 느낄

---

7) 프랑스어의 exécuter라는 말에는 연주하다·제작하다, 혹은 형을 집행하다라는 뜻이 있다.

수 있다. 알렉상드르 뒤마조차도. 그렇지 말라는 법이 어디 있단 말인가? 그러나 그 즐거움이 아무리 생생하고, 또 모든 편견에서 벗어난 것이라 할지라도 그것은 부분적으로는 (예외적인 비평의 노력을 제외하고는) 소비의 즐거움이다. 왜냐하면 그 저자들을 읽을 수 있다는 것은, 오늘날 그들처럼 **다시 쓸 수 없다**는 것을 의미하기 때문이다(오늘날 '그렇게(comme ça)' 쓴다는 것은 불가능하다). 다소간에 서글픈 이 인식은, 그 작품들의 멀어짐이 내 현대성을 상정하는 바로 그 순간에, 나를 그 작품들의 생산으로부터 분리시키기에 충분하다(현대적이란, 우리가 다시 시작할 수 없다는 것을 진정으로 인식하는 것이 아닐까?). 그런데 **텍스트**는 즐김에, 다시 말해 분리가 없는 즐거움에 연결된다. 기표의 범주에 속하는 **텍스트**는 나름대로 사회적 유토피아의 성질을 띤다. **역사** 이전에(역사가 야만성을 선택하지 않는다는 가정하에) **텍스트**는 사회적 관계의 투명성은 아니라 할지라도, 적어도 언어 관계의 투명성을 구현한다. **텍스트**는 어떤 언어도 다른 언어보다 우세하지 않으며, 그리하여 언어들이 자유롭게 순환하는(circuler. 이 단어의 순환적인 의미를 간직하면서) 바로 그 공간이다.

이 몇 개의 명제가 **텍스트론**(Théorie du Texte)의 분절을 다 구축하는 것은 아니다. 이것은 다만 필자의 능력 부족에 기인하는 것만은 아닌(게다가 그는 상당 부분을 자신의 주위에서 모색되고 있는 것들로부터 차용하였다), 텍스트의 **이론** 자체가 메타 언어적인 나열로 충족될 수 없기 때문이다. 메타 언어의 파괴, 혹은 적어도 메타 언어를 의문시하는 것이 바로 이 이론의 일부를 이룬다. **텍스트**에 대한 담론은 그 자체가 텍스트, 연구, 텍스트에 대한 작업일 수밖에 없다. 왜냐하면 **텍스트**는 어떤 언어도 무관하게 내버려두지 않으며, 어떤 언술행위의 주체도 심판·선생·분석자·고해신부·해독자의 입장에 두지 않는, 그런 **사회적** 공간이기 때문이다. **텍스트론**은 다만 글쓰기의 실천과 더불어서만 성립될 수 있다.

대 담

스티븐 히스와의 대담

히　스　당신은 지금 이전의 작업으로부터 당신을 갈라 놓는 거리감
　　　에 대해 말씀하시면서, 작가란 "과거에 쓴 텍스트들을 다른
　　　텍스트로 간주하여 다른 수많은 기호들에 대해 하는 것처럼
　　　그것들을 반복·인용·변형해야 한다"[1]고 하셨습니다. 게
　　　다가 당신은 한 지식의 역사, 즉 기호학에서 상대적인 자리
　　　를 차지하고 있다는 걸 항상 의식하고 있는 것처럼 보입니
　　　다(《모드의 체계》가 출판될 무렵, 이미 그 책은 당신에 의해 기
　　　호학의 역사처럼 인식되었습니다). 현재 당신의 관심사는 무
　　　엇이며, 어떤 점에서 그것이 당신의 과거의 작업을 발전시
　　　키며, 혹은 멀어지게 하고 있는지를 말씀해 주시겠습니까?
바르트　나는 기호학의 역사가 이미 존재한다는 사실에 자주 몰두해
　　　왔습니다. 아니, 보다 정확하게 말한다면 '생각해 왔다는' 표
　　　현이 더 맞을 겁니다. 왜냐하면 그것은 그리 고통스러운 걱
　　　정거리는 아니었으니까요. 엄밀한 서구적 의미에서의 기호학
　　　역사는 비록 10여 년밖에 안 되었지만, 그것은 아주 빠른
　　　속도로 진행되었습니다. 우리는 그것을 격앙된 역사라고까

---

* 이 대담은 《사인스 오브 더 타임즈 *Signs of the Times*》, 1971년에 〈A Conversation
with Roland Barthes〉라는 제목으로 발표된 것으로, 후일 《목소리의 결정 *Le grain de
la voix*》, Seuil, 1981에 재수록되었다.
1) 바르트, 〈드라마·시·소설〉, 《집합 이론 *Théorie d'ensemble*》, Seuil, 1968, 25쪽.

지 말할 수 있습니다. 기호학의 이런 격앙이 있었기에 기호
학은 10년 전부터 일련의 명제 · 반명제 · 단절 · 대립——
프랑스 기호학자들 사이에는 스타일의 대립만 있는 게 아니
라, 이데올로기적 대립도 점점 더 심해지고 있습니다——
으로 묘사될 수 있습니다. 그러므로 10년이라는 기간만으
로도 기호학의 역사는 가능하며, 또 그것은 필연적이기조
차 합니다. 내가 쓴 첫번째 기호학 텍스트에 의해(《신화학》의
후기는 1956년에 씌어졌습니다[2]) 나는 기호학의 탄생과 연결
되었으며, 따라서 내 작업의 부분적이고 제한된 차원에서 이
역사의 한 공간, 기호학의 역사적인 장의 한 부분을 차지하
고 있습니다. 요즈음 나는 내가 쓴 기호학 텍스트들을 한 권
의 책으로 묶을 생각을 하고 있습니다만, 내가 만약 그것을
출판하게 된다면 그것은 바로 역사처럼 제시될 것입니다.
그것은 **기호학의 작은 역사**[3]라고 불릴 수 있을 것입니다. 그
러므로 내 기호학적 작업을 통하여 단절 · 모순 · 진동 · 진
보 등——어쩌면 퇴보조차도——요컨대 그 모든 움직임
이 발견된다면, 그것은 당연하다 하겠습니다. 현재 내가 체

---

2) 《신화학 *Mytologies*》의 후기는 〈오늘날의 신화〉라는 제목으로 발표된 것으로
서, 《신화학》의 기호학적이고 이론적인 배경에 대한 방법론적인 장이다. 《신화
학》(1957) 《기호론 개요 *Eléments de Sémiologie*》(1965) 《모드의 체계 *Système de la
mode*》(1967)는 흔히 바르트 기호학의 3부작으로 간주된다.
3) 이 책은 바르트 사후에 《기호학적 모험 *L'Aventure sémiologique*》이라는 제목으로
1985년에 출간되었다.

험하는 기호학은 더 이상 기호학 역사 초기에 내가 보고, 상상하고, 실천했던 기호학은 아닙니다. 문학기호학에 관한 그 단절은 아주 명백하며, 그것은 정확히 말해 〈이야기의 구조적 분석 입문〉과 《S/Z》 사이에 위치합니다. 이 두 개의 텍스트는 사실 두 개의 기호학에 상응합니다. 이 돌연변이/변화(mutation)의 원인을(이것은 진화라기보다는 돌연변이입니다) 우리는 최근의 프랑스 역사(그렇지 말라는 법이 어디 있단 말입니까?)와 상호 텍스트성(intertextualité)――즉 나를 둘러싸고, 나를 동반하고, 나를 선행하고 혹은 내 뒤에 오는, 물론 그것과 더불어 내가 소통하는 텍스트들――에서 찾아볼 수 있을 것입니다. 그 텍스트들이 어떤 것인지는 인용하지 않겠습니다. 당신이 짐작할 수 있을 테니까요. 그것은 항상 똑같은 그룹, 똑같은 이름들을 반복하는 셈이 될 테니까요.

따라서 오늘날 기호학에서 내가 위치하는 자리를 규정하기란 무척이나 어렵습니다. 왜냐하면 우리가 글을 쓸 때에는 진정으로 우리가 어디에 있는지를 알지 못하며, 우리가 쓴 것이 발표되었을 때에는 이미 다른 곳에 가 있기 때문입니다. 그러나 당신의 질문을 회피하지 않기 위해 대답해 본다면, 현재 기호학이 당면한 문제는 기호학을 반복으로부터――기호학은 이미 반복의 희생물이 되어 있습니다――구하는 일이라고 할 수 있을 것입니다. 우리는 기호학적인 **새로움**을 생산해 내야 합니다. 독창성의 이유 때문이 아니라,

반복에 대한 이론적인 문제를 상정하는 것이 필요하기 때문입니다. 보다 정확히 말하자면, 내가 스스로에게 제기하는 기호학 문제는(이 점이 아마도 내가 다른 연구가들과 다른 점일 것입니다. 비록 그들이 나와 가까운 사람들이기는 하지만) 기호학과 이데올로기 혹은 反이데올로기, 즉 기호학과 정치의 관계를 보여주는 것이 아니라, 서구의 상징계와 그 담론의 균열에 대한 일반적 · 체계적 · 다가적(polyvalent) · 다차원적인 시도를 추구하는 것이라 할 수 있습니다. 이런 점에서 본다면, 현재 내 관심사를 가장 잘 보여주는 것이 최근에 쓴 텍스트, 비록 그것이 이론적인 것과는 무관하다 할지라도 일본에 관한 책이라는 것은 당연하다 하겠습니다.

내일의 작업이 어떻게 될 것인가? 내 욕망에 문의해 본다면──이것은 작업을 위한 좋은 척도입니다──나는 내가 어디서 작업하고 싶은지를 압니다. 그것은 바로 기표입니다. 나는 기표 안에서 작업하기를 욕망하며, 글쓰기(이 단어의 조금은 퇴행적인 불순물을 인정합니다. 글쓰기의 행위라는 개념에는 과거의 것, 즉 문체론 같은 것이 있을 수 있다는 사실을 배제하지 않습니다)를 욕망합니다. 달리 말하면, 나를 진정으로 매혹시키는 것은 '소설이 없는 소설적인 것(romanesque sans le roman)' [4]이라고 내가 부른 것, 작중인물이 없는 소설적인 것을 쓰는 것입니다. 즉 삶에 대한 글쓰기 말입니다.

---

4) 《S/Z》, Seuil, 1970, 11쪽.

게다가 그것은 내 자신의 삶의 한순간, 이를테면 내가 《신화학》을 쓸 무렵의 순간일 수도 있습니다. 그것은 새로운 '신화학'이 될 것이나 이데올로기적 고발에는 덜 직접적으로 가담하는, 따라서 기의에 덜 가담하는, 즉 기표 쪽으로 더 많이 나아가고 몰입한 더 모호한 신화학이 될 것입니다.

히　스　당신은 기호학의 역사를 격앙된 역사라고 말씀하셨습니다만, 이 격앙이 기호학 자체를 회수(récupération)로, 상투적인 것으로 이르게 한 것입니까?

바르트　'회수'라는 느낌은 우리가 가진 이데올로기적 감수성의 정도에 달려 있습니다. 만약 우리의 이데올로기적 감수성이 크다면, 현재 기호학은 성공을 거두고 있으므로 회수되어 가는 중이라는 것은 명백합니다. 왜냐하면 성공이란 제도권의 공모 없이는 이루어질 수 없기 때문입니다. 기호학은 유행이라는 측면에서 성공하였고, 또 교육적인 측면에서도 상당한 성공을 거두었습니다. 그것을 입증하는 사실들은 많습니다. 기호학 교육이 모색되고 있고, 또 요구되고 있으니까요. 그런데 제도권이 개입하기만 하면, 거기에는 실제로 회수가 있다고 말할 수 있습니다. 이외에도 기호학 안에는 이런 회수를 용이하게 하는 요소들이 아주 빨리 나타났습니다. 이것은 어떤 사악한 의도에서 하는 비판은 전혀 아닙니다. 나는 그걸 원치 않습니다. 그러나 의도의 기호학, 혹은 객관적이고 '과학적인' 포장의 기호학은 제도적인 성공의 씨앗을 내포하고 있다고 말할 수 있습니다. 그리고 이것은 과학성이 존중되는 사회에서는 당연한 일입니다.

히　스　당신은 《기호론 개요》에서 소쉬르의 《일반 언어학 강의》 제
4장에 대해 설명하면서——소쉬르가 의미는 하나의 질서
이나 그 질서는 본질적으로 분리(당신 자신의 말을 인용하자
면)인 까닭에, 언어체(langue)를 분절의 영역이라고 강조한
부분——기호학을 새로운 과학, 즉 '관절학(arthrologie)' 또
는 '분할의 과학(science des partages)'[5]으로 흡수할 것을 제안
하였습니다(유토피아적으로). 그런데 최근에 당신은 언어학
과 문학의 관계에 대한 한 토론의 맥락에서, 담론의 기호학
이 언어학적 모델에 제기하는 몇 가지 문제가 되는 주제들
을 지적하였습니다. 또 데리다의 작업을 참조하면서[6] 언어
학(역사적으로 말(parole)에 관한)의 격앙 가능성에 대해 언급
하셨습니다. 데리다의 작업과 소위 당신이 관절학이라고 명
명한 과학의 실현 사이에는 관계가 있습니까? 당신이 '기호
학의 작은 역사'라고 명명한 것 안에 데리다의 작업을 어떻
게 위치시키십니까?

바르트　나는 데리다가 하나의 학문을 구축하고자 했다는 것을——
생각했다는 사실조차도——결코 인정하지 않으리라고 생
각합니다. 게다가 나 역시 마찬가지입니다. 사실 나와 관계

---

5) 〈기호론 개요 Eléments de Sémiologie〉, 《코뮈니카시옹 Communications》, n° 4, 114
쪽. 1965년 Denoël 출판사에서 동일한 제목의 책으로 출간되었다.
6) 〈언어학과 문학〉, 《랑가주 Langages》, n° 12, 1968, 3-8쪽

된 것으로 말하자면, 그것이 문학과학 혹은 관절학·기호학에의 호소이든 간에, 그것은 항상 모호하고도 꼬인 방식으로 행해져 왔습니다. 나는 그것이 자주 날조된 것이었다고까지 말할 수 있습니다. 게다가 나는 《비평과 진실》에서 문학과학에 대해 말하기는 했습니다만, 모호함이나 생략에 주의를 기울이는 사람들은 알아볼 수 있도록 '만약 그것이 언젠가 존재한다면'[7]이라는 말을 괄호 안에 집어넣음으로써 그 문장을 아주 의도적으로 구성하였습니다. 그러나 사람들은 일반적으로 그 사실을 알아보지 못했고, 그 점에 대해 애석하게 생각합니다. 이 말은 문학에 관한 담론이 과학적인 것이 될 수 있다고는 결코 생각하지 않았다는 뜻입니다. 과학에의 호소는 결코 심리적인('객관성'의 몇몇 가치에 대한 존중) 모델이나 실증적, 혹은 비은폐적인(aléthique. 진리의 탐색)[8] 모델에 의해 구상될 수는 없습니다. 실상 우리가 받아들일 수 있는 유일한 과학적인 모델은, 아마도 알튀세의 마르크스에 대한 연구와 같은 마르크시스트적인 과학의 모델일 것입니다. 알튀세가 마르크스에 대해 진술한 오늘날의 과학을 출현케 하고, 과학을 이데올로기로부터 벗어나게 한

---

7) 《비평과 진실 Critique et Vérité》, Seuil, 1966, 57쪽.
8) 여기서 비은폐적이라고 옮긴 프랑스어의 aléthique라는 말은 하이데거의 alétheia에서 나온 말로, 탈격 a와 망각을 의미하는 lethe의 합성어이다. 일반적으로 이 말은 진리의 드러냄을 뜻한다. 따라서 이 텍스트에 나오는 non aléthique라는 말은 은폐적이라고 옮긴다.

그 '인식론적 단절' 말입니다. 우리가 과학을 참조해야 한다면, 물론 그런 방향에서 해야 할 것입니다. 그러나 현재로서는 기호학이 그런 지점에 도달해 있다고는 생각하지 않습니다. 어쩌면 줄리아 크리스테바의 작업만이 예외일지 모르겠습니다만.

이런 분리 혹은 불연속성의 과학, 조금은 내가 풍자적으로 '관절학'이라고 명명한 것으로 말하자면, 내게는 이런 불연속성이나 배합의 개념이 아주 중요하며, 생생하다는 걸 의미합니다. 삶의 매순간마다 거리에 나가거나, 말하거나, 반응할 때마다, 나는 매순간 이런 불연속성과 배합의 사유 쪽에 있는 자신을 발견하게 됩니다. 나는 지금도 여느 때처럼 경탄해 마지않는 브레히트가 중국의 그림에 관해 쓴 텍스트를 읽고 있습니다만, 그는 거기서 중국화는 사물들을 나란히 옆에 배치시킨다고 말했습니다. 그 표현은 아주 단순하면서도 아름다우며 진실된 것입니다. 요컨대 내가 추구하는 것도 바로 이 '옆에 있는 것(à coté de)'을 체험하는 것입니다.

히　스　그것이 바로 《기호의 제국》에서 당신이 시도하려고 했던 것이 아닙니까?

바르트　그렇습니다. 그것은 아주 단순한, 전혀 혁명적인 것이 아닌 것처럼 보입니다만, 그러나 우리가 잠시 인문과학이 사유하고 개념화·공리화·언술화하는 방식에 대해 생각해 본다면, 그것이 절대적으로 진정한 불연속성의 사유에 익숙해 있지 않다는 사실을 알 수 있을 것입니다. 그것은 아직도 연속성의 초자아, 즉 진화·역사·계보 등의 초자아에 의해 지배되고 있습니다. 그러므로 불연속성의 사유에 대한 모든 심오한 연구는 본질적으로 이단적이고, 혁명적인/회귀적인 (révolutionnaire)[9] 것입니다. 이 단어의 본래의, 필연적인 의미에서.

히 스 제가 만약 당신의 관절학에 대한 공리와 데리다의 작업을 관련지으려 했다면, 그것은 다만 이 공리가 '유토피아적으로' 만들어졌다는 사실을 지적하고 싶었기 때문입니다. 왜냐하면 데리다가 '그라마톨로지'라고 지칭한 학문은 소위 부정적으로 행해지는 학문, 결코 그 자체가 하나의 학문으로 구축됨이 없이 형이상학적인 담론을 질문하고 해체하는 것이기 때문입니다. 이런 맥락에서 당신이 조금 전에 말씀하신 일본에 관한 텍스트가 현재 당신에게 가지는 중요성으로 돌아가 본다면, 《기호의 제국》에서 당신이 실천한 글쓰기는 당신을 붙잡고 있는 서구(西歐)의 기의를 해체하기 위해——이렇게 말할 수 있다면——일본에서 온 기표들의 망 안으로 당신을 이동시키는 것이라고 할 수 있습니다. 바로 이런 해체, 탈중심화로서의 글쓰기의 체험을 나는 데리다의 그라마톨로지라는 그 어려운 담론 옆에서 나란히 읽고

---

9) 혁명을 의미하는 프랑스어의 révolution은 라틴어 revolutio에서 유래하는 것으로, 그 의미는 회귀·순환·주기적인 회전이라는 뜻이다.

싶었던 것입니다. 데리다의 담론 역시 파괴의 부정적 이미지 안에서만 실현되는 '저 너머(형이상학의)'를 겨냥한다는 점에서 유토피아적인 것으로 정의될 수 있기 때문입니다.

바르트 정확히 그렇습니다. 내가 데리다에게 빚진 것이나, 나말고 다른 사람들이 데리다에게 빚진 것 외에도, 특별히 나를 그에게 근접시키는 것은——이렇게 말할 수 있다면——니체가 '니힐리즘'이라고 부른, 그런 역사적 단계에 참여한다는 (참여하고 싶다는) 느낌입니다.

히   스 구조적 시학의 가능성에 대한 한 평론에서 토도로프는 이런 시학의 대상을 '문학이라는 특정 담론의 속성'에 관한 물음으로 규정했습니다. "따라서 모든 작품은 보다 일반적이고 추상적인 구조의 발현으로만 간주되는데, 이런 작품은 여러 가능한 실현 중의 하나에 불과하다"[10]라고 말하고 있습니다. 그 말에는 어떻게 보면 좀 과장된 면이 있기는 합니다만, 어쩌면 당신이 그 '활성자'라고도 할 수 있습니다. 전특히 이야기의 구조적 분석에 관한 당신의 연구를 두고 하는 말입니다. 사실 토도로프는 자신의 시학이라는 용어 사용이, 당신이 《비평과 진실》에서 '문학과학'이라고 부른 것에 거의 일치한다고 말하고 있습니다.

그런데 최근에 와서 당신은 '텍스트 생산의 재생산'을 연구

---

10) 토도로프, 《구조주의란 무엇인가 Qu'est-ce que le structuralisme?》, 〈2. Poétigue〉, Seuil, 1968, 102쪽.

대상으로 제안하면서, 특히 "각각의 텍스트는 그 자신의 모델이다"[11]라고 언명하며, 《S/Z》의 서두에서 이런 과학적 시학으로부터의 거리감을 분명히 하고 있습니다. 당신은 이 수정을 구조적 시학의 필연적 발전으로 생각하십니까? 아니면, 보다 근본적인 변화라고 생각하십니까? 이런 맥락에서 당신의 〈사라진느〉 분석을 어떻게 위치시키십니까? 구조주의 접근은 문학 텍스트를 연구 대상으로 삼으면서 어떤 점을 수정해야 하였습니까?

바르트   여기서 우리는 조금 전에 말한 기호학의 격앙으로 다시 돌아가게 됩니다. 거기에는 단절이 있으며, 당신이 지적한 것처럼, 나는 그 단절을 〈이야기의 구조적 분석 입문〉과 《S/Z》 사이에 위치시키고 있습니다. 사실 내가 〈이야기의 구조적 분석 입문〉에서, 하나의 일반적 구조에 호소하며 거기서부터 다른 모든 텍스트들의 분석이 가능하다고 말하였을 때나, 이야기의 문법 혹은 이야기의 논리를 재구성함으로써 얻을 수 있는 이점을 제시하였을 때나(그 시기에 나는 실제로 그런 문법을 믿고 있었습니다. 그 사실을 부정하지는 않습니다), 그것은 한 번 더 내가 《비평과 진실》에서 말한 다음과 같은 사실을 강조하기 위해서였습니다. 즉 문학의 전통적 개념에 의해, 특히 대학비평과 문학사에 의해 학생과 연구가들에게 부과된 초자아는 '과학적'이기를 바라는 초자아라는 점을.

---

11) 1969년 5월 22일의 세미나에서.

그들은 신비평에 대한 논쟁에서 신비평을 과학성이 결여된 인상주의적이고 주관적인 노작이라고 거부하였지만, 실은 이 대학비평이라는 것이 전혀 과학적인 것이 아닌데도 말입니다. 나는 이야기를 연구하면서, 문학과학은———한 번 더 **반복하지만 만약 그것이 언젠가 존재한다면**———전통적 측면(줄거리나 내용)이 아닌 담론의 형식에 관한 학문 쪽에서 모색되어야 한다는 생각을 발전시켰습니다. 바로 이런 관점이, 당신이 조금 전에 지적한 대로 토도로프 같은 이의 작업의 전제가 된 것입니다.

그러나 《S/Z》에서 나는 이런 전망을 역전시켰습니다. 왜냐하면 여러 개의 텍스트, 하물며 모든 텍스트를 초월하는 모델이라는 개념 자체를 거부했기 때문입니다. 당신이 조금 전에 말한 것처럼 각각의 텍스트는 어떻게 보면 그 자신의 모델입니다. 달리 말하면 각각의 텍스트는 그 차이 속에서 다루어져야 하지만, 이 차이는 바로 니체나 데리다적인 의미로 이해되어야 할 것입니다. 달리 말해 보지요. 텍스트는 끊임없이 도처에서 약호들로 관통되나, 그것은 한 약호의 완성도(이를테면 서술적 약호), 한 언어체의 (서술적인) 말(parole)도 아닙니다. 비평가나 독자 들의 견해와는 무관하게 《S/Z》는 내게 중요한 책입니다. 글을 쓸 때 우리는 자신이 쓰는 책에 대해 어떤 느낌을 갖기 마련입니다만, 내가 쓴 책 중에서 오늘날 내게 별로 중요하지 않은 책들도 있습니다(그렇다고 해서 그 책을 부정하는 것은 아닙니다만). 그러나 내가 좋아하는 책들, 혹은 내게 중요한 책들도 있습니다. '내가 좋아하는 책'이라고 말했을 때, 그것은 그저 '참을 만하다는' 뜻입니다. 그런 책들 중에는 사람들이 거의 언급하지 않는 《미슐레 평전》이 있습니다. 《글쓰기의 영도》는 보다 참기 힘든 책입니다만, 오늘날 문학사나 비평사 안에 가장 잘 편입된 책입니다. 《S/Z》가 내게 중요한 책이라면, 그것은 실제로 거기서 하나의 돌연변이/변화(mutation)를, 내 자신에 대한 어떤 변화를 시도하는 데 성공했기 때문입니다. 이 변화는 어디서 온 것일까요? 물론 그것은 한 번 더 다른 사람들로부터 온 것입니다. 내 주위에는 많은 연구가들, 즉 데리다나 솔레르스·크리스테바 같은 '입안자들(formulateurs. 물론 그것은 항상 똑같은 이름들입니다만)'이 있습니다. 그들은 내게 많은 것을 가르쳐 주었고, 익숙하게 하였고, 또 설득시켰습니다. 게다가 《S/Z》에서 이룩한 이 이론적인 변화는, 내가 조작의 압력 혹은 한정이라고 부르는 것에서 왔다고 생각합니다. 비교적 짧은 텍스트를 **가지고** 조작하면서(opérer)——차라리 하나의 텍스트를 조작한다고 말하고 싶습니다만——나는 운 좋게도 몇 달 동안이나 30여 페이지에 머무를 수 있는 권리를 스스로에게 부여할 수 있었습니다. 이렇게 텍스트를 진정 '한 걸음 한 걸음(pas à pas)' 답사하다가 이론적인 변화가 내도한 것입니다. 나는 개인적으로 참 운이 좋았습니다(독자에 대해서가 아니라, 다시 한 번 말하지만 나 자신에 대해서). 텍스트를 '한 걸음 한 걸음' 접근하려고 구상한 직관이나 인내심, 혹은 반대로 순진함을 가졌다는 게 말입니다. 바로 이것이 이론적인 변화를 결정했다고 생각합니다. 나는 대상에 대한 지각 층위를 바꾸었고, 그렇게 함으로써 대상 자체를 바꾸었습니다. 지각 구조에서 지각 층위를 바꾸는 것은 결국 대상을 바꾸는 것이라는 건 이미 잘 알려진 사실입니다. 디드로의 《백과전서》에 삽입된 삽화만 생각해 보아도 잘 알 수 있습니다. 그 삽화는 당시 혁명적이라고까지 할 수 있는, 그 시대의 현미경으로 본 1/2제곱미터로 확대된 벼룩이었는데, 그것은 실제의 벼룩과는 전혀 다른 그 무엇(초현실주의적 대상)이 되었습니다. 지각 층위의 변화는 일종의 마술 거울처럼 대상을 확대합니다. 이처럼 텍스트를 '한 걸음 한 걸음' 나아가면서 나는 대상을 바꾸게 되었고, 그리하여 우리가 조금 전에 말한 그 이론적인 변화에 도달하게 된 것입니다.

히 스 '한 걸음 한 걸음'에 의해 실현된 이런 전망의 변화는 당신의 〈사라진느〉 독서를 함의(connotation)의 세계로 편입하게 하였고, 또 사실 당신은 《S/Z》의 앞부분에서 이 함의를 고전적인, 읽혀지는 텍스트에 접근하기에 적합한 도구라고 말씀하셨습니다. 그렇게 함으로써 당신은, 당신의 모든 연구의 일반적 대상이라고 할 수 있는 함의체계, 즉 당신이 그 의미 작용의 사행(procès)을 연구한 적이 있는 그런 사회학적 수사학에 합류하고 있습니다(이처럼 당신은 〈사라진느〉를 읽으면서, '자연으로서의 언어에(au langage comme nature)'[12] 텍스트가 신화적으로 회귀하는 것을 연구하였습니다. 이와 유사한 역전을 우리는 《신화학》에서도 찾아볼 수 있습니다). 따라서 두 가지 질문을 하겠습니다.

1) 이 함의의 약호 분석이 문학과 사회의 관계를 포착하기 위한 유효한 시도의 장소처럼 제시되었으므로(저는 여기서 특히 당신이 브뤼셀 토론회에서 발표한 〈수사학적 분석〉을 두고 하는 말입니다), 《S/Z》는 부분적으로 이런 방향으로 나아가기 위한 첫번째 시도가 아닌지? 또 이 시도는 장차 어떻게 발전될 것인지? 읽혀지는 텍스트에 대한 유형학을 구축하려는 것인지(당신이 발자크의 텍스트에서 발견한 그 작업중인 '작품'의 약호들은 다른 모든 읽혀지는 텍스트에 공통된 것인지)?

2) 저는 줄리아 크리스테바의 다음과 같은 구절을 인용하고자 합니다. "현재 기호학이 당면한 문제는 **소통**의 관점에서 기호학체계를 공리화하기를 계속하든가(조금 투박한 비교를 해본다면 리카도가 분배와 소비의 관점에서 잉여가치를 파악하려 했던 것처럼), 아니면 소통의 문제 내부에(그것은 필연적으로 모든 사회학적 문제이기도 한) 의미에 선행하는, 의미 생산의 다른 장을 열게 하는 것이 그것이다. 우리가 만약 후자의 길을 택한다면, 두 가지 가능성이 제시된다. 하나는 측정할 수 없는 개념(노동·생산·문자·흔적·차연)의 배경 위

---

12) 《S/Z》, 16쪽.

에 연구된 의미체계로부터 측정할 수 있는 따라서 재현될 수 있는 양상을 분리하는 것이고, 다른 하나는 새로운 개념이 틀림없이 야기하게 될 새로운 과학적 문제를 구축하는 것이 그것이다(과학이 또한 이론이라는 점에서……)."[13] 읽혀지는 고전적인 텍스트의 한계와 동시에 그 복수태를 설정하는 함의체계에 대한 연구 범주에 편입되는 《S/Z》는, 《기호론 개요》에서 묘사된 그런 과학적인 접근의 모델 아래 위치하는 것처럼 보입니다(함의의 언어에 대해 말하는 과학적 메타언어). 그러나 또한 《S/Z》 자체가 텍스트로서 읽혀진다는 것은 명백합니다. 당신이 크리스테바의 《세미오티케》에 대해, 이론과 글쓰기가 정확히 동질적인 책이라고 지적하신 것처럼 말입니다.[14] 제 질문을 표현하기가 무척이나 힘이 듭니다만, 제가 조금 전에 인용한 크리스테바의 구절과 관련지어 《S/Z》를 위치시켜 주신다면, 그 질문이 보다 분명해질지도 모르겠습니다.

바르트　당신의 첫번째 질문은, 기호학이 함의의 개념을 매개로 일종의 문학사회학이라 할 수 있는 것에 복귀할 수 있을까 하는 문제라고 생각합니다. 여기서 우리는 사회학의 인식론적 문제에 대해서는 논의하지 맙시다. 그것은 이제 정치적이고 이데올로기적 관점에서 지극히 비판을 받고 있는 학문입

---

13) 줄리아 크리스테바, 《세미오티케 Sèméiotikè》, Seuil, 1969, 38–39쪽.
14) 〈낯선 여인〉, 《라 캥젠 리테레르 La Quinzaine littéraire》, 1970, 5/1–15, 19쪽.

니다. 그러므로 그 점에 대해서는 언급하지 않겠습니다. 그것이 **사회학** 혹은 그 무엇으로 불리든 간에 내게는 별로 중요하지 않습니다. 실제로 《S/Z》 안에는 약호들의 표출에 의해——물론 대략적이긴 합니다만——사회학적인 탐색이 가능합니다. 내가 지적한 다섯 개의 약호 가운데 적어도 네 개, 즉 행위(행동의 약호) · 의미소(심리적 의미소의 약호) · 문화(지식의 약호) · 해석학(탐색, 진실의 추적, 해결책의 약호)의 약호는 사회학에 관계된, 혹은 관계될 수 있는 것들입니다. 우리는 발자크를 문화적 상호 텍스트성(앎의 지시물)에 의해 다시 읽을 수 있습니다. 그것은 발자크 텍스트의 조금은 조밀하고도 무거운 지층——왕왕 둔중하며 구역질나는 것이라고 말하지 않는다면——을 장식합니다. 이것은 좋은 문제 접근 방식이 될 수 있습니다. 왜냐하면 그것은 문화적 약호의 문제가, 각각의 작가를 어떤 다른 방식으로 새겨 놓았는지를 이해하게 해줄 것이기 때문입니다. 이를테면 플로베르 역시 문화적 약호에 사로잡혔으며, 또 그 약호로 진정 오염되었지만 발자크와는 정반대로 아이러니와 표절, 가상의 모호한 태도로 그것에서 벗어나려고 노력했으며, 바로 이것이 모든 사람들이 현대적인 책으로 간주하는 저 현기증나는 책 《부바르와 페퀴셰》를 탄생케 했습니다. 그러므로 문학기호학으로부터 일종의 문화사회학이라 할 수 있는 것은 가능합니다. 그러나 한 번 더 말하지만 바로 그런 점에서 내가 상호 텍스트적인 감수성, 상호 텍스트에 대한 감수성이라고 부르는 것을 활용할 수 있고, 또 활용해야만 하는 조금은 새로운 문학사회학을 구상할 필요가 있습니다. 우리가 상호 텍스트성에 대한 감수성을 가지고 있다면, 지극히 새로운 작업을 할 수 있으리라 생각됩니다. 이런 상호 텍스트적 분석의 첫번째 규칙은, 이를테면 상호 텍스트가 원천(source)의 문제가 아니라는 점을 이해하는 것입니다. 원천이란 명명된 기원이지만, 상호 텍스트는 식별할 수 있는 기원이 부재하는 것이기 때문입니다.

또한 《S/Z》에는 내가 **상징적** 약호라고 부른 다섯번째의 약호가 있습니다. 이 약호는 그 이름이 말하듯이 일종의 잡동사니 주머니 같은 약호입니다. 나는 그것을 감추지 않습니다. 그렇지만 아마도 이 상징적 약호의 차원에서 작품의 질이라고 부를 수 있는 것, 혹은 가치조차도———이 단어에 아주 진지한 의미를 부여한다면(거의 니체적 의미에서)———결정됩니다. 작품의 가치 척도는 대체로 상투적인 것에서 상징적인 것으로 넘어가는 것이라고 할 수 있습니다. 우리는 이 문제를 이를테면 대중 문화 쪽에서 연구해 볼 수 있습니다. 실상 거기에는 상투적인 것, 혹은 **강력한 일반 견해**(endoxa. 아리스토텔레스의 용어로 강력한 여론)는 많으나 상징적인 것은 빈약합니다. 반대로 고전 작품에는(나는 상징적인 것에 대해 다른 관점을 갖고 있는 현대 작품에 대해서 말하는 것이 아닙니다. 그리고 여기서 고전 작품이란, 물론 낭만주의 작품을 포함해서 하는 말입니다) 상징적인 것이 지배합니다. 그 풍요로움이나 조밀함·개화뿐만 아니라, 그것의 꼬인(retors) 성격에 의해서도 그렇습니다. 요컨대 바로 이것이 작품의 질적 차이를 만들며, 어쩌면 저 끔찍한 질문, 즉 좋은 문학 혹은 나쁜 문학이 진짜 존재하는지, 그리고 구조적 기준에 의해 그것을 식별하는 것이 가능한지라는 물음에 대답하게끔 하는 것입니다.

당신의 두번째 질문에 대해 말하자면, 질문을 너무도 잘하셨기 때문에 쉽게 대답할 수가 없군요. 따라서 조금 모호한 대답을 하겠습니다.

줄리아 크리스테바의 첫번째 정의, 즉 "측정할 수 없는 개념의 배경 위에 연구된 의미체계로부터 측정할 수 있는, 따라서 재현될 수 있는 양상을 분리하는 것"이라는 말은 《S/Z》에 일치합니다. 왜냐하면 《S/Z》는 발자크의 중편소설 〈사라진느〉의 재현처럼 읽혀지거나 이해될 수 있기 때문입니다. 거기에는 분석이나 약호·용어의 나열이 있습니다. 그것은 분석적 재현이기는 하지만, 그래도 재현은 재현입니다. 게다가 《S/Z》를 재현으로 읽을 수 있는 증거로서, 나는 솔레르스의 《S/Z》에 관한 독서를 제시할 수 있습니다. 그것은 재현의 독서입니다. 솔레르스는 《S/Z》를 재현으로 간주했기에 정치적·역사적·이데올로기적 관점에서——강력하고도 예리한——그 책을 주해하고, 통합하고, 해독할 수 있었던 것입니다. 그러나 다른 한편으로 바로 이것이 그 모호함의 두번째 양상입니다만, 《S/Z》는 끝까지 완전히 재현은 아니라는 점입니다. 즉 그것은 분석적 주해가 아닙니다. 왜냐하면 당신이 지적한 것처럼 《S/Z》는 **씌어진** 것이기 때문입니다. 이 점에 대해서는 여러 번 설명한 적이 있습니다만, 이 말은 《S/Z》가 잘 씌어졌다는 말은 아닙니다. 물론 문체(style)의 요구를 너무 빨리 무시해서도 안 되겠지만, 문제는 거기에 있는 것이 아닙니다. 《S/Z》가 문체의——이 단어의 전통적 의미에서——몇몇 가치에 복종하고 있다는 사실은 매우 중요합니다. 왜냐하면 문체란 **지식서사적인 글쓰기**(écrivance)의 거부로서, 글쓰기(écriture)의 시작이기 때문입니다. 문체를 인정한다는 것은 곧 단순한 도구로서의 언어를 거부하는 것이며, 따라서 글쓰기의 시작입니다. 그러나 특히 《S/Z》가 글쓰기의 행위를 드러낸다면, 그것은 단지 문장을 제조하는 차원만이 아닌, 예전에 사람들이 구성(composition)이라고 불렀던 것——즉 조립, 독서 단위(lexie)의 조립, 이런 독서 단위들에 대한 주해, 이탈 등——에 대해 많이 작업했기 때문입니다. 그 책을 쓴 순간으로 돌아가 본다면(나는 그 책을 쓰고 또 쓰고, 열정적인 관심을 가지고 많은 노력을 기울였습니다), 일반적으로 사람들이 사상이라고 부르는 것을 발견한 순간에 대해서는 전혀 기억이 나지 않지만, 조립과 더불어 싸우던 순간은 생생히 기억합니다. 바로 그런 이유로 나는 그 책을 씌어진 것으로 간주하는 것입니다(게다가 바로 그런 이유로 《S/Z》라는 책은, 그 책을 쓰기 전에 내가 빠리고등연구실천학교에서 한 세미나의 《S/Z》와는 전

혀 다릅니다. 비록 그것이 개념적으로는 동일한 질료로 만들어
졌다 할지라도). 《S/Z》가 씌어진 것이라면, 그것은 분석적 주
해에서 벗어나 텍스트 생산에 참여합니다. 게다가 《S/Z》에
대해 두 종류의 반응이 있었다고 말할 수 있습니다(나는 반
응의 형태에 대해 말하는 것입니다). 하나는 신문이나 잡지의
서평에 의한 전통적 유형의 반응으로서, 책이 사회적 유희
로 작용하기 위해서는 당연히, 절대적으로 필요한 것입니
다. 그리고 두번째 반응의 형태는 편지에 의한 것으로, 나는
독자들로부터 많은 편지를 받았습니다. 그 중에는 내가 모
르는 사람들도 있었는데, 그들은 《S/Z》의 독서에서 출발하
여 다른 의미들을 발견함으로써 내가 발견한 의미들을 증식
시켰습니다. 그들은 이러한 독서 단위에는 이와 같은 함의
를 발견할 수 있을 텐데라고, 자주 지적이고도 여하튼 정의
상 결코 반박할 수 없는 방식으로 말했습니다. 내게 있어 내
작업의 진정한 의미는 첫번째 반응이 아닌, 바로 그 편지들
에 있다고 말할 수 있습니다. 왜냐하면 그 편지들은 비록 미
약하게나마 내가 무한한 주해, 아니 오히려 계속 돌아가는
달력처럼 지속적인 주해를 생산하는 데 성공했다는 것을 보
여주기 때문입니다.

히   스   당신은 상호 텍스트성의 개념에 대해 말씀하시면서 "만약
        문학이 글쓰기들의 대화라면, 그것은 물론 모든 역사적 공
        간이 완전히 새로운 방식으로 문학 언어 안에 복귀한다는
        것을 의미한다"[15]라고 하셨습니다. 바로 이것이 《글쓰기의

영도》가 그 서문에 불과하다고 언명하신 문학 형태의 역사
가 나아갈 방향입니까?

바르트 어떤 점에서 그후부터 내가 해온 것은 글쓰기의 역사입니
다. 문제는 《글쓰기의 영도》를 쓸 무렵 나는 보다 전통적인
역사를 생각하고 있었으며, 역사에 대한 새로운 생각이 전
혀 없었다는 점입니다. 내가 생각한 글쓰기의 역사는 실상
문학사의 모델을 따른 것이었으며, 다만 그 대상을 이동한
것에 불과했습니다. 그후 물론 많은 것들이 변했습니다. 어
려운 점은, 이제 역사 담론에 대해 우리가 다른 요구를 하
게 되었다는 점입니다. 아마도 바로 거기에 오늘날의 사유
체계, 전위적인 사유에서조차도 조금은 금지된 문제가 있습
니다. 그것은 역사 담론에 대해 진정으로 재사유함 없이, 역
사 주위만 맴돌고 있다는 점입니다. 이제 우리는 역사 담론
을 구상해 볼 수 있을까요? 나는 역사에 대한 개념을 말하
는 것이 아니라 역사 담론, 즉 있는 그대로 순진하게 자신을
제공하지 않는 담론을 말하고 있습니다. 그것은 어떤 것일
까요? 그것은 어떤 저항에 부딪히게 될까요? 등. 우리가 제
기해야 할 질문들은 바로 그런 것들입니다. 요컨대 나는 항
상 역사를 우리가 점령해야만 하는 일종의 보루처럼 느끼고
있습니다. 그것은 사람들이 조금은 투박하게 구조주의를 비
난하는 것처럼 역사를 약탈하기 위해서가 아니라, 그 성벽

15) 〈대담〉, 《레 레트르 프랑세즈 *Les Lettres françaises*》, 1967, 3, 3/2-8, 12쪽.

을 무너뜨리기 위해, 즉 역사 담론을 깨부수고 **다른** 담론으로 변형시키기 위해서입니다. 그 안에서 역사는 부재하지 않지만, 그것은 더 이상 역사 담론은 아닐 것입니다. 글쓰기의 역사와 관계될, 이 다른 역사 담론은 과연 어떤 것일까요? 아직 나는 모릅니다. 하지만 이미 푸코의 작업을 통하여 우리는 어떤 생각을 가져 볼 수 있으리라 생각합니다.

히 스 당신이 텍스트 이론이기를 바란, 〈사라진느〉의 분석은 필연적으로 독서에 대한 강의처럼 보입니다(게다가 탈신화적인 독법을 가르친 《신화학》 이후, 당신의 모든 저술은 독서에 대한 예비 교육처럼 정의될 수는 없을는지요?). 당신의 연구가 독서에 대한 일반 이론의 범주 안에 포함된다고 생각하십니까? 이런 이론을 구축함에 있어 그 문제점이나 방향은 무엇입니까?

바르트 사실 내가 《S/Z》에서 시도하려고 했던 것은 글쓰기와 글읽기의 개념을 동일시하는 것이었습니다. 나는 그것들을 각각의 안에다 '빨아넣으려고' 했습니다. 게다가 나만이 그런 것은 아닙니다. 이것은 현재 모든 전위적 움직임에서 통용되는 주제입니다. 한 번 더 말하지만 문제는 글쓰기에서 글읽기로, 혹은 문학에서 글읽기로, 혹은 저자에서 독자로 넘어가는 것이 아니라 조금 전에 말한 것처럼 대상의 변화, 지각 층위의 변화에 있습니다. 글쓰기와 글읽기는 함께 구상되어야 하며, 함께 작업하고, 함께 정의되고, 또 재정의되어야 합니다. 만약에 우리가 그것들을 계속해서 분리한다면(게다가 사람들은 아주 엉큼하고도 교묘한 방식으로 끊임없이 글쓰기와 글읽기를 분리하는 방향으로 나아가고 있습니다), 어떤 일이 일어날까요? 만약 글쓰기에서 글읽기를 고립시킨다면, 우리는 다만 사회학적 혹은 현상학적 유형의 이론에 불과한 문학 이론만을 생산해 내게 될 것입니다. 그런 이론에 따르면, 글읽기는 언제나 글쓰기의 투사(projection)로 정의될 것이며, 독자는 작가의 초라한, 무언의 '형제'처럼 정의될 것입니다. 그리하여 우리는 한 번 더 표현성이나 문체, 창조, 혹은 언어의 도구성이라는 이론 쪽으로 후퇴하게 될 것입니다. 따라서 우리는 이 두 개의 개념을 한데 묶어야만(bloquer) 합니다.

그렇다고 해서 잠정적으로나마 독서에 대한 점진적 개혁의 문제가──이런 말을 할 수 있다면──존재하지 않는다는 말은 아닙니다. 거기에는 실제로 현실적·실질적·인간적·사회적인 문제가 있습니다. 즉 텍스트 읽기를 배우는 것이 가능한지, 혹은 사회 그룹에 따라 실제적이고 실질적인 독서를 변경할 수 있는지, 혹은 학교나 문화적 조건 밖에서 텍스트를 읽는 것, 혹은 읽지 않는 것, 다시 읽는 것을 배울 수 있는지 등을 질문하는 문제가 있습니다. 나는 이 모든 것이 연구된 적이 없으며, 제기된 바도 없다는 것을 확신합니다. 이를테면 우리는 어떤 독서 리듬에 의해 문학을 읽도록 조건지어졌습니다. 따라서 이런 독서 리듬을 변경함으로써 이해의 변화를 도모할 수 있는지를 알아보는 게 필요합니다. 더 빨리 혹은 더 천천히 읽으면, 전적으로 불투명하던 것이 투명해질 수 있는지를. 또 거기에는——나는 독서의 기술적 문제에 대해 말하고 있습니다——서술된 이야기의 전개나 발전에 관계된 조건의 문제가 있습니다. 우리는 이야기가 반복되는 것을 참지 못합니다. 게다가 이것은 참으로 역설적인 일입니다. 강력한 일반 견해가 지배하는 우리 문명, 우리 대중 문명은 상투적인 것과 반복의 세계 속에 살고 있고, 또 그것으로 오염되어 있으면서도 반복되거나 혹은 반복적인 요소를 내포하는 것처럼 보이는 텍스트에 대해서는 절대적으로 신경질적인 반응을 보이니 말입니다. 그 예로 우리는 최근에 발표된 귀요타의 《에덴 에덴 에덴》[16]을 들 수 있습니다. 그 책은 반복하는 것처럼 보였기에 대다수의 비평가들에 의해 아주 위선되게도 난해한 책으로 절하되었습니다. 우리는 독자들에게 여러 개의 독서 방식이 가능하다는 것을, 반드시 선조적(linéaire)이고 연속적인 순서에 따라 책을 읽을 필요가 없다는 점을 환기시켜야 합니다. 우리는 귀요타의 책을, 기 데 카르[17]의 소설처럼——플로베르의 《감정 교육》조차도——처음부터 끝까지 읽을 필요는 없습니다. 하지만 사람들은 그 사실을 인정하려 들지 않

---

16) Guyotat가 1970년에 발표한 이 작품은 알제리 전쟁에 관한 것으로 많은 논란의 대상이 되어왔다.
17) Guy des Cars: 1911년에 출생한 이 작가는, 1940년 《무명 장교》라는 전쟁 소설을 발표한 이래 수많은 풍속 소설로 대중적인 인기를 누려 왔다.

습니다. 대단한 역설이지요. 그들은 성서를 처음부터 끝까지 읽지 않는 것은 인정하면서도, 귀요타를 처음부터 끝까지 읽지 않는 것은 인정하려 들지 않으니까요. 그러므로 거기에는 독서 조건에 대한 문제가 있으며, 우리는 이 문제를 언젠가 적어도 권리 주장의 방식으로 표명하거나 제기해야 합니다.

히 스 1963년에 당신은 이렇게 말씀하셨습니다. "이제 내가 자문하는 것은 본질상, 기법상, 다소간에 반동적인(réactionnaire) 예술이 존재하지 않는가라는 문제이다. 문학에 관한 한 그렇다고 생각한다. 나는 좌파의 문학이 가능하다고는 생각하지 않는다. 문제 제기적인 문학, 그렇다, 다시 말하면 유보된 의미의 문학, 대답들을 야기하기는 하지만 대답을 주지 않는 예술."[18] 이런 다소간에 반동적인 것으로서의 문학의 정의는 모든 문학에 유효합니까? 아니면 《글쓰기의 영도》의 분석이 보여준 것처럼 문학의 한 특정한 순간에만 해당되는 것입니까?

바르트 '반동적'이라는 말은 실제로 내가 사용한 적이 있으며, 그후에도 조금은 상상력의 빈곤으로 때때로 사용하였습니다. 하지만 그 말은 지나치게 강하고, 지나치게 단일 논리적(신학적)입니다. 문학은 비록 그것이 고전적인 문학이라 할지라도 완전히 반동적인 것은 아닙니다. 마치 혁명적이고 진보

---

18) 〈대담〉, 《카이에 뒤 시네마 *Cahiers du cinéma*》, 1963. 9, 28쪽.

적인 문학이 완전히 혁명적인 것은 아닌 것처럼 말입니다. 고전적인, 읽혀지는 문학이 비록 그 내용이나 형태에 있어 지극히 보수적인 것이라 할지라도 부분적으로는 파라그라마틱(paragrammatique)[19]한 것이며, 카니발[20]적인 것입니다. 그것은 규정상·구조상 모순된 것으로 예속적이며 동시에 비판적입니다. 게다가 바로 이런 문학의 모순적이고 반론적인(paradoxal)——이 단어의 어원적 의미에서——정체가 충분히 연구되지 않았습니다.

우리는 오늘날도 이런 문학을 계속하고 있으며, 반복의 덫에 걸린 채 그 모호성 속에 살고 있습니다. 말라르메 이후 우리 프랑스인들은 아무것도 창안해 내지 못했으며, 다만 말라르메를 반복할 뿐입니다. 우리가 반복하는 것이 그래도 말라르메라는 사실은 얼마나 다행스러운 일인지요! 말라르메 이후 위대한 돌연변이적 텍스트는 프랑스 문학 안에 존재하지 않습니다.

히　스　영문학에서 조이스 같은 경우지요.

바르트　그렇습니다. 바로 그것이 문제입니다. 나는 이제 이런 돌연변이적 텍스트 문제에 많은 관심을 가지고 있습니다. 그것

---

19) 이 책의 156쪽 〈롤랑 바르트의 주요어 20개〉, 주 14) 참조.
20) 바흐친에 의하면 고대 사회에서 여러 개의 이질적 요소가 서로 대화하고, 사회 질서가 전복되는 계기로 작용하는 카니발 개념은 도스토예프스키나 라블레 문학의 미학적이고 역사적인 전망을 설명해 주는 핵심 요소로 간주되며, 바로 이것이 그의 카니발 문학 혹은 대화 이론이다.

은 상투적인 것과 반복이라는 문제에 연결됩니다. 이를테면 마르크스가 돌연변이적 텍스트를 썼다는 것은 확실하지만, 우리가 마르크스의 담론을 반복한 후부터는 더 이상 새로운 돌연변이를 창출해 내지 못했습니다. 레닌이나 그람시·마오쩌둥도 중요하기는 하지만, 그들은 단지 마르크스를 반복할 뿐이지요.

히　　스　푸코는 바로 마르크스와 프로이트를 **담론성의 창설자**(fondateur de discursivité)라고 말했습니다. 이를테면 갈릴레오 같은 사람은 하나의 과학을 창설하였고, 그리하여 그 과학은 그의 담론의 공간을 넘어서서 발전·확대되었습니다. 그런데 프로이트와 마찬가지로 마르크스도 하나의 과학적 담론을 창설하긴 하였지만, 그 담론은 끊임없이 자신의 원천으로 돌아가 그 원천을 의문시하고 분석하고 지속적으로 다시 읽는 그런 담론입니다. 바로 이것이 조금은 당신의 반복에 대한 개념인가요?

바르트　정확히 그렇습니다. 게다가 나는 금년 빠리고등연구실천학교의 세미나 주제로, 돌연변이적 텍스트로서의 프로이트 텍스트를 연구해 볼 작정입니다.

히　　스　"오늘날 우리는 이론은 생산하지만, 작품은 생산하지 않는다…… 나는 통상적으로 문학이라고 부르는 것에 대해 말하고 있다"[21]라고 하셨습니다. 이런 표현은 이론과 실천의

---

21) 〈대담〉, V. H. 101, n° 2, 1970, 11쪽.

그 전통적 대립을──당신이 다른 곳에서 거부한 적이 있
는(이를테면 줄리아 크리스테바의 《세미오티케》를 '작품'이라
고 지칭하면서)──다시 연루시키는 게 아닙니까? 이론적인
것이 아닌 작품은 이제 바로 글쓰기론이 반박하는, 다소간
에 반동적인 문학이 아닙니까?

바르트   줄리아 크리스테바의 작품은 이론적인 것으로 받아들여졌
습니다. 그리고 그것은 이론적인 것**입니다.** 그렇지만 그것
은 **추상적이고 난해하다**는 점에서 이론적인 것으로 받아들
여진 것입니다. 왜냐하면 이론은 곧 추상이며 난해한 것이
라고 생각하기 때문입니다. 게다가 바로 그런 이유로 이 책
의 대부분이 거부되었습니다. 그러나 '이론적인 것'은 '추
상적인 것'이 아닙니다. 나의 관점에서 본다면 그것은 반사
적인 것, 다시 말하면 그 자체로 되돌아가는 것입니다. 그
자체로 되돌아가는 담론은 따라서 이론적인 담론입니다. 요
컨대 이론의 시조이자 이론의 신화적 영웅은 오르페일 것입
니다. 그는 자신이 사랑하는 것으로──비록 그것을 파괴
할지언정──되돌아간 자이기 때문입니다. 그는 유리디체
를 향해 돌아섬으로써 그녀를 사라지게 했고, 그리하여 두
번째로 그녀를 죽였습니다. 우리는 이런 돌아감을, 비록 파
괴의 대가를 치를지언정 **실행해야만 합니다.** 그때 이론은 개
인적으로 내가 서구 사회의 한 정확한 역사적 단계에 부응
한다고 생각하는 이론은, 또한 편집증적 단계──이 단어
의 좋은 의미에서──즉 과학적 단계, 우리 사회의 앎의 단

계에 부응할 것입니다(게다가 이 단계는 그것과 더불어 공존하는 유아기적 단계에 비해 절대적으로 우월합니다. 그런데 유아기적 단계란 언어에 대한 성찰 없이, 언어를 그 자체로 돌아가게 함이 없이 말을 하거나, 혹은 일종의 순진한 언어를 구사하는 단계입니다. 물론 언어를 그 자체로 돌아가게 하는 것을 거부하는 것은 다수의 이데올로기적 기만으로 통하는 길이기도 합니다).

히　스　언어에 대한 이런 성찰이나, 혹은 보다 일반적으로 당신 자신의 작업과 관련하여 어떤 구속 같은 것을 느끼십니까?

바르트　구속을 느끼냐구요? 어떤 점에서 보면 그렇다고 해야겠지요. 내가 아무런 구속도 받지 않고 글을 쓴다고 생각한다면, 완전히 정신 나간 짓일 테니까요. 그러나 동시에 실존적 차원에서 나는 내가 하는 것에 대해 어떤 구속도 느끼지 않는다고 말할 수 있습니다. 왜냐고요? 그것은 내가 사회적 유희를 하는 데——과장되거나 충만된 방식이 아닌, 보다 깊숙한 차원에서 유희의 어떤 윤리적 미덕 같은 것에 의해——즐거움(아주 강렬한 의미에서)을 느끼기 때문이지요. 요컨대이 말은 내가 쓴 것의 운명이나, 혹은 그것의 사회적 수용에 대해서는 개인적으로 주장하고 싶은 것이 아무것도 없다는 걸 뜻합니다. 표명하고 싶은 욕망도 불평도 없습니다. 나는 글을 쓰고, 그것은 소통 안으로 내던져집니다. 그뿐입니다. 나는 더 이상 할 말이 없습니다. 이런 수락이 나를 즐겁게 해준다고까지 말할 수 있습니다. 그것은 내 작업을, 일종의 '파라그라마틱한'(복수적인·복합적인·모호한) 전망 안에 위치시키기 때문이지요. 왜냐하면 여느 때처럼 적어도 내게 있어 가장 중요한 문제는 기의를 저지하고, 법칙을 저지하고, 아버지를 저지하고, 억압된 것을 저지하는 것이기 때문입니다. 나는 그것을 폭발시킨다고 말하지 않고, **저지**(déjouer)한다고 말하였습니다. '파라그라마틱한' 작업이 가능한 곳이라면 어디든지, 혹은 내 자신의 텍스트의 '파라그라마틱한' 흔적이 있는 곳이라면 어디든지 내 마음은 편안해집니다. 어느 날인가 진정으로 내 자신의 작업에 대한 비평을 해야 한다면, 나는 모든 것을 이 '파라그라마틱한' 것에 집중할 것입니다.

일반적으로 주장이나 항의·반박에 관련된 모든 것은 내게 항상 지루하고 진부해 보입니다. 바로 그런 이유로, 어떤 점에서는 내가 고립되어 있다고 생각합니다. 특히 젊은이들 수준의 새로운 스타일에 대해서는 별로 공감을 느끼지 못합니다. 아주 넓은 의미에서의 **해프닝**(happening)에 관련된 것은, 모두 속임수(tricherie)의 가치나 속임수의 행위에 비해 아주 진부하고 초라하게 보입니다. 나는 항상 **해프닝**에 대항해 유희를 지지할 것입니다. **해프닝**은 충분히 즐기는 것이 아니니까요. 약호를 가지고 하는 유희보다 더 나은 유희는 없습니다. 따라서 우리는 약호화해야만 합니다. 약호를 저지하기 위해서는 약호 안으로 들어가야만 합니다.

히 스 게다가 당신이 저지하는 이 약호에 당신이 매혹되었다는 것은 《신화학》에서도 명백히 느낄 수 있습니다.

바르트　전적으로 그렇습니다. 어리석음(bêtise) 같은 공격적인 약호의 형태에도 매혹되었을 정도니까요.

당신의 구속에 관한 질문으로 돌아가 본다면, 우리가 해야만 하는 것은 작가의 전기를 서술하는 것이 아니라, 작가의 작업의 글쓰기라고 부를 수 있는 일종의 작업량 기록기입니다. 나로 말하자면, 내가 써온 것의 역사는 유희의 역사, 여러 개의 텍스트를 시도해 온 일련의 연속적인 유희입니다. 다시 말하면 나는 모델의 기재(registre)를, 인용의 장을 시도해 왔습니다. 이처럼《모드의 체계》는 순수한 의미에서의 글쓰기라기보다는 지식서사적인 글쓰기에 더 많이 기울어진 모델·인용의 기재입니다. 왜냐고요? 사실 유행에 관한 내 작업에서 글쓰기는 요약이나 책의 기록이 아닌 체계의 제조, 즉 조립에 있었기 때문입니다. 그 경우 어쩌다 한번, 글쓰기는 진정으로 책 안에 없었습니다. 글쓰기는 내가 전에 홀로 하던 것 안에 있었으며, 게다가 내가 기억하는 것도 바로 그것입니다. 그러나《기호의 제국》은 전혀 다릅니다. 나는 완전히 기표 안에 몰입하는 자유를, 다시 말하면 우리가 조금 전에 말한 문체론적 의미에서 글을 쓰는 것을, 특히 단상으로 쓸 권리를 자신에게 부여했습니다. 물론 문제는 사람들이 내가 지식인 사회에서 하기를 바라는 역할이 기표 쪽에 있지 않다는 점입니다. 사실 그들은 내가 이론이나 교육 분야에서 공헌해 주기를 기대합니다. 그들은 나를 사상사 안에 위치시키려 하지만, 나를 매혹하는 것은 진정으로

기표에 몰입하는 행위입니다. 바로 이것이 구속입니다. 구
속이 있다면 바로 그런 것입니다. 그것은 정말로 편집이나
경제적 구속이 전혀 아닌, **이마고**(imago)의 구속입니다. 그
러나 이 **이마고**는 경제적인 요구로 재주조됩니다. 아무도
내가 일본에 대해 쓴 것과 같은 글을 써달라는 청탁은 하지
않았으니까요. 혹은 극히 드물었으니까요. **이마고**는 우리가
갖고 있는 진정한 욕망들에 부합되지 않는 요구로 우리를
짓누릅니다.

히 스 데리다는 그의 《그라마톨로지》에서 "선조적 글쓰기의 종말
은 곧 책의 종말이다. 비록 오늘날까지도 새로운 글쓰기를
──문학적이든 혹은 이론적이든 간에──그럭저럭 감싸
는 것은 바로 책이라는 형태이긴 하지만"[22]이라고 말했습니
다. 이 새로운 글쓰기는 《S/Z》의 앞부분, 〈씌어지는 텍스트〉
에 대한 당신의 논의에서 묘사된 것이기도 합니다. 당신은
데리다가 말하는 이런 책의 종말을 어떻게 구상하십니까?

바르트 당신의 질문에 대답하기 위해 조금 말장난을 해보겠습니
다. "당신은 이런 책의 종말을 어떻게 구상하느냐(concevoir)"
라고 질문하셨는데, 나는 동사 자체에 대해서는 어떻게 대답
해야 할지 잘 모릅니다. 사실 나는 책의 종말을 **예측하지**
(prévoir) 않습니다. 다시 말하면, 그것을 역사적 혹은 사회적
예정표 안으로 들어가게 할 수 없습니다. 단지 **볼**(voir) 수

---

22) 데리다, 《그라마톨로지 De la Grammatologie》, Seuil, 1967, 130쪽.

있다고나 할까요.[23] 유토피아적·팡타즘적 행위로서의 보기가 **예측**과 대립된다는 점에서 말입니다. 그러나 사실인즉 나는 책의 종말을 볼 수 없습니다. 그것은 내 자신의 죽음을 보는 셈일 테니까요. 내 자신의 죽음과는 별도로 책의 종말을 본다는 것은 내게 있어 불가능합니다. 따라서 나는 책의 종말에 대해 말할 수 없으며, 단지 역사를 바꾸어 놓은 헤라클레스의 유희에 사로잡힌 그 무엇처럼 신화적으로 말할 수 있을 뿐입니다.

그런데 보다 현실적이고 우려할 만한 대답을 덧붙여 본다면, 야만성(레닌이 사회주의의 교체항으로 상정했던 그 야만성)이란 항상 가능하다는 것을 말하고 싶습니다. 따라서 우리는 책의 종말에 대해 어떤 묵시록적인 비전을 가질 수 있을 것입니다. 책은 사라지지 않을 것이며, 그렇게 되기는커녕 가장 비열한 형태로 승리할 것입니다. 그것은 대중매체의 책, 소비의 책, 혹은 자본주의적인 책이 될 것입니다. 그때 자본주의 사회가 어떤 주변적인 형태의 유희도 허용하지 않는다는 의미에서, 다시는 어떤 속임수도 불가능할 것이라는 의미에서 말입니다. 그때 그것은 완전한 야만성의 세계가 될 것이며, 책의 죽음은 '읽혀지는' 책의 독점적인 지배

---

23) 구상하다·이해하다 또는 잉태하다라는 의미의 프랑스어 convevoir의 라틴어 어원은 concipère로, '함께'를 의미하는 con과 '가지다·포착하다'를 의미하는 capere의 합성어이다. 그러나 바르트는 이 단어가 마치 어간 con과 어미 voir로 이루어져 있는 것처럼 말장난을 하고 있다.

와 '읽혀지지 않는' 책의 완전한 붕괴에 상응할 것입니다.

히　스　당신은 항상 문학비평의 활동을 텍스트의 해독으로 정의해 왔습니다. 즉 텍스트의 진실과도 같은 그 무엇 안에서, 다시 말하면 텍스트의 복수태를 고정시키는 그 최종적인 의미 안에서 텍스트를 읽기 위한 것으로 말입니다. 그리고 당신 자신의 작업으로 말하자면(《S/Z》가 그 본보기인) 그것은 텍스트적 기호학, 즉 비평 '뒤에(en deça de)' 있는 것으로 유지되고 있습니다. 게다가 이것은 보다 근본적인, 보다 비판적인 (critique)──이 단어의 아주 강력한 의미에서──시도처럼 보입니다. 당신은 비평의 진정한 역할이 아직 남아 있다고 생각하십니까? 비평은 필연적으로 줄리아 크리스테바에 의해 분석된 그런 기호의 공모 관계 안으로 연루되는 게 아닙니까?

바르트　내가 단 한번이라도 비평을 해석학으로 정의했는지는 확실치 않습니다만, 그러나 그것은 가능하겠지요. 나는 항상 똑같은 말을 했다는 사실에 별로 집착하지 않으니까요. 그러나 적어도 《비평과 진실》에서 나는 비평의 은폐적(non aléthique) 기능, 그 상징적이고 다의미적인 기능을 강조했다고 생각합니다. 여기서 나는 비평의 **역할**과 비평의 **활동**을 구별하는 것이 가능하다고 말하고 싶습니다. 비평의 역할을 상상하거나, 또 그 역할의 지속을 상상하는 것은 가능합니다. 비록 그것이 전통적 의미에서의 역할이라 할지라도 반드시 형편 없는 것만은 아닐 테니까요. 나는 여기서 쇤베르크의 말을 생각합니다. 전위음악이 승리한다 할지라도 우리가 싸워야만 하는 것은 바로 그 전위음악이다, 장음계의 **도**를 가지고도 아름다운 음악을 만드는 것은 항상 가능하다는 말을. 이처럼 나는 장음계의 **도**를 가지고 좋은 비평을 하는 것은 항상 가능하다고 말하고 싶습니다.

히 스 나는 단지 당신이 비평과 기호학 사이에 한 그 구별을 지적하고 싶었을 뿐입니다. 비평이란 기호를 고정하거나, 또는 그 결정적인 의미(그 의미는 이데올로기적일 수밖에 없는)를 추구하는 사람의 행위이지만, 기호학자로서 당신이 《S/Z》에서 실천하신 기호학, 이른바 텍스트 기호학은 바로 텍스트의 복수태에 대한 응답으로서, 어떻게 보면 비평 '뒤에' 머무른다는 점을……

바르트 그렇습니다. 내가 《S/Z》에서 하고 싶었던 것은 바로 그것입니다. 나는 장음계의 도를 가지고 하는 비평을 배척하지 않습니다. 바로 그렇기 때문에 나는 비평의 역할과 비평 활동을——더 이상 비평가의 활동이 아니라 다만 작가의 활동인——대립시킨 것입니다. 그것은 텍스트, 상호 텍스트, 주해의 활동으로서, 요컨대 과거의 텍스트에 대해 무한히 쓰는 것을 구상해 볼 수 있다는 데에서 기인합니다(적어도 나로서는 그것을 구상하고 있습니다). 우리가 전통적 의미에서의 **작품**을 더 이상 쓰지 않고, 과거의 작품을 '지속적인' 의미에서 '끊임없이(sans cesse)' 다시 쓰는 시대를 이제 구상해 볼 수 있다고 생각합니다. 다시 말하면 증식하고, 싹이 트고, 반복되는 주해 활동이 존재할 것이며, 그것은 우리 시대의 진정한 글쓰기 활동이 될 것입니다. 요컨대 중세 때도 그렇게 해왔으므로 전혀 생각해 볼 수 없는 것은 아니라고 생각합니다. 게다가 반복의 야만성으로 되돌아가기보다는 차라리 중세로, 중세의 야만성이라고 불리는 것으로 되돌아가는 편이 더 나을 것입니다. 상투적인 것을 숨기고 반복하기보다는, 차라리 《부바르와 페퀴셰》를 지속적으로 다시 쓰는 편이 더 나으니까요. 그것은 물론 지속적인 주해가 될 것이나, 강력한 이론적인 해명 덕분으로 부연(paraphrase)의 단계를 넘어서는 텍스트를 깨부수고 다른 무엇을 얻게 될 것입니다.

히 스 작년에 당신은 문학 교육의 현황에 대한 〈스리지 토론회〉에 참석하셨습니다만, 그 문제의 주요 현안은 어디에 있다고 생각하십니까? 오늘날 효율적인 문학 교육이란 과연 어떤 것일까요?

바르트 어떻게 대답해야 할지 잘 모르겠군요. 나는 문학이 가르쳐야만 하는 것인지도 잘 알지 못합니다. 문학을 가르쳐야 한다고 생각한다면, 점진적인 개혁의 전망을 받아들여야 하겠지요. 그 경우 우리는 '합류'해야 합니다. 우리는 사물을 노래하기 위해 대학에 들어가고, 문학 교육을 변화시키기 위해 학교나 고등학교에 들어갑니다. 사실 나는 개인적 성향에 따라 이런 잠정적이고도 국부적인 개혁 쪽으로 기울어집니다만, 이 경우 교육의 임무는 문학 텍스트를 가능한 한 가장 넓게 분산시켜야 할 것입니다. 교육의 문제는 문학 텍스트의 개념을 뒤흔들어 젊은이들에게 텍스트가 도처에 존재한다는 것을, 그러나 모든 것은 텍스트가 아니라는 점을 이해시키는 데 있습니다. 이 말은 텍스트는 도처에 존재하지만, 동시에 반복이나 상투적인 것, **일반 견해**도 도처에 존재한다는 뜻입니다. 우리의 목표는 바로 그것입니다. 문학 안에만 존재하는 것이 아닌 이 텍스트와 사회의 반복적·신경증적인 활동을 구별하는 것, 텍스트로 인쇄되지 않은 텍스트라 할지라도 접근할 권리가 있다는 것을 인정하게 해야 합니다. 이를테면 내가 일본에 대해 한 것처럼 텍스트를, 삶과 거리의 짜임을, 읽는 것을 배우도록 해야 합니다. 우리는 아마도 더 이상 역사적이고 현실적인 지시물에 의거하지 않는 삶의 글쓰기로서의 전기(傳記)를 다시 써야 할지도 모릅니다. 아마도 바로 거기에 모든 임무가, 대략적으로 말해 **텍스트의 탈점유**(dépropriation du texte)라고 부를 수 있는 임무가 있는지도 모릅니다.

지식인은 무엇에 유용한가?

베르나르 앙리 레비와의 대담

구조주의와 문학기호학의 대부인 롤랑 바르트는, 이제 미셸 푸코와 피에르 불레즈의 뒤를 이어 콜레주드프랑스에 합류했다. 롤랑 바르트는 《글쓰기의 영도》《신화학》과 더불어 1950년대부터 사르트르와 카뮈를 잇는 다음 세대의 가장 독창적인 사유가로 여겨져 왔다. 브레히트, 특히 고전 작가들――미슐레·사드·푸리에·발자크·피에르 루이스조차도――의 주석학자인 그는 새로운 철학적·문학적 설명 방법을 발견했으며, 그리하여 한 학파를 형성했다. 빠리고등연구실천학교에서의 오랜 교수 생활, 철두철미한 교육자이면서도 기꺼이 침묵을 지켜 온 그가 이제 자신에게 부여된 콜레주드프랑스 문학기호학 강좌의 취임 강의를 발표하려는 즈음, 여기 베르나르 앙리 레비에게 속마음을 털어놓고자 한다.

레　비　롤랑 바르트 씨, 요즘 우리는 당신의 모습을 볼 수도 없고, 목소리도 들을 수 없습니다. 쓰신 책을 제외하고는 당신에 대해 거의 아무것도 알지 못합니다…….

바르트　그 말이 사실이라면, 그건 제가 별로 인터뷰를 좋아하지 않기 때문입니다. 인터뷰를 하다 보면 다음과 같은 두 가지 위

---

* 이 글은 《르 누벨 옵세르바퇴르 *Le Nouvel Observateur*》지 1977년 1월 10일자에 발표된 것으로, 《목소리의 결정》에 재수록되었다.

험에 처박혀 꼼짝할 수 없는 듯한 느낌입니다. 이를테면 비개인적인 방식으로 자신의 입장을 진술하면서 자신을 '사유가'로 여기든가, 아니면 끊임없이 '나'라고 말하면서 자기 중심주의 비난을 받도록 하는 것이 그것입니다.

레 비　그렇지만 《롤랑 바르트 평전》에서는 자신에 대해 말씀하시지 않으셨습니까? 유년기와 청년기에 대해서는 그렇게도 장황하게 말씀하셨는데, 글쓰기에 이르러 유명해진 장년기의 롤랑 바르트에 대해서는 이상하게도 침묵을 지키고 있으니…….

바르트　그건, 제 생각으로는 다른 사람들과 마찬가지로 유년기나 젊은 시절은 아주 잘 기억하기 때문입니다. 나는 그 날짜나 지표를 알아볼 수 있습니다. 그러나 그후부터는 반대로 아주 묘한 일이 벌어졌습니다. 나는 더 이상 기억할 수도, 날짜를 헤아릴 수도, 내 자신의 날짜를 헤아릴 수도 없게 되었습니다. 마치 내가 기원에 대한 기억만을 갖고 있다는 듯이, 마치 청년기가 기억의 대표적인 유일한 시간인 듯이. 예, 바로 그렇습니다. 청년기 이후의 내 삶은 자를 수도, 어떤 전망 속에 위치시킬 수도 없는, 하나의 거대한 현재처럼 보입니다.

레 비　문자 그대로 당신에게는 '전기(傳記)'가 없다는 뜻입니까?

바르트　전기가 없습니다. 아니 더 정확히 말하면, 내가 쓴 첫번째 문장부터 나는 더 이상 자신을 보지 못하며, 자신에게 더 이상 이미지가 아닙니다. 나는 이제 자신을 상상할 수도, 이미지로 고정시킬 수도 없습니다.

레　비　바로 그런 이유로 《롤랑 바르트 평전》에는 성인 시절의 사
　　　진이 없는 것입니까?

바르트　예, 그런 사진이 없을 뿐만 아니라, 성인 시절의 사진은 거
　　　의 갖고 있지 않습니다. 게다가 당신이 말하는 책은 엄격히
　　　구분되어 있습니다. 나는 젊은 시절에 대해서는 아무것도
　　　이야기하지 않고, 사진으로만 보여주었습니다. 왜냐하면 그
　　　것은 바로 기억의 이미지들의 나이·시간이기 때문입니다.
　　　그러나 그후부터는 반대로 아무것도 더 이상 이미지로 말하
　　　지 않았습니다. 내게는 더 이상 이미지가 없으며, 모든 것은
　　　글쓰기로 나타났으니까요.

레　비　이 단절은 또한 병에 의한 단절이지요. 어쨌든 그 단절은 병
　　　과 동시에 일어났으니까요…….

바르트　내 경우에는 '병'이라고 말하기보다는, '폐결핵'이라고 말
　　　해야 합니다. 당시 화학요법이 나타나기 전의 폐결핵이란
　　　삶의 진정한 유형이자 존재 방식이었습니다. 나는 거의 '선
　　　택'했다고까지 말하고 싶습니다. 극단적인 경우에는 토마스
　　　만의 《마의 산》에 나오는 한스 카스토르프처럼, 그런 삶으
　　　로의 전환을 상상할 수도 있었으니까요. 폐결핵 환자는, 나
　　　자신도 그랬습니다만 자신의 모든 삶을 요양소에서 보내거
　　　나, 요양소에 관계된 직업으로 살아가기를 진지하게 생각해
　　　보는 법입니다.

레　비　탈시간적인 삶 말이지요? 시간의 우여곡절에서 벗어난?

바르트 적어도 수도원 생활과 그리 무관하지 않은 삶의 유형이라고 나 해두지요. 수도원에서처럼 규칙적인 생활, 시간표의 엄격한 제약에서 오는 감미로움. 이 혼란스러운 현상은 오늘날까지도 나를 따라다닙니다. 이 현상에 대해서는 금년 콜레주드프랑스 강의에서 다루어 볼 작정입니다.

레　비 우리는 언제나 병에 대해 손상하고 훼손하고 방해하는 어떤 것으로 말하지, 병이 긍정적으로 기여하는 점, 글쓰기의 실천에까지 기여하는 점에 대해서는 거의 말하지 않습니다….

바르트 그렇습니다. 나로 말하자면 세상 밖에서 5,6년 보내는 것이 그다지 어렵지 않았습니다. 아마도 '내향성', 혼자서 책읽기를 좋아하는 성향 때문일 것입니다. 그런 성향이 내게 가져다 준 것으로 말하자면? 그것은 확실히 문화의 한 형태입니다. 우정의 강렬한 부추김으로 특징지어지는 '함께 살기'의 체험, 언제나 옆에 친구가 있다는, 친구로부터 결코 떨어져 있지 않다는 확신. 또 나중에는, 실제의 나이보다 언제나 5,6년 더 젊다는 그런 이상한 감정도 갖게 되었습니다.

레　비 글을 썼습니까?

바르트 어쨌든 많이 읽었습니다. 미슐레를 완전히 읽은 것은 요양소에서 두번째 체류하는 동안이었으니까요. 반대로 글은 거의 쓰지 않았습니다. 두 편의 평론만을 썼을 뿐입니다. 하나는 지드의《일기》에 관한 것이었고, 다른 하나는《글쓰기의 영도》의 씨앗이 된 카뮈의《이방인》에 관한 것입니다.

레　비 지드를 알고 있었습니까?

바르트　아닙니다. 그를 몰랐습니다. 뤼테시아 맥주집에서 멀리서 한 번 본 적이 있었는데, 그때 그는 배를 먹으면서 책을 읽고 있었습니다. 그러므로 그를 안다고는 할 수 없지요. 하지만 그 당시의 많은 젊은이들처럼 그에게 관심을 가질 만한 요소들은 많았습니다.

레　비　이를테면?

바르트　그는 신교도였고, 피아노를 쳤고, 욕망에 대해 말했고, 글을 썼으니까요.

레　비　당신에게서 신교도란 무엇을 의미합니까?

바르트　대답하기 어렵군요. 신앙이 없는 경우에는 흔적, 이미지만이 남아 있으니까요. 그리고 이미지란 다른 사람들이 갖는 법입니다. 그러므로 내가 신교도로 '보이는지' 어떤지는 다른 사람들이 말해야겠지요.

레　비　제 말은 당신의 성장 과정을 통하여 거기서 얻은 게 무엇인가 하는 것입니다.

바르트　부득이 아주 조심스럽게 말해 본다면, 신교도인 젊은이는 내향성이나 내적인 언어, 주체가 지속적으로 자신에게 하는 언어에 대한 취향, 혹은 변태적 취미를 가지고 있다고 말할 수 있겠지요. 게다가 신교도란 성직자나 형식적인 것에 대한 의식이 전혀 없다는 점을 간과해서도 안 됩니다. 하지만 이런 문제는 정신사(mentalité)를 다루는 사회학자들에게나 맡겨야지요. 프랑스 신교가 아직도 그들의 관심을 끌고 있다면 말입니다.

레　비　흔히 당신을 가리켜 '쾌락주의자'라고 말합니다만, 그건 오해일까요?

바르트　쾌락주의란 '나쁜 것'입니다. 나쁜 것으로 보이고, 나쁜 것으로 이해됩니다. 이 말이 얼마나 경멸적인 것인지는 상상할 수도 없을 정도입니다. 어느 누구도, 세상의 어느 누구도, 어떤 철학도, 어떤 학설도 그 말을 감수하려 하지 않으니까요. 그것은 '외설적인' 말이지요.

레　비　하지만 당신은 그것을 감수하십니까?

바르트　어쩌면 새로운 말을 찾는 편이 더 나을지도 모르겠습니다. 만약 쾌락주의가 하나의 철학이라면, 그것을 구축하는 텍스트들은 너무도 취약하기 때문입니다. 아니 텍스트가 없습니다. 다만 하나의 전통이 있을 뿐. 이렇듯 텍스트가 견고하지 않고, 전통이 미약한 곳에 자신을 위치시킨다는 것은 참으로 어려운 일입니다.

레　비　그래도 에피쿠로스학파가 있지 않습니까?

바르트　예, 하지만 오래전에 금지되었지요.

레　비　그렇지만 당신은 하나의 '도덕관'을 갖고 있지 않습니까….

바르트　정서적 관계의 도덕관이라고나 해두지요. 그 점에 대해서는 너무도 할말이 많기 때문에, 아무 말도 할 수 없군요. 중국 속담에 "등잔 밑이 어둡다"라는 말이 있습니다.

레　비　당신이 결코 말씀하지 않은 것 중의 하나가 성(性)에 관한 것입니다만……

바르트　차라리 나는 관능성(sensualité)에 대해 말하지요.

레 비 사실을 말하자면 당신은 성에 대해 말씀하시기는 합니다만, 그 중요성을 약화시키기 위해 말씀하십니다. 이를테면 당신 책에서 발췌한 이 문장, "내 성장의 문제는 성에 관한 것이라기보다는 돈에 관한 것이었다"라는…….

바르트 그 말은 성의 금기로 인한 고통은 별로 받지 않았다는 뜻입니다. 물론 40년 전에는 그런 금기가 오늘날보다 훨씬 더 무겁게 짓누르고 있었지만 말입니다. 솔직히 말해 정상적인 성관계의 지배에 분노하는 사람들을 보면서 놀랄 때도 있습니다. 물론 그 지배를 부정하는 것은 아니지만, 거기에는 항상 틈새가 있는 법이니까요.

레 비 어떤 기적으로 거기서 빠져나오셨습니까?

바르트 빠져나온 게 아닙니다. 단지 내게는 항상 사랑하는 상태가 더 우세했다고나 할까요. 따라서 '금기'나 금지된 것에 항상 '거부', 거절된 것이라는 개념이 대체되었지요. 나는 금지되었기 때문에 괴로워한 것이 아니라, 거부되었기 때문에 괴로워했습니다. 그건 전혀 다른 것입니다.

레 비 '관능성'에 대해 좀더 말했으면 합니다. 당신은 문학이나 음악·오페라·음식·여행·언어에 대해 마치 그것들이 동등한 즐거움인 것처럼, 동등한 행복감을 가지고 말씀하시는데…….

바르트 항상 그런 건 아닙니다. 예를 들면 음악과 오페라는 아주 다릅니다. 나는 음악 듣기를 좋아하고 또 많이 듣는 편입니다만, 내게서 음악의 진짜 즐거움은 직접 연주하는 것입니다.

예전에는 노래를 불렀고, 지금은 피아노를 칩니다. 오페라는 다른 문제입니다. 뭐라고 할까요, 축제, 목소리의 축제라고나 할까요. 나는 오페라를 즐기기는 하지만, 그리 열광적인 팬은 아니지요.

레 비 오페라는 또한 '총체적 공연 예술'이지요.

바르트 예, 하지만 내가 개인적으로 오페라를 즐기는 건 그런 시각에서가 아닙니다. 두 종류의 오페라 애호가가 있다고 생각합니다. 음악 때문에 오페라를 좋아하는 사람들과, 오페라 자체를 좋아하는 사람들이 있지요. 나는 전자에 속합니다. 내가 특히 오페라를 음미하는 순간이 두 번 있는데, 그 순간들은 불연속적입니다. 하나는 무대화에 대한 즉각적인 놀라움으로, 그것은 나를 일종의 염탐꾼으로 만들지요. 다른 하나는 음악과 목소리에 내재화된 즐거움인데, 이 두번째 순간에 가서야 나는 비로소 눈을 감고 음악을 즐길 수 있습니다.

레 비 결국 당신의 말은 오페라는 음악이 아니다, 그렇지만 당신이 오페라에서 음미하는 것은 바로 그 음악이다라는 말씀이신 것 같은데요?

바르트 그렇습니다. 바로 그런 이유로 나는 오페라 애호가라고 생각지 않습니다. 이를테면 작년 여름 처음으로 바이로이트에서 일주일을 보냈는데, 그것은 매혹적인 체험이긴 했지만, 그래도 일주일 동안 음악이 그리웠습니다. 오페라 외에 다른 연주회는 없었으니까요.

레 비 이런저런 특이한 매력과는 관계 없이 여행을 좋아하십니까?

바르트　전에는 많이 했습니다만, 요즈음은 조금 덜하는 편입니다. 돈과 시간이 조금만 있어도 떠나던 시절이 있었습니다. 해마다 변하는 그 선택된 나라들을 향하여. 처음에는 네덜란드, 다음에는 이탈리아, 그 다음에는 모로코, 그리고 최근에는 일본에 다녀왔습니다.

레　비　또 그 즐거움은 당신이 그곳에서 발견하는 것에 따라 달라졌겠지요…….

바르트　아마도 그럴 것입니다. 사실 나는 기념물이나 유적·문화재에 대해서는 별로 관심이 없습니다. 네덜란드에서의 그림을 제외하고는요. 여행할 때 내 관심을 가장 많이 끄는 것은, 지나가는 길에 포착할 수 있는 삶의 기술의 조각들입니다. 쉽고도 불투명한 세계 속으로 몰입한다는 느낌(관광객들에게는 모든 것이 쉬운 법이죠). 저속한 몰입이 아니라, 이를테면 우리가 소리만 인지하는 언어로의 관능적인 침잠 같은 것. 언어를 이해하지 못한다는 것은 아주 커다란 휴식입니다. 그것은 모든 저속함이나 어리석음·공격성을 제거합니다.

레　비　결국 당신은 여행을 기분 전환적이고, 영감을 받은 민속학의 한 방식으로 생각하시는 겁니까?

바르트　조금은 그렇습니다. 예를 들면 도쿄〔東京〕 같은 도시는 그 자체만으로도 굉장한 민속학적 재료입니다. 나는 그곳에 민속학자의 정열을 가지고 갔습니다.

레　비　그 태도는 인간 관계 안에서 변모되지 않았습니까?

바르트　분명히 대답하지요. 여행은 또한 내게 있어 모험, 일련의 가능한 모험들, 아주 강도 높은 모험들이라고 할 수 있습니다. 그것은 물론 일종의 사랑의 조짐 같은 것에 연결되어 있지요.

레　비　당신이 하신 많은 여행 중에 결코 말씀하시지 않은 여행이 하나 있습니다. 최근에 하신 여행인데⋯⋯.

바르트　예, 압니다. 중국이지요. 나는 중국에서 3주를 보냈습니다. 여느 때처럼 고전적인 도식에 의해 조직된 여행이었지요. 비록 우리가 특별 대우를 받기는 했지만.

레　비　거기서 돌아오신 후에는 아무것도 쓰지 않으셨는데, 무슨 이유에서입니까?

바르트　거의 쓰지 않았습니다. 그렇지만 아주 많은 주의를 기울여 심도 있게 모든 것을 다 보고, 다 들었는데도요. 이 말은 글을 쓰기 위해서는 뭔가 다른 것이 필요하다는 뜻입니다. 듣기와 보기에 일종의 소금 같은 것이 덧붙여져야 하는데, 그걸 발견하지 못한 거지요.

레　비　그렇지만 중국은 '기호'가 부족한 나라는 아닌데요?

바르트　물론 그렇습니다. 하지만 당신의 농담이 무의미한 것만은 아닙니다. 그것은 기호가 나를 매혹하거나 귀찮게 할 때만 중요하다는 걸 말해 줍니다. 기호만으로는 결코 충분치 않습니다. 내가 그 기호를 읽고 싶다는 욕망을 가져야 합니다. 난 해석학자는 아니니까요.

레　비　그래서 당신은 베이징[北京]으로부터 '중성(neutre)'에 관한 평론만을 가져올 수 있었던 것입니까?

바르트　사실 거기서 나는 어떤 관능적이고 육감적인, 혹은 사랑의 투자 가능성도 발견하지 못했습니다. 물론 우발적인 이유 때문이었다는 걸 인정합니다. 어쩌면 구조적인 이유도 있을 테고요. 난 특히 체제의 도덕성을 두고 하는 말입니다.

레　비　조금 전에 '삶의 기술의 조각들'이라고 말씀하셨는데, 삶의 기술이란 또 음식 먹는 법, 문화 현상으로서의 음식이 아닙니까?

바르트　문화 현상으로서의 음식은 적어도 내게 있어 세 가지 사실을 의미합니다. 우선 모성적인 모델에 대한 매력과 취향, 즉 어머니가 만들고 구상한 대로의 음식, 바로 이것이 제가 좋아하는 음식입니다. 두번째는 거기서 출발하여 새로운 것, 혹은 엉뚱한 것을 향한 유람과 이탈을 음미하는 것입니다. 사람들이 새로운 음식이라고 내밀 때, 나는 그 유혹에 결코 버틸 수가 없습니다. 마지막으로 내가 특히 민감한 부분인데, 음식을 함께 먹는 행위에 관련된 회식 분위기입니다. 단, 회식자의 수가 많지 않다는 조건에서 말입니다. 회식자의 수가 지나치게 많으면, 그 식사가 나를 지루하게 하여 더이상 먹지 않거나, 아니면 반대로 기분 전환을 위해 많이 먹습니다.

레　비　제가 조금 전에 한 질문에 완전히 대답하지 않으셨습니다. 당신의 성장의 문제는 성에 관한 것이라기보다는 차라리 돈에 관한 것이었다라는…….

바르트　그것은 단지 내가 유년기와 청년기를 가난하게 보냈기 때문이지요. 먹을 것이 없던 날도 종종 있었으니까요. 이를테면 사흘 동안 계속해서 센 가의 한 가게로 약간의 으깬 간이나 감자 몇 알만을 사러 가야 할 때도 있었으니까요. 우리의 삶은 정말로 매달 갚아야 하는 집세 날짜에 의해 그 리듬이 이루어졌습니다. 어머니가 힘들게 일하시던 모습, 책 장정을 하시던 모습을 늘 보곤 했습니다. 그런 일에는 전혀 어울리지 않은 분이셨는데도 말입니다. 당시의 가난은, 지금 프랑스에서는 똑같은 강도로는 찾아보기 힘든 어떤 실존적 윤곽을 갖고 있었습니다…….

레 비 당신이 부르주아 집안에, 적어도 그 근원이 부르주아인 집안에 속하셨으니까 더욱 힘드셨겠지요.

바르트 부르주아 집안이긴 했지만, 완전히 무일푼인 가난한 집안이었지요. 바로 거기에 실제의 가난을 배가시키는 상징적인 효과가 있습니다. 비록 주변의 친척들이 과거의 삶의 기술을 보존할 줄은 알았지만, 물질적 신분 격하에 대한 의식이 있었지요. 이를테면 매학기 초마다 작은 소동이 벌어졌던 것을 기억합니다. 필요한 의복이 없었고, 학교에 낼 보조금이 없었고, 교과서를 살 돈이 없었고. 이런 조그마한 현상들은, 알다시피 오랫동안 마음속에 새겨져 훗날 우리를 낭비가로 만들기도 하지요.

레 비 당신 책에서 자주 언급되는 '소시민'에 대한 혐오감은 바로 거기서 연유합니까?

바르트 사실입니다. 나는 그 말을 자주 사용해 왔습니다. 최근에는 덜 사용합니다만. 자신의 언어에 지칠 때도 있으니까요. 어쨌든 그것은 부인할 수 없는 사실입니다. 소시민 안에는 나를 매혹시키고 불쾌하게 하는 일종의 윤리적인 또/혹은 미학적인 요소가 있습니다. 그렇지만 이것을 독창적이라고 할 수 있을까요? 이미 플로베르에게도 존재하니까요. 누가 자신이 소시민이라는 걸 감수하려 할까요? 역사적으로나 정치적으로 소시민은 세기의 열쇠입니다. 그것은 상승 계급, 어쨌든 우리 주위에서 늘 보는 계급입니다. 이제 부르주아지나 프롤레타리아는 추상적인 것이 되었습니다. 반면에 소시민은 도처에 존재하며, 도처에서 보이며, 부르주아나 프롤레타리아──아직도 그런 게 남아 있다면──안에서조차 찾아볼 수 있습니다.

레 비 당신은 프롤레타리아와 그 역사적 사명, 그리고 거기서 정치적으로 파생한 그 모든 것을 더 이상 믿지 않으십니까?

바르트 한때 프롤레타리아가 눈에 띄던 시대가 있었습니다. 그러나 그런 시대는 이제 지나갔습니다. 프랑스에서는 프롤레타리아가 무정부주의 노조 활동이나, 프루동[1]의 전통에 의해 지배되던 시기였지요. 그러나 오늘날은 마르크스주의와 합법적인 노조 활동이 이 전통을 대체했습니다.

---

1) Pierre-Joseph Proudhon(1809-65): 프랑스의 사회주의자로, 노동자 계급 출신인 그는 인쇄소 직공을 거쳐 신문기자가 되었으며, 부르주아를 공격하는 많은 저서를 남겼다. 프랑스 무정부주의의 대부로 간주되는 그는, 노동자 조합·상조회·연방주의 등을 창설하였으며, 마르크스로부터는 "자본과 노동·정치경제와 공산주의 사이에서 왔다갔다 하는 보수주의자"라는 비판을 받기도 하였다.

레 비 당신은 마르크시스트였습니까?

바르트 '마르크시스트이다(être marxiste)'라는 표현에서 '이다'라는
동사는 무엇을 의미합니까? 그 점에 대해서는 이미 말한 적
이 있지만, 나는 조금 늦게 마르크스주의에 '이르게(venu)' 되
었는데, 지금은 고인이 된 트로츠키주의의 한 친구 덕분이
었습니다. 이렇게 해서 나는 한번도 투사가 되어 보지 않은
채, 이미 스탈린주의라고 불리던 것과는 전혀 무관한, 한 이
탈 그룹에 의해 마르크스주의에 이르게 된 것입니다. 마르
크스와 레닌 · 트로츠키를 읽었다고나 할까요. 물론 그것도
전부 읽은 건 아니지만, 그래도 몇 권은 읽었습니다. 그리고
얼마 전부터는 다시 읽지 않습니다. 여기저기서 마르크스의
텍스트를 읽는 것을 제외하고는.

레 비 당신은 마르크스의 텍스트를 미슐레나 사드 · 플로베르의
텍스트처럼 읽으십니까? 순수한 기호체계로서, 순수한 즐
김의 생성자로서?

바르트 마르크스는 그런 식으로 읽을 수 있지만, 레닌이나 트로츠
키조차 그렇게 읽을 수는 없습니다. 하지만 우리가 다만 한
어떤 작가와 갖는 관계를 마르크스와도 가질 수 있다고는
생각지 않습니다. 그 정치적 여파나 텍스트를 구체적으로
존재하게끔 해주는 후세의 기재로부터 벗어날 수 없기 때문
입니다.

레 비 당신의 태도는 뭔가 라르드로 · 장베 · 글뤽스만 같은 이들
과 흡사하군요?

바르트　나는 글뤽스만을 압니다. 함께 일한 적이 있으며, 나는 그가 하는 걸 좋아합니다. 그가 쓴 《천사》로 말하자면, 그 책을 읽지는 않았지만 사람들이 말하는 걸 들었습니다. 내 말을 이해하시겠습니까? 나는 그런 입장들과 아주 가깝다고 느끼면서도, 헤아릴 수 없는 거리감으로 그 입장들과 멀어지면서 시간을 보내지요. 스타일 때문이라고 생각합니다. 글쓰기의 스타일이 아니라, 통상적 의미에서의 스타일 말입니다……

레　비　제 말은 대다수의 사람들과는 달리 당신 뒤에는 '정치적 이력'이 부재한다는 뜻입니다…….

바르트　사실입니다. 내가 쓴 담론 중에는 정치 담론이——이 말의 주제적 의미에서——없습니다. 나는 직접적으로 정치적 주제나 정치적 '입장'은 다루지 않았습니다. 정치에 흥분할 수 없기 때문이지요. 그런데 오늘날 흥분하지 않은 담론이란 들리지 않습니다. 그 담론이 들리기 위해서는 넘어서야 할 문지방, 도달해야만 하는 데시벨[2]이 있는데, 나는 거기에 도달하지 못했습니다.

레　비　그걸 후회하시는 것 같군요?

바르트　정치란 반드시 말하는 것만은 아닌, 또한 듣는 것이기도 합니다. 어쩌면 우리에게는 정치적 듣기의 실천이 부족한지도

---

2) décibel, décibélique: 전압·전력·음의 세기를 나타내는 단위로, 10분의 1벨(bel)을 가리킨다. 여기서 벨(bel)이라는 용어는, 전화를 발명한 알렉산더 그레이엄 벨의 이름을 딴 것이다.

모릅니다.

레 비 요컨대 당신을 정의해야만 한다면, 그래도 '좌파 지식인'이
라는 표지가 걸맞는 것이겠지요?

바르트 좌파 지식인 가운데 나를 포함시킬지는 좌파 쪽 사람들이
말해야겠지요. 그리고 나로서는 좌파가 하나의 이념이 아닌
집요한 감수성으로 이해된다면 기꺼이 받아들이겠습니다.
내 경우, 그 변함 없는 근본은 반체제주의(anarchisme)──
이 말의 가장 어원적 의미에서──입니다.

레 비 권력의 거부 말입니까?

바르트 권력의 편재성(권력은 도처에 존재합니다)과 끈질김(권력은 지
속적입니다)에 대한 지극한 감수성이라고나 해두지요. 권력
은 결코 지칠 줄 모르며, 달력처럼 계속 돌아갑니다. 또 권
력은 복수적입니다. 그러므로 내 전쟁은 권력에 대항해서
싸우는 것이 아니라, 권력들에──그것들이 어디 있든 간
에──대항해서 싸우는 것입니다. 어쩌면 바로 이런 이유
로 나는 '좌익'이라기보다는 좌파라고 생각합니다. 이렇게
일을 복잡하게 만드는 것은, 내가 좌익의 '스타일'을 갖고
있지 않기 때문입니다.

레 비 당신은 하나의 '스타일' 혹은 '스타일'의 거부가 정치 노선
을 설정하기에 충분하다고 생각하십니까?

바르트 주체의 차원에서 정치는 실존적으로 설정됩니다. 이를테면
권력은 다만 억압하는 것, 혹은 억압적인 것만은 아닌 마음
을 짓누르는 것이기도 합니다. 내 마음이 무거운 곳이면 어

디든지 거기에는 권력이 작용한다고 말할 수 있습니다.

레 비 그렇다면 오늘 1977년에 당신의 마음은 무겁습니까?

바르트 무겁기는 하지만, 그렇게 분노하고 있지는 않습니다. 지금까지 좌파의 감수성은 강령이 아니라, 중요한 주제들의 결정체에 의해 결정되어 왔습니다. 1914년 이전의 반교권주의, 2회의 세계대전 사이의 평화주의, 다음에는 레지스탕스, 그 다음에는 알제리 전쟁…… 오늘날 처음으로, 그런 것들은 더 이상 존재하지 않게 되었습니다. 지스카르 데스탱 대통령이 있기는 합니다만, 그래도 그것은 경미한 결정체에 불과하며, 사회당과 공산당의 공동 강령(Programme Commun) 또한 그것이 아무리 훌륭한 것이라 할지라도 어떻게 정치적인 감수성을 동원시킬 수 있는지에 대해서는 의문이 갑니다. 현상황에서 새로운 점은 더 이상 시금석을 발견할 수 없다는 점입니다.

레 비 그래서 지스카르 대통령의 점심 초대를 승낙하신 건가요?

바르트 아! 그건 다른 문제입니다. 망을 보는 신화의 사냥꾼처럼 호기심, 혹은 듣기를 좋아하는 취향 때문이지요. 신화의 사냥꾼은 당신도 알다시피 어느곳이든지 가야 합니다.

레 비 당신은 그 회식에서 무얼 기대하셨습니까?

바르트 그것은 지스카르 대통령에게서 정치가의 언어가 아닌, 다른 언어가 가능한지를 알아보기 위해서였습니다. 그렇게 하기 위해서는 사적인 자격으로 그의 말을 들을 수 있어야만 했습니다. 실제로 나는 2차적 담론·반사적 담론으로 자신의 체험을 말할 줄 아는 누군가를 만났다는 인상을 받았습니다. 내게 흥미로운 것은 언어의 '떼어놓기'를 포착하는 것입니다. 그 내용으로 말하자면, 그것은 물론 좌파 지식인의 문화와는 전혀 다른 문화 위에서 분절된 정치철학이었습니다.

레 비 그 인물이 당신을 매료시켰습니까?

바르트 아주 성공한 대부르주아가 기능하는 것을 본 듯하다는 점에서는 그렇습니다.

레 비 무엇에 대해 말씀하셨습니까?

바르트 대부분 그가 말했습니다. 어쩌면 자신의 이미지에 뉘앙스를 띠게 했다는 점에서 그가 실망했는지 혹은 기뻐했는지는 잘 모르겠습니다만, 어쨌든 우리 자신에 대해서 말하기보다는 그에게 더 많은 말을 하게 하였습니다.

레 비 좌파에서는 이 회식을 좋지 않게 받아들였는데요…….

바르트 알고 있습니다. 좌파에도 어려운 분석을 쉬운 분노로 대체하는 사람들은 있는 법이니까요. 그것은 **쇼킹한**, 부당한 일이니까요. 적과 접촉해서는 안 되며, 같이 식사해서도 안 되며, 순수하게 남아 있어야 하니까요. 이것이 좌파의 '올바른 처신'에 속하는 거지요.

레 비 20년 전에 쓰신 《신화학》으로 다시 돌아가고 싶은 생각은 없습니까? 좌파 쪽으로, 좌파의 새로운 신화 쪽으로 그 작업을 확대하면서요?

바르트 지난 20년 사이에 상황이 변했다는 것은 명백합니다. 우선 좌파의 언어를 해방시키고 열리게 한, 그러나 동시에 어떤 뻔뻔함을 부여한 1968년 5월 사태가 있습니다. 특히 인구의 49퍼센트가 좌파 쪽에 투표한 나라에서, 사회적 신화의 이동이나 위장이 없다면 무척이나 놀라운 일일 것입니다. 신화는 다수를 따르는 법이니까요. 그렇다면 왜 나는 그 신화를 묘사하기를 지체하는 걸까요? 나는 좌파 자체가 이런 시도를 지지하지 않는 한, 결코 하지 않을 것입니다. 이를테면 《르 누벨 옵세르바퇴르》지 같은 것이…….

레 비 다른 수많은 신화 중의 하나로, 당신한테 지스카르가 '적'이라는 것은 명백합니까?

바르트 그가 대변하는 사람들, 그의 배후에 있는 사람들, 그리고 현재의 그로 몰고 간 사람들을 생각하면 그렇다고 할 수 있습니다. 그렇지만 역사의 변증법은 어느 날인가 그를 우리의 적으로 여기기보다는, 어떤 누군가로 여길 날이 있을 것입니다.

레 비 결국 당신이 한 정치관을 가지고 있다면, 그것은 뭔가 데카르트의 잠정적인 도덕관과도 흡사한, 지속적으로 잠정적인, 최소의, 최소한의 정치인가요?

바르트 최소의 입장이라는 개념에는 관심이 있습니다. 덜 부당해 보이기 때문이지요. 내게 있어 정치에서의 최소란, 절대적으로 참을 수 없는 것이란, 바로 파시즘의 문제입니다. 나는 그것이 어떤 것인지를 알며, 또 기억하는 세대에 속합니다. 그 점에 관한 한 내 동의는 즉각적이며 절대적입니다.

레 비 결국 그 한계가 충분히 높게 설정된 것 아래에서 모든 것은 동등하며, 정치적 선택도 무관하다는 말씀이신가요?

바르트   그 한계가 그리 높은 것은 아닙니다. 우선 파시즘이란 많은 것을 포함합니다. 보다 명확히 말하자면, 파시즘이란 제가 볼 때 말하는 것을 방해하는 것뿐만 아니라, 말하게끔 **강요하는** 모든 체제를 가리킵니다. 다음으로 파시즘은 권력에의 지속적인 유혹이요, 권력의 자연스러움이요, 추방된 후에도 전속력으로 되돌아오는 것입니다. 그러므로 그 한계는 금방 넘어서게 되는 법이지요.

레 비   최소한의 정치도 여전히 혁명을 욕망하거나 원할 수 있을까요?

바르트   묘한 일입니다. 혁명이란 분명히 끔찍한 현실인데도, 모든 사람들에게 좋은 이미지로 남아 있으니. 혁명은 이미지로 남아 있을 수 있으며, 또 사람들은 그 이미지를 욕망하거나, 그것을 위해 투쟁할 수도 있습니다. 그러나 혁명은 또한 이미지 이상의 것으로 혁명이 구현된 곳도 많이 있습니다. 당신도 알다시피 바로 그 점이 문제를 복잡하게 하지요. 혁명이 성공한 사회를 나는 기꺼이 '환멸적인' 사회라고 부르고 싶습니다. 그런 사회들은 주된 '환멸'의 공간으로서, 많은 사람들이 고통받고 있습니다. 그 체제가 소멸되지 않았기 때문에 그런 사회들이 환멸적이지요. 내 경우 혁명에 대해 말한다면 선동적으로 보일 것이기 때문에, 기꺼이 전복(subversion)에 대해 말하고 싶습니다. 이 말은 내게 있어 혁명이라는 말보다는 훨씬 분명합니다. 전복이란 뭔가를 속이기 위해 밑으로부터 올라와 그것을 이탈하고, 사람들이 기다리는 곳이 아닌 다른 곳으로 나아가는 것을 의미합니다.

레　비　'자유주의(libéralisme)' 또한 적절한 최소의 입장이 아닌가요?

바르트　두 종류의 자유주의가 있다고 생각합니다. 거의 언제나 암암리에 권위주의적인, 가부장적인, 거리낌 없는 양심 쪽에 있는 자유주의와 정치적이라기보다는 더 윤리적인 자유주의가 그것입니다. 바로 그런 이유로 우리는 다른 이름을 찾아야만 합니다. 뭔가 판단의 깊숙한 유보 같은 것. 어떤 유형의 객체나 주체에게 적용되는 완전한 반민족주의. 이를테면 선(禪)의 방향으로 나아가는 완전한 반민족주의.

레　비　그것은 지식인의 견해입니까?

바르트　물론 지식인의 견해입니다.

레　비　한때 지식인이 자신을 '지상의 소금'으로 여기거나 생각하던 때가 있었습니다만…….

바르트　차라리 지식인이란 사회의 찌꺼기(déchet)라고 말하고 싶습니다. 엄밀한 의미에서의 찌꺼기, 사람들이 회수해 가지 않으면 아무짝에도 쓸모없는 것. 이런 찌꺼기를 회수하려고 하는 체제도 있긴 합니다만, 그러나 근본적으로 찌꺼기란 아무짝에도 쓸모없는 것입니다. 어떤 점에서 지식인이란 아무것에도 유용하지 않은 존재입니다.

레　비　'찌꺼기'란 말씀은 무슨 뜻입니까?

바르트　유기체의 찌꺼기란 질료의 도정을 입증하지요. 이를테면 사람의 찌꺼기는 소화 과정을 입증하는 것이지요. 그렇다면 지식인이란 역사적 **도정**을 입증하는 것으로, 어떻게 보면 역사의 찌꺼기인 셈입니다. 지식인은 찌꺼기의 형태로, 어쩌면 모든 사회에 속해 있는 충동·욕구·분규·봉쇄(blocage)를 결정화하는지도 모릅니다. 낙관론자들은 지식인을 '증인'이라고 말합니다만, 나는 차라리 '흔적'에 불과한 것이라고 말하고 싶습니다.

레　비　당신의 견해를 따르자면, 지식인은 완전히 무용한 존재라는 말입니까?

바르트　무용한, 그러나 위험한 존재지요. 모든 강력한 체제는 지식인을 굴복시키려고 합니다. 지식인의 위험은 상징적이지요. 사람들은 지식인을 마치 법정 전염병이나 거추장스러운 잉여물처럼, 그러나 언어의 환상과 과잉을 통제된 공간 안에 잡아두기 위해 보존하는 그런 잉여물처럼 취급합니다.

레　비　그렇다면 당신은 어떤 도정의 찌꺼기입니까?

바르트　아마도 언어에 대한 역사적 관심의 흔적이라고나 해두지요. 그리고 또 다양한 호기심, 유행, 새로운 용어의 흔적일 것입니다.

레　비　유행이라고 말씀하셨습니다만, 유행이 시대의 모습이라는 말입니까? 달리 말하면, 당신은 현대 작가들의 글을 읽습니까?

바르트　사실은, 일반적으로 거의 읽지 않습니다. 이것은 비밀을 고백하는 게 아니라, 내가 쓴 텍스트에서도 명백히 드러나는 것입니다. 나는 세 가지 읽는 방법, 즉 세 가지 독서 방식을 가지고 있습니다. 첫번째는 책을 **쳐다보는**(regarder) 것으로, 나는 책을 받고, 책에 대해 말하는 것을 듣고, 그래서 그 책을 쳐다봅니다. 이것은 아주 중요한 독서 방식입니다. 사람들은 이런 종류의 책읽기에 대해 결코 이야기하지 않습니다. 쥘 로맹이 맹인들의 시야 밖 비전에 대해 역작을 쓴 것처럼, 나는 이 첫번째 책읽기를 청각 밖의 정보, 흐릿하고 정확하지는 않지만, 그래도 작동하는 정보라고 말하고 싶습니다. 두번째 독법은 내가 할 일이 있을 때, 이를테면 강의 준비나 혹은 **평론**·책을 써야 할 때, 나는 물론 책을 읽습니다. 처음부터 끝까지 메모를 해가면서 읽습니다. 하지만 내 작업과 관련해서만 책을 읽기 때문에, 그 책들은 내 작업 안에 **포함되는** 것이지요. 마지막으로 세번째 독법은 내가 집에 돌아와서 저녁마다 하는 것으로, 일반적으로 그때 나는 고전을 읽습니다.

레　비　제 질문에 대답하지 않으셨는데요…….

바르트　'현대 작가들의' 책 말입니까? 나는 그 대부분을 첫번째 범주에 분류합니다. 나는 그 책들을 '쳐다봅니다'. 왜냐고요? 말하기 어렵군요. 어쩌면 너무 가까이 있는 질료에 매료당할까 두려워서라고나 할까요. 너무 가까이 있어 더 이상 변형시킬 수 없을 것 같아서요. 내가 푸코나 들뢰즈·솔레르스를 변형시키는 것을 상상할 수가 없습니다…… 너무 가까이 있으니까요. 지나치게 현대적인 언어로 다가오니까요.

레　비　예외가 있습니까?

바르트　몇 권 있지요. 여기저기서 내게 깊은 인상을 준, 그래서 내 작업 속으로 스며든 한 권의 책. 그러나 그것은 항상 우연에 의한 것이지요. 게다가 내가 정말로 현대적인 책을 읽는다면, 사람들이 말할 때는 결코 아니고, 항상 늦게야 읽습니다. 사람들이 말할 때는 너무도 소란스러워 읽고 싶은 생각이 없어지니까요. 이를테면 들뢰즈의 《니체》와 《반오이디푸스》를 출간된 지 한참 후에야 읽었으니까요.

레 비　그래도 당신이 자주 참조하는 라캉이 있지 않습니까?

바르트　'자주'라니오? 잘 모르겠는데요. 사실 그 대부분은 내가 《사랑의 단상》을 쓸 때 참조한 것입니다. 나는 하나의 '심리학'을 필요로 했고, 정신분석학만이 그 중 하나를 제공해 줄 수 있었기 때문이지요. 거기서, 바로 그 정확한 지점에서 라캉과 자주 만나게 된 것입니다.

레 비　라캉주의입니까? 아니면 라캉의 '텍스트'입니까?

바르트　둘 다이지요. 라캉의 텍스트는 그 자체로서 내 관심을 끕니다. 그것은 사물을 움직이게 하는 텍스트이지요.

레 비　말장난 때문입니까?

바르트　아닙니다. 그 부분은 제가 가장 덜 민감한 부분입니다. 나는 그 말이 무슨 뜻인지를 알고, 그러면 듣는 것을 멈춥니다. 하지만 나머지는 꽤 좋아하는 편입니다. 니체의 유형학을 빌리자면, 라캉은 요컨대 '사제'와 '예술가'의 아주 드문 결합체일 것입니다.

레 비　당신 작품의 핵심 주제라고 할 수 있는 상상계(imaginaire)와 라캉의 상상계 사이에는 관계가 있습니까?

바르트 　예, 같은 것입니다. 그러나 아마도 나는 그 주제를 고립시킴으로써 왜곡하는지도 모릅니다. 상상계란 조금은 정신분석학의 초라한 친척과도 같다는 느낌입니다. 실재(réel)와 상징계(symbolique) 사이에 처박힌 상상계는, 적어도 **통설**적인 정신분석학에서는 절하된 것처럼 보입니다. 반대로 나의 다음 번 책은 상상계의 긍정처럼 제시될 것입니다.

레　비 　당신의 책을 읽습니까? 제 말은 당신이 쓰신 책을 다시 읽는가 하는 것입니다.

바르트 　결코 읽지 않습니다. 너무 두려워서요. 그 책이 괜찮다고 생각되면 더 이상 그런 책을 쓸 수 없으리라는 생각 때문에, 반대로 형편없다고 생각되면 그 책을 쓴 것을 후회하기 때문이지요.

레　비 　그렇다면 누가 당신의 책을 읽는지 아십니까? 누구를 위해 글을 쓰십니까?

바르트 　나는 우리가 누구에게, 누구를 위해 말을 하는지는 안다고 생각합니다. 말의 경우, 비록 그 청자가 이질적이라 할지라도 청자는 항상 정해져 있으니까요. 그러나 글쓰기의 절대적인 특성은 그것이 정말로 대화의 잠재태라는 점입니다. 그 자리는 존재하지만, 비어 있지요. 누가 이 자리를 채울지, 누구를 위해 쓰는지, 결코 알 수 없습니다.

레　비 　때때로 후세를 위해 글을 쓴다는 느낌을 가지십니까?

바르트 　솔직히 말해서 아닙니다. 내가 죽은 후에 내 작품이, 혹은 내 작품들이 읽혀진다는 것은 상상할 수가 없습니다. 문자 그대로 나는 그것을 상상하지 않습니다.

레 비 '작품(œuvre)'이라고 말씀하셨는데, '작품'을 쓴다는 의식이 있으십니까?

바르트 아닙니다. 게다가 나는 단수로 '작품'이라고 말했다가 복수로 '작품들'이라고 고쳐 말했습니다.[3] 나는 작품에 대한 의식이 없습니다. 그저 닥치는 대로 글을 쓸 뿐입니다. 강박관념과 연속성, 전술적인 우회의 혼합에 의해.

레 비 다른 방법으로 이루어진 '작품들'은 없습니까?

바르트 아마도 없을 겁니다. 모르겠습니다.

레 비 어쨌든 확실한 것은, 당신도 발레리처럼 '청탁에 의해' 글을 쓰시는 거겠지요.

바르트 자주 그렇습니다. 그렇지만 사실을 말하자면 점점 더 그렇게 하지 않습니다. 그것이 **글쓰기**의 청탁인 경우, 즉 책의 서문이나 화가를 소개하는 일, 평론을 쓰는 일인 경우에는 꽤 잘 되는 셈입니다. 간단히 말해, 사람들이 청탁하는 것이 나의 글쓰기일 때는 모든 것이 잘 돌아갑니다. 반대로 그것

---

3) 바르트가 말하는 작품(œuvre)이란 고전적인, 읽혀지는 글을 지칭하는 것으로 현대적인, 씌어지는 텍스트와는 대립된다.(이 책에 실린 〈작품에서 텍스트로〉 참조) 일반적으로는 이 단어가 단수로 사용되는 경우에는 한 작가의 전집을 가리키며, 복수로 사용되는 경우에는 저술 활동 혹은 행동이라는 뜻도 있다. 그러나 여기서는 저자의 독창적인 산물인 작품, 저자의 부재, 글쓰기의 인용의 장인 텍스트(작품들)의 대립을 가리키는 것으로, 작품과 텍스트로 옮기는 것이 적절하나 문맥의 이해를 위해 그대로 작품과 작품들로 옮기고자 한다.

이 논문 청탁인 경우, 이를테면 어떤 주제를 다루어야 할 경우에는 잘 안 됩니다. 어쩌다 그런 청탁을 수락하게 되면, 나는 아주 불행해집니다.

레　비　바로 거기에 당신 글쓰기의 지극히 단편적인 특징이 연유하는군요.

바르트　일종의 기질이지요. 나는 점점 더 단상으로 기울어집니다. 게다가 단상의 '맛'을 좋아합니다. 그리고 그 이론적인 중요성도 믿습니다. 연속적인 텍스트를 쓰기가 힘들 정도로요.

레　비　비록 당신 작업이 단편적이며, 또 우발적인 청탁에 따른 것이라 할지라도, 그래도 그것은 몇 개의 커다란 주제에 의해 관통되거나 통합되고 있습니다…….

바르트　주제는 있지요. 이를테면 상상계, 간접적인 것, 독사, 또 최근에 발전된 것이긴 합니다만, 반히스테리의 주제가 있습니다. 그러나 그것은 다만 주제일 뿐입니다.

레　비　당신 말은 철학자들이 말하는 의미에서의 '개념(concept)'이 아니라는 뜻이겠지요?

바르트　아닙니다. 개념입니다. 하지만 은유처럼 작용하는 은유로서의 개념입니다. 니체의 말이 옳다면, 그리고 그의 말처럼 개념이 은유적인 기원을 갖고 있다면, 내가 자신을 위치시키는 곳도 바로 이 기원입니다. 따라서 내가 사용하는 개념은, 통상적으로 철학자들이 부여하는 그런 엄격함은 갖고 있지 않습니다.

레　비　당신 책에서 가장 놀라운 점은, 엄격함의 부재라기보다는 개념 도입의 원시적인(sauvage) 성격입니다.

바르트 '원시적'이라는 말을 하셨는데 맞는 말입니다. 나는 기원의 소유권을 항상 인정하지는 않는, 일종의 '표절의 법칙' 같은 것을 따릅니다. 게다가 이것은 전혀 어떤 비판 정신에서 비롯된 것이 아닌, 어떻게 보면 욕망의 즉각성, 탐욕에 의한 것입니다. 바로 이런 탐욕 때문에, 때때로 나는 다른 사람의 말이나 주제를 도용합니다. 게다가 누군가가 내게서 뭔가를 '훔쳐 가도' 결코 항의하지 않습니다.

레 비 그래서 당신 저술의 통일성이 주제에 있다기보다는, 당신이 말하는 조작(opération)에 있는 것입니까?

바르트 바로 그렇습니다. 주제나 개념보다는 움직임이나 조작이 더 중요합니다. 이를테면 '이동(glissement)' 같은 것 말입니다. 이미지의 이동, 어의(語義)의 이동, 어원에의 의뢰, 혹은 왜곡이나 개념의 기형 등. 그 모든 의뢰나 기법에 대해 어쩌면 내가 《롤랑 바르트 평전》에서 목록을 작성해야만 했을.

레 비 그런 기법의 목적은 무엇입니까? 그것의 순수한 실천과는 별도로, 어떤 효과라도 노리는 것입니까?

바르트 나는 타자를 마비시키지 않는 글쓰기를 추구합니다. 그와 동시에 친숙하지 않은 글쓰기를 추구합니다. 바로 그 점이 어려운 거지요. 마비시키지 않으면서 그렇다고 해서 '친구 같은' 글쓰기도 아닌, 그런 글쓰기에 도달하고 싶은 거지요.

레 비 예전에 당신은 실재를 포착하고 귀속시키기 위해 '틀'을 찾는다고 말씀하셨는데……

바르트 '틀'에 대해서 말했다고는 생각지 않습니다. 어쨌든 내가 틀을 갖고 있다고 한다면, 그것은 문학일 수밖에 없습니다. 내가 함께 도처에 가지고 다니는 틀. 하지만 어느 친구가 말한 것처럼, 실재를 들어올리는 효과는 '틀' 없이도 가능하다고 생각합니다. 이런 말을 하는 것은, 바로 이것이 기호학의 모든 문제이기 때문입니다. 기호학은 우선 하나의 틀이었으며, 나 역시 그런 틀을 만들려고 노력했습니다. 그러나 기호학이 틀이 되었을 때, 그것은 더 이상 아무것도 들어올리지 못했습니다. 그리하여 나는 물론 기호학을 부정함이 없이, 다른 곳으로 나아가야만 했습니다.

레 비 당신을 좋아하지 않는 사람들은 당신 책에 대해, 그것이 글쓰기에 대한 미신이자 신성화라고 말합니다만…….

바르트 신성화라는 말에는 반대하지 않습니다. 최근에 라캉은 진짜 무신론자는 아주 드문 법이라고 말한 적이 있습니다만, 성스러운 것은 항상 어디엔가 있기 마련입니다. 그것이 내게는 글쓰기로 나타난 거지요. 어떤 것도 신성화하지 않는다는 것은 무척이나 힘들다는 걸 강조하고 싶습니다. 아마도 솔레르스만이 거기에 도달할 수 있는 유일한 사람이라고 생각됩니다만, 그것도 확실치는 않습니다. 사드의 작중인물인 생퐁[4]처럼, 솔레르스는 어쩌면 자신만의 비밀을 갖고 있는지

---

4) 사드의 소설 《쥘리에트, 혹은 악덕의 번영》에 나오는 이 인물은 신성모독을 통해 모든 초월적 가치를 부정한다. 사드의 부정적 신학관을 표상하는 대표적 인물이다.

모릅니다. 어쨌든 나와 관계된 것으로 말하자면, 나는 확실히 신성화하고 있습니다. 나는 즐김을, 글쓰기의 즐김을 신성화합니다.

레　비　그런데 그 언어는 또한 구어체의 언어, 이를테면 연극적인 언어겠지요?

바르트　연극과의 관계는 조금 복잡합니다. 은유적 에너지로서의 연극은 오늘날까지도 내게 있어 아주 중요합니다. 나는 도처에서, 글쓰기에서, 이미지에서 연극을 봅니다. 그러나 극장에 연극을 보러 가는 일로 말하자면, 더 이상 관심이 없습니다. 거의 가지 않습니다. 무대화에 민감하다고나 해두지요. 그리고 무대화란 제가 조금 전에 말한 의미에서의 조작입니다.

레　비　교육 언어에서 당신이 되찾게 되는 조작 말이지요.

바르트　선생과 학생의 관계는 또 다른 문제지요. 그것은 욕망의 관계인 계약 관계입니다. 환멸의 가능성, 그러므로 실현의 가능성을 연루시키는 상호적인 욕망의 관계이지요. 조금 도발적인 말로 한다면, 매춘의 계약이라고 할 수 있지요.

레　비　금년에 당신은 콜레주드프랑스에 들어가십니다만, 그런 교육 관계의 속성에서 뭔가를 바꿀 수 있다고 생각하십니까?

바르트　아닙니다. 그렇지 않기를 바랍니다. 나는 세미나의 테두리 안에서 항상 교육과 '목가적인 관계'를 가져왔습니다. 항상 나를 선택한 주체들, 내 말을 들으러 온 사람들만을 상대로 가르쳐 왔지, 그 사람들에게 내 자신을 강요한 적은 없었습니다. 이런 특권적인 사정은 이론상 콜레주드프랑스 강의의 그것이기도 합니다.

레　비　세미나는 대화를 전제로 하지만, 강의는 독백으로 이루어진다는 점만 제외하고는요……

바르트　그것도 흔히 생각하는 것처럼 그렇게 중요한 것은 아닙니다. 교육 관계에 있어 하나의 그릇된 편견이 있다면, 그것은 모든 것이 말하는 사람 쪽에 있고, 듣는 사람 쪽에는 아무것도 없다고 생각하는 것입니다. 그런데 내 견해로는 뭔가 일어난다면, 그것은 양쪽에서 다 일어난다고 생각합니다. 말하기의 이름으로 듣기를 억압해서는 안 됩니다. 듣는 것도 능동적인 즐김이 될 수 있습니다.

레　비　달리 말하면, 거기에는 필연적인 강요된 권력 관계가 없다는 뜻입니까?

바르트　물론 거기에는 담론에, 모든 담론에 내재하는 권력의 문제가 있으며, 그 점에 대해서는 취임 강의에서 말하려고 합니다만, 그밖에도 종종 심리극으로 변해 버리는 거짓 대화를 위해 강의의 원칙을 서둘러 삭제할 필요는 없다고 생각합니다. 우리는 독백을, 말과 듣기 사이에 정교한 유희가 연출되는 일종의 연극으로 생각할 수 있습니다. 설령 그것이 조금 기만적이고 흐릿하며 불확실한 연극이라 할지라도 말입니다. 독백이란 반드시 위압적인 것만은 아닌, '사랑스런' 것일 수도 있으니까요.

저자의 죽음

발자크는 그의 중편소설 〈사라진느〉에서 여자로 가장한 한 거세된 자에 대해 말하며, 이런 문장을 쓰고 있다. "그녀의 갑작스런 두려움, 그녀의 이유 없는 변덕, 그녀의 본능적인 불안, 그녀의 까닭 모를 대담함, 그녀의 허세, 그녀의 섬세하고도 부드러운 감수성, 그것은 분명 여자였다."[1] 누가 이렇게 말하는가? 그것은 여자 아래 감추어진 그 거세된 자를 모르는 척하고자 하는 소설의 주인공인가? 아니면 자신의 개인적 체험에 의해 여성에 대한 한 철학을 가지게 된 개인 발자크인가? 또는 여성성에 대한 '문학적' 관념을 언명하는 저자 발자크인가? 보편적 지혜인가? 낭만적 심리학인가? 그것을 안다는 것은 영원히 불가능하다. 왜냐하면 글쓰기란 모든 목소리, 모든 기원의 파괴이기 때문이다. 글쓰기는 우리의 주체가 도주해 버린 그 중성, 그 복합체, 그 간접적인 것, 즉 글을 쓰는 육체의 정체성에서 출발하여 모든 정체성이 상실되는 음화(négative)[2]이다.

---

* 이 글은 1968년 《망테이아 *Manteia*》지에 발표된 것으로, 《언어의 살랑거림 *Le Bruissement de la langue*》(Seuil, 1984)에 재수록되었다.
1) 여기에 나오는 일련의 수식어들은 전부 여성명사들로서, 그것을 한정하는 소유형용사 또한 여성이다. 따라서 이 소유형용사는 단순히 '그' 혹은 '그것의'로 풀이될 수 있지만, 계속해서 반복되는 이런 여성 소유형용사의 사용은 여성성을 강조하기 위한 것으로 받아들여지며, 따라서 이 글에서는 '그녀의'로 옮기고자 한다.
2) 여기서 바르트는 명암 · 흑백 등이 피사체와는 반대가 되는 음화의 이미지를 통하여, 글쓰기 안에서의 주체의 부재와 그 전복적인 양상을 말하고 있다.

아마도 그것은 항상 그래 왔던 것 같다. 하나의 사실이 현실에 직접 작용하기 위해서가 아니라, 자동사적인 목적으로 **이야기되기만** 하면, 다시 말해 상징을 실천하는 것 외에 다른 어떤 기능도 가지지 아니하면, 그때 이런 분리가 나타난다. 목소리는 그 기원을 상실하고, 저자는 그 자신의 죽음으로 들어가며, 글쓰기가 시작된다. 그렇지만 이런 현상에 대한 감정은 매우 다양하게 나타났다. 민속학적인 사회에서의 이야기는 어떤 인간이 아닌, 엄밀히 말해 우리가 결코 그 '천재성'을 찬미하는 것이 아니라, 기껏해야 그 '언어 수행'(즉 서술적 약호의 지배)을 찬미하는 매개자 · 샤먼 · 낭송자에 의해 담당되어 왔다. 저자란 중세를 벗어나자마자 영국의 경험주의와 프랑스의 합리주의, 종교 개혁의 개인적인 신앙과 더불어 우리 사회가 개인(individu)의 명성을, 좀더 고상하게 말한다면 '인격(personne humaine)'이라는 것을 발견한 후에 생산된 현대적인 인물이다. 그러므로 문학 안에서 저자의 '인간(personne)'에 최대의 중요성을 부여한 것이, 자본주의 이데올로기의 요약이자 귀결인 실증주의라는 것은 지극히 논리적이다. **저자**는 아직도 문학사의 교과서나 작가의 전기, 잡지의 대담, 그리고 자신의 내적 일기에 의해 그들의 인간과 작품을 연결시키려는 문학가들의 의식 속에서도 여전히 지배적이다. 일반적인 문화 안에서 발견되는 문학의 이미지는 가차없이 저자, 그 인간 · 생애 · 취향 · 정념에 집중되어 있다. 비평 또한 대부분의 경우, 보들레르의 작품은 인간 보들레르의 실패이며, 고흐의 작품은 곧 그의 광기이며, 차이코프스키의 작품은 그의 악덕이라고 말한다. 이렇듯 작품의 **설명**은 언제나 작품을 만들어 낸 사람 쪽에서 모색되어 왔다. 마치 다소간에 투명한 허구의 알레고리를 통하여 거기에는 결국 언제나 하나의 유일하고도 동일한 사람의 목소리가, 자신의 '속내 이야기'를 털어놓는 저자가 존재한다는 것처럼.

비록 저자의 제국이 아직도 무척 강력하기는 하지만(신비평은 자주 그 제국을 공고히 했을 뿐이다), 벌써 오래전부터 몇몇 작가들이 그것을 붕괴하려고 시도해 온 것은 자명하다. 프랑스에서는 아마도 말라르메가 그 첫번째일 것이다. 그는 지금까지 언어의 소유주라고 여겨져 왔던 자를 언어 자체로 대체할 필요성을 광범위하게 인식하고 예견했다. 그에게서 또 우리에게서도 마찬가지이지만, 말하는 것은 언어이지 저자가 아니다. 쓴다는 것은 선행적인 몰개성(impersonnalité)——사실주의 소설가들의 그 거세적인 객관성[3]과는 결코 혼동될 수 없는——을 통하여 '자아'가 아닌, 오직 언어만이 작업하고 '수행하는' 바로 그 지점에 도달하고자 하는 것이다. 말라르메의 모든 시학은 글쓰기를 위해 저자를 제거하는 데에 있었다(뒤에서도 살펴보겠지만, 이것은 독자의 자리를 회복시키고자 함이다). 발레리는 **자아**의 심리학으로 인해 조금은 혼란한 상태에서 말라르메의 이론을 약화시키기는 하였지만, 그의 고전주의적 취향에 의해 수사학의 가르침을 준

---

3) 여기서 거세적이라고 옮긴 프랑스어의 castratrice는, 거세라는 1차적 의미에서 더 확대되어 신체의 다른 부위를 절단하거나 훼손시킨다는 의미를 가지고 있다. 따라서 '거세적인 객관성'이란 모든 반응이나 다양한 해석을 차단시키는 불구의, 풍요롭지 않은 그런 직접적인 객관성으로 해석될 수 있을 것이다.

수하면서도 계속해서 **저자**를 의문시하고 조롱하였고, 자신의 활동의 언어학적이고도 '모험적인' 성격을 강조하였으며, 전 산문 저술을 통하여 문학의 본질적인 언술적 조건을 위해 투쟁하였다. 그 조건 앞에서 작가의 내재성에 대한 모든 의뢰는 순전히 미신적인 것으로 보였던 것이다. 프루스트 자신도 그의 **분석**(analyse)이라 불리는 것의 외관상 심리적 성격에도 불구하고 작가와 작중인물의 관계를 지극히 정교한 수법으로 가차없이 뒤섞어 놓는 일에 몰두하였다. 그는 화자를 보고 느끼고 쓰는 자가 아니라, **이제 글을 쓰려고 하는** 자로 만들었다 (소설의 그 젊은이, 그런데 사실 그는 몇 살일까? **누구**일까? 글을 쓰고 싶어하지만, 글을 쓸 수 없는 그. 그리고 소설은 드디어 글쓰기가 가능해질 때 끝이 난다). 프루스트는 현대적인 글쓰기에 그 서사시를 부여했다. 근본적인 뒤집음에 의해 그는 사람들이 자주 말하는 것처럼 그의 삶을 소설 속에 투여한 것이 아니라 그 자신의 삶을 작품으로, 그가 쓰는 책이 그 작품의 모델이 되는 그러한 작품으로 만들었던 것이다. 샤를뤼가 몽테스키외를 모방한 것이 아니라, 바로 그 일화적이고 역사적인 현실 속에서의 몽테스키외가 샤를뤼에서 파생된 2차적인 단편에 지나지 않는 것이다.[4] 그리고 현대성의 선사시대라 할 수 있는 **초현실주의**에 국한시켜 생각해 보아도, 그것은 분명 언어에 최상의 자리를 부여할 수는 없었다. 왜냐하면 언어는 체계나 이 운동이 목

---

4) 샤를뤼는 프루스트의 《잃어버린 시간을 찾아서 *À la Recherche du Temps Perdu*》에 나오는 동성연애자의 대표적인 인물로, 당시 시인이자 귀족이며 그 오만함으로 사교계에서 명성이 드높았던 몽테스키외라는 실제인물에서 차용한 것으로 간주되어 왔다.

표로 하는 것은 낭만적이게도——게다가 환상적인, 왜냐하면 약호는 파괴될 수 없으며, 단지 '유희하는' 것만이 가능하므로——약호의 직접적인 전복이었기 때문이다. 그렇지만 초현실주의는 기대하던 의미를 갑작스레 좌절시킬 것을 권유하면서(이것이 초현실주의의 저 유명한 '돌발 비약(saccade)'이다), 머리가 의식하지 못하는 것을 손에게 되도록 빨리 쓰게 하는 임무를 맡김으로써(이것이 자동기술이다), 또 여러 사람이 함께 쓰는 글쓰기의 체험과 원칙을 인정함으로써 저자의 이미지를 탈신성화하는 데 공헌하였다. 그리고 마지막으로 문학 밖에서도(사실 이런 구별은 이제 낡은 것이다), 언어학이 언술행위 전체가 대화자들이라는 인간에 의해 채워지지 않고서도 완벽하게 기능하는 하나의 텅 빈 과정이라는 것을 보여주면서, 저자의 파괴에 귀중한 분석 도구를 제공하기에 이른다. 언어학적으로 말한다면, 저자는 마치 나가 나라고 말하는 자에 지나지 않는 것처럼, 글을 쓰는 사람 외에 다른 아무것도 아니다. 언어는 '인간'이 아닌 '주어'를 알 뿐이다. 그리고 이 주어는 그것을 명시하는 언술행위 자체를 떠나서는 텅 빈 것으로서, 언어를 '말하는 데에', 다시 말해 언어를 고갈시키는 데에 그친다.

저자의 멀어짐은(브레히트와 더불어 우리는 그것이 진정한 '거리두기'라고 말할 수 있을 것이다. 저자는 문학적 무대 저 끝에 있는 단역배우처럼 축소된다) 하나의 역사적 사실, 혹은 글쓰기의 행위만이 아니다. 그것은 현대적인 글쓰기를 완전히 변모시킨다(혹은 같은 말이기는 하지만 텍스트는 그 속에서, 그 모든 층 위에서 저자가 부재하도록 만들어지고 읽혀진다). 우선 시간도 더 이상 같은 것이 아니다. 우리가 **저자**의 존재를 믿는 한 **저자**는 항상 그의 책의 과거로 간주되어 왔다. 책과 저자는 '전(avant)'과 '후(après)'로 배열된 채 동일선상에 위치한다. **저자**는 책을 **부양하는** 것으로 여겨졌다. 다시 말해 책 이전에 존재하고, 책을 위해 생각하고, 괴로워하고, 살아가는 것으로. 그는 아버지와 자식의 관계에서처럼 자신의 작품과 선행적인 관계를 가진다. 이와 반대로 현대적인 필사자(scripteur)[5]는 자신의 텍스트와 동시에 태어난다. 그는 자신의 글쓰기를 선행하거나 초과하는 존재를 어떤 방식으로든 갖고 있지 아니하며, 자신의 책이 술어가 되는 그런 책의 주어가 아니다. 거기에는 단지 언술행위의 시간만이 존재하며, 모든 텍스트는 영원히 **지금 여기서** 씌어진다. 사실인즉(혹은 그 결과), **쓴다는 것은** 더 이상 기록·확인·재현·묘사(peinture, **고전주의자들**이 말하는)의 조작을 가리키는 것이 아니라, 옥스퍼드 철학의 영향을 받은 언어학자들이 수행동사(performantif)[6]라고 부르는 것, 정확히 말해 언술행위가 발화하는 행위 외에 어떤 내용(어떤 언표)도 가지지 아니하

---

5) 이 책의 18쪽 〈텍스트의 즐거움〉, 주 7) 참조.

6) 수행동사는 명령하다·선언하다·약속하다라는 동사처럼 말하는 동시에 하나의 행동을 수행하는 동사를 가리킨다. 수행동사 혹은 언어 수행이라고 불리는 이 언어학 용어는 언어 능력(compétence)에 대립되는 것으로, "구체적인 언어의 실제적인 사용을 의미한다. (……) 언어 능력은 추상적이고도 이상적인 것이지만, (……) 언어 수행은 구체적이며, 기억의 한계, 고쳐 말하는 것, 부주의 등 언어 이외의 요소에서 오는 불완전한 형식까지도 포함한다."(이정민·배영남, 《언어학 사전》, 한신문화사, 1982, 557쪽)

는, 그런 진귀한 언술적인 형태를 가리킨다(전적으로 1인칭과 현재시제로 주어지는). 그것은 뭔가 왕들의 '**짐은 선언하노니**' 혹은 고대 시인의 '**나는 노래한다**'와도 같다. 이렇게 저자를 매장하고 난 현대의 필사자는, 선배들의 비장한 관점에 따라 손이 사상이나 정념을 표현하기에는 너무 느리며, 그 결과 필요의 법칙을 만들어 이 느림을 강조하고, 또 자신의 형식을 무한히 '가다듬어야' 한다고는 믿을 수 없게 되었다. 반대로 그에게서 손은 모든 목소리로부터 차단된 채 단순한 기재(inscription. 표현이 아닌)의 몸짓에 이끌려 기원이 없는 장을 그려 나간다. 또는 적어도 언어라는 기원 외에는, 다시 말해 모든 기원을 끊임없이 문제시하는 언어 외에는 다른 어떤 기원도 가지지 아니한다.

우리는 이제 텍스트가 하나의 유일한 의미, 즉 '신학적인'(**저자**——**신**의 '메시지'인) 의미를 드러내는 단어들의 행으로 이루어진 것이 아니라, 그 중 어느것도 근원적이지 않은 여러 다양한 글쓰기들이 서로 결합하며 반박하는 다차원적인 공간이라는 것을 알게 되었다. 텍스트는 수많은 문화의 온상에서 온 인용들의 짜임이다. 위대하고, 동시에 희극적인 저 영원한 필경사 부바르와 페퀴셰[7]처럼——그 우스꽝스런 심오함이 바로 글쓰기의 진실을 말해 주는——작가는 결코 근원적인 몸짓이 아닌 다만 이전의 몸짓을 모방할 뿐이다. 그의 유일

---

7) 이 책 52쪽 〈텍스트의 즐거움〉, 주 38) 참조.

한 권한은 글쓰기를 뒤섞거나 대립하게 하여, 그 중 어느 하나에도 의존하지 않게 하는 데에 있다. 그가 **자신을 표현하고** 싶다면, 적어도 그가 '번역하고자' 하는 내적인 '것'은 그 자체로서 이미 만들어진 사전일 뿐이라는 것을 알아야 한다. 사전 안에서 낱말들은 다른 낱말을 통해서만 설명될 수 있으며, 또 그것은 무한하다는 것을. 우리는 이런 모험의 대표적인 사례를 청년 토머스 드 퀸시[8]에게서 찾아볼 수 있다. 그리스어에 능통한 그가 지극히 현대적인 사상과 이미지들을 그 죽은 언어로 번역하기 위해서는 보들레르의 지적처럼(《인공 천국》에서), "그는 순전히 문학적인 주제에 대한 일반적 연구에서 유래하는 사전보다 훨씬 더 복합적이고 확대된 항상 준비된 사전을 그 자신을 위해 창조해 냈던 것이다." **저자**를 계승한 필사자는 이제 더 이상 그의 마음속에 정념이나 기분·감정·인상을 가지고 있지 않고, 다만 하나의 거대한 사전을 가지고 있어, 거기서부터 결코 멈출 줄 모르는 글쓰기를 길어올린다. 삶은 책을 모방할 뿐이며, 그리고 이 책 자체도 기호들의 짜임, 상실되고 무한히 지연된 모방일 뿐이다.

이렇게 **저자**가 멀어지면, 텍스트를 '해독'한다는 주장은 전적으로 쓸모없는 것이 된다. 텍스트에 **저자**를 부여하는 것은 그것에 안전장

---

8) Thomas De Quincey(1785~1859): 영국 작가로서 《영국인 아편쟁이의 고백 *Confessions of on English Opium-Eater*》《살인의 예술적 고찰》 등의 작품을 남겼으며, 보들레르에게 많은 영향을 끼쳤다.

치를 부과하고, 최종적인 기의(signifié)를 제공하고, 글쓰기를 봉쇄하는 것이다. 이러한 개념은 비평에 아주 걸맞는 것이다. 비평은 작품 아래에서 **저자**(혹은 그 위격(位格)에 해당하는 사회·역사·심리·자유 등)를 발견하는 것을 주요 임무로 삼는다. 그리하여 **저자**가 발견되면, 텍스트는 '설명되고', 비평은 승리한다. 따라서 **저자**의 통치는 역사적으로 곧 **비평**의 통치였으며, 그리고 이런 비평이(비록 그것이 신비평이라 할지라도) 오늘날 **저자**와 더불어 붕괴되어 가고 있다는 것은 전혀 놀라운 일이 아닐 것이다. 글쓰기의 복수태 안에서 모든 것은 **풀어 나가야**(démêler) 하는 것이지, **해독해야**(déchiffrer) 할 것은 아무것도 없다. 그 구조는 연속적이며, 그 모든 이음새나 모든 단계에서 '풀려 나갈 수 있지만'(마치 스타킹 올이 나갔다고 말하는 것처럼), 거기에는 바닥이 없다. 글쓰기의 공간은 답사하는 것이지 꿰뚫는 것이 아니다. 글쓰기는 끝없이 의미를 상정하지만, 그러나 그것은 언제나 의미를 증발하기 위해서이다. 글쓰기 의미를 체계적으로 비워 나간다. 이렇게 해서 문학은(이제부터는 글쓰기라고 부르는 편이 더 나을 것이다) 텍스트에 (그리고 텍스트로서의 세계에) 하나의 '비밀'을, 최종적인 의미를 부여하기를 거부하면서, 이른바 반신학적이라고 할 수 있는 활동을, 진정으로 혁명적인 그런 활동을 분출시킨다. 왜냐하면 의미를 고정시키는 것을 거부하는 것은, 결국 신과 그 삼위일체 위격인 이성·과학·법칙을 거부하는 것이기 때문이다.

발자크의 문장으로 돌아가 보자. 아무도(어떤 '인간'도) 그 문장을 말하지 않는다. 그 근원이며 목소리는 글쓰기의 진정한 장소가 아니다. 그 진정한 장소는 바로 글읽기이다. 하나의 정확한 사례가 이 사실을 보다 분명히 해줄 것이다. 최근의 한 연구[9]는 그리스 비극의 구성상의 모호성을 밝혀 주었는데, 그 텍스트는 이중적인 의미의 단어들로 짜여져 있어 각각의 인물들은 그 말들을 일방적으로 이해한다는 것이다(이 지속적인 오해가 바로 '비극적'인 것이다). 그렇지만 거기에는 각각의 말들을 그 이중성 속에서 이해하는 누군가가 있는데, 다시 말해 자기 앞에서 말하는 인물들의 귀먹음까지 이해하는 누군가가 있는데, 이것이 바로 독자(혹은 이 경우에는 청자)라는 것이다. 이렇게 해서 글쓰기의 총체적 존재가 드러난다. 텍스트는 수많은 문화에서 온 복합적인 글쓰기들로 이루어져 서로 대화하고 풍자하고 반박한다. 그러나 거기에는 이런 다양성이 집결되는 한 장소가 있는데, 그 장소는 지금까지 말해 온 것처럼 저자가 아닌, 바로 독자이다. 독자는 글쓰기를 이루는 모든 인용들이 하나도 상실됨 없이 기재되는 공간이다. 텍스트의 통일성은 그 기원이 아닌 목적지에 있다. 그러나 이 목적지는 더 이상 개인적인 것일 수는 없다. 독자는 역사도, 전기도, 심리도 없는 사람이다. 그는 씌어진 것들을 구성하는 모든 흔적들을 하나의 동일한 장 안에 모으는 **누군가**일 뿐이다. 그러므로 위선적으로 독자의 권리의 대변자인 양 자처해 온 인본주의라는 이름 하에 이 새로운 글쓰기를 비난한다면, 그것은 가소로운 일일 터이다.

---

9) Jean-Pierre Vernant et Pierre Vidal-Naquet, 《고대 그리스의 신화와 비극 *Mythe et tragédie en Grèce ancienne*》, Paris, 1972를 말한다.

고전비평은 결코 독자를 다룬 적이 없다. 고전비평에서는 글을 쓰는 자 외에 문학에서 어떤 사람도 존재하지 않는다. 상류사회 자체가 배척하고 무시하고 은폐하고 파괴해 온 것을 이제서야 마치 위하는 양 뻔뻔스럽게 글쓰기를 비판하고 나선다면, 우리는 그런 반어적인 수법에 더 이상 속아 넘어갈 수 없다. 이제 우리는 글쓰기에 그 미래를 되돌려 주기 위해 글쓰기의 신화를 전복시켜야 한다는 것을 안다. 독자의 탄생은 **저자**의 죽음이라는 대가를 치러야 한다.

롤랑 바르트 연보

1915년

프랑스 북쪽 셰르부르에서 11월 12일 가스코뉴 출신의 해군 장교 루이 바르트(당시 32세)와 알자스 출신의 앙리에트트 뱅제(당시 22세) 사이에 출생. 바르트의 조부는 마자메에서 공증인을 배출한 가문의 출신으로 프랑스 남부 철도청의 공무원이었으며, 조모는 타르브의 가난한 귀족 출신이었다. 외할아버지인 뱅제 장교는 알자스의 유리 제조인 집안에서 태어나 서부 아프리카에서 탐험가로 체류한 적이 있으며, 유일하게 부유한 외할머니는 로렌 태생으로 빠리에 제철소를 소유하고 있었다. 아버지 쪽은 가톨릭이었으나 프로테스탄트였던 어머니를 따라 그리스도교로 개종하였다. 훗날 바르트는 "1/4은 옛 귀족, 1/4은 지주 부르주아, 2/4는 자유직 부르주아가 전반적인 궁핍 속에 한데 어우러진" 가문이라는 말로 자신의 계보를 설명하였다.

1916-24년

---

*이 연보는 《롤랑 바르트 평전》(Seuil, 1975년)과 루이 장 칼베의 《롤랑 바르트》(Flammarion, 1990년)에 의거하여 역자가 작성한 것이다.

바르트가 한 살이었을 때 해군 중위였던 아버지가 북해에서 전사하자, 어머니는 곧 그곳을 떠나 시어머니가 살고 있는 프랑스 남서부 지방의 바욘으로 거처를 옮겼다. 바욘은 바스크인의 중심지로서 바스크·스페인·프랑스 문화가 혼재하는 이질적인 장소이다. 이곳은 바르트가 정신적 지평을 구축한 곳으로, 훗날 바르트 자신에 의해 프루스트에게서의 '콩브레'와도 같은 곳이라고 설명되었다. 그곳에서 초등학교를 다니며 어머니, 친할머니인 베르트 바르트, 피아노 선생님인 고모 알리스의 세 여자 사이에서 유년 시절을 보내며 피아노를 배웠다.

1924년

'전쟁 과부'인 어머니는 빠리로 상경하여, 학생들이 살고 있는 생 제르맹 데 프레 가에 거처를 정하였다. 매해 여름 방학은 할머니와 고모가 살고 있는 바욘에서 보냈다.

1924-30년

빠리의 명문 몽테뉴 중학교를 다녔다. 바르트 나이 14세에, 어머니는 바욘 근처 랑드 지방에 살고 있는 도예가 앙드레 살제도를 알게 되어 이복동생인 미셸 살제도를 낳았다. 그러나 살제도와의 불화로 어머니는 동생을 데리고 빠리로 상경. 부유한 외할머니 노에미 뱅제는 바르트의 외조부와 이혼하고, 철학 교수와 결혼하여 빠리 팡테옹 근처의 호화 아파트에서 많은 문학인들과 교류하며 살았지만, 딸의 부도덕한 행동을 용납하지 않아 바르트의 어머니를 궁핍한 처지에 내버려두었다. 바르트의 어머니는 책 제본으로 생계를 이어 나갔으며, 어머니의 이런 비참한 모습에 대한 추억은 바르트의 마음속에 깊이 새겨져 훗날 어머니에 대한 남다른 사랑과 외할머니에 대한 적개심을 품게 만들었다.

1930-34년

빠리의 명문 루이 르 그랑 고등학교를 다녔다. 같은 몽테뉴 중학교 출신의 르베롤을 만나 우정을 나누었다.

1934년

5월 10일, 대학입학자격고시(철학 계열) 마지막 시험을 한 달 앞두고 각혈로 쓰러졌다. 왼쪽 폐의 심한 손상으로 피레네 산맥과 브두·아스프 계곡에서 일련의 요양 생활을 하면서 9월 재시험에 합격. 이 병으로 빠리고등사범학교와 교수자격시험에 응시할 수 없어 교수가 되려던 그의 '소명'이 좌절되었다. 이 병은 거의 10년 동안 그의 삶을 지배하였다. 르베롤은 고등사범학교 준비반에 합격.

1935-39년

병으로 인해 문학사 학위에 만족하기로 하고, 소르본 고전문학과에 다녔다. 자크 베엘과 함께 소르본 고전극단을 창설하고, 적극적으로 참여하였다.

1937년

폐결핵으로 군복무를 면제받고, 헝가리에서 여름 방학 동안 프랑스어를 가르쳤다.

1938년
소르본 고전극단과 그리스 여행. 그리스 비극에 대한 논문 집필.

1939-40년
비아리츠 중학교 임시 교사로 발령받았다. 학사 학위에 필요한 과목은 전부 이수했으나, 교사자격증 취득에 필요한 문법과 문헌학 과목을 이수하지 못한 관계로 고졸 출신의 교사에 준하는 대우를 받았다. 전 가족이 비아리츠로 이사.

1940-41년
빠리의 볼테르 고등학교와 카르노 고등학교에서 자습감독관으로 일하였다.

1941년 10월
폐결핵 재발로, 그르노블 대학교 부설기관인 생 틸레르 뒤 투베 대학생 요양소에서 첫번째 체류.

1943년
빠리에서 정양하면서, 교사자격증 취득에 필요한 문법과 문헌학 학점 취득.

7월, 폐결핵 재발로 대학생 요양소에서 두번째 체류. 한때 정신과 의사가 되기 위해 문학 공부를 포기할 생각을 하기도 하였으나, 치료 도중 재발.

1945-46년

레젱에 있는 스위스 대학교 부설 알렉산드르 병원에서 노천욕과 침묵요법의 치료를 받았다. 여기서 체류하는 동안 미슐레를 독파하였으며, 같은 방 친구인 잡지사 교정공 푸르니에를 통해 마르크스주의에 입문. 푸르니에는 트로츠키주의 당원으로서 모든 '정치적 흥분'이 배제된 담론과 마르크스주의가 무엇보다도 변증법적인 것이라는 걸 일깨워 주었다. 또한 푸르니에는 당시 《콩바》지 문학 담당자였던 모리스 나도를 소개해 주었으며, 이에 바르트는 카뮈에 대한 백색 글쓰기와 내용의 차원이 아닌 형식의 차원에서 문학의 참여 문제를 다룬 글을 보여주었다. 나도는 바르트에게 《콩바》지에 평론을 써줄 것을 요청하였으며, 바로 이것이 《글쓰기의 영도》의 씨앗이 되었다. 바르트의 문학 경력에 있어 결정적인 역할을 한 사람으로 바르트는 나도 외에도 레이몽 크노와 알베르 베갱을 들고 있는데, 베갱은 바르트가 평생 관여하게 될 쇠이유 출판사에 연결시켜 주었다.

1947-49년

병에서 회복된 후 빠리로 돌아와 어머니와 합류. 고등학교 친구이자 당시 루마니아 문정관이었던 르베롤의 주선으로, 부쿠레슈티 프랑스 연구소의 사서 자리를 제안받고 어머니와 함께 떠났다. 처음에는 사서로, 나중에는 부쿠레슈티 대학교의 프랑스어 교수로 근무.

1949-50년

루마니아와의 관계 악화로 프랑스연구소가 문을 닫게 되자, 외무성의 주선으로 이집트 알렉산드리아 대학교 프랑스어과 교수로 근무. 부쿠레슈티에 체류중 같은 대학에 근무하던 구조의미론의 대가이자 기호학자인 리투아니아 출신 그레마스를 알게 되어 소쉬르·야콥슨·마토레 등의 언어학자들에 입문. 그러나 부쿠레슈티 생활에 이내 싫증을 낸 바르트는 빠리로 돌아가기로 결정하였다. 그가 부쿠레슈티를 떠나던 날, 그레마스는 처음으로 바르트가 동성연애자였다는 사실을 알게 되었다고 회고하였다.

1950년

프랑스 외무성 문화교류국 직원으로 발령받았다. 빠리에서 어머니와 합류.

1952년

프랑스 국립과학연구소(CNRS)에서 1830년대의 사회적 문제의 어휘론에 대한 연구로 장학금을 받고 외무성을 그만두었다. 모리스 나도가 창간한 《레트르 누벨》지에 참여. 그림을 그리는 이복동생과 책 제본을 하는 어머니를 돕기 위해 소르본 대학교의 외국인 학생을 위한 강좌에서 프랑스어를 가르치기도 하였다.

1953년

《글쓰기의 영도》를 쇠이유 출판사에서 출간. 《콩바》지에 실렸던 인연으로 모리스 나도에게 헌정.

7월, 외할머니 노에미의 죽음으로 어머니가 다른 두 형제와 더불어 유산을 상속받게 되자, 바르트는 잠시 외할머니가 살던 팡테옹 근처의 호화 아파트에 기거하다가, 유산 분배가 확정된 후 세르방도니 가의 아파트를 구입. 또 바르트 나이 38세에 연극과의 모험이 재개되었다. 훗날 빠리 제3대학교의 연극학 교수가 된 베르나르 도르트와 함께 《민중극단》지를 창간하고, 브레히트 연극을 프랑스에 전파하는데 큰 기여를 하였다.

1954-55년

아르셰 출판사 문학자문위원.

1954년

《미슐레 평전》 출간.

1955년

프리드만과 르페브르의 도움으로 프랑스 국립과학연구소의 사회학 분야 연구원이 되었다.

카뮈와의 논쟁 시작. 《글쓰기의 영도》 이후 바르트는 카뮈에 대해 〈이 방인, 태양의 소설〉과 〈페스트, 전염병의 기록 또는 고독의 소설?〉이라는 두 편의 글을 발표하였는데, 이 글에서 바르트는 '페스트'를 신랄히 비판하였다. 그러자 카뮈는 "무엇의 이름으로 말하는가?"라고 질문하고, 이에 바르트는 "역사적 유물론의 관점에서 말을 한다"라고 대답하였다. 이 대답은 바르트=마르크시스트라는 꼬리표가 붙게 된 계기가 되었다. 내성적인 성향으로 모든 집회나 정치적 발언, 운동권이나 투사 등을 싫어하는 바르트에게 카뮈는 그의 정치적 입장을 공공연하게 표명하는 기회를 제공한 셈이 되었다.

한편 이집트에 있던 그레마스는 1955년 조르주 뒤메질이 맡았던 스웨덴 웁살라 대학교의 프랑스어 강사 자리에 지원하였지만, 29세의 대학교수자격증을 가진 미셸 푸코가 선임되었다. 몇 달 후 바르트는 후일 소르본 교수가 된 로베르 모지의 소개로 푸코와 알게 되었는데, 그들은 둘 다 동성애적인 성향과 지배 이데올로기에 대한 혐오 때문에 금방 가까운 사이가 되었다. 바르트의 내성적인 성격은 푸코의 외향적이고 과시적인 성격과는 대조를 이루었지만, 함께 생 제르맹 데 프레의 술집을 배회하거나, 모로코에서 바캉스를 보내기도 하였다.

1957(1954-)년까지
《레트르 누벨》지에 발표한 글들을 모아 《신화학》 출간. 미국 여행. 처음에는 '미술레', 두번째는 '사회적 문제의 어휘'에 관한 박사 학위 논문을 쓰려던 계획을 포기한 이래, 세번째로 '유행 의상'에 관한 박사 학위 논문을 쓸 계획을 하였다. 지도교수로 레비 스트로스를 선정하고 요청하였지만, 논문의 내용이 지나치게 문학적이라고 거절당하였다(그러나 레비 스트로스는 러시아 형식주의자 프로프의 독서를 권유하였고, 이것이 바르트가 그레마스와 더불어 이야기의 서술성에 관심을 가지게 된 계기가 되었다). 이어 언어학자 마르티네에게 지도교수가 되어 줄 것을 요청하여 승낙을 받았다. 그러나 이 계획은 그의 《미슐레 평전》과 마찬가지로 여전히 미완인 채로 남아 있다가, 훗날 박사 논문이 아닌 단행본 형태로 발표되었으며, 이것이 1967년에 출간된 《모드의 체계》이다.

1960년

향후 그의 모든 삶을 지배하게 될 빠리고등연구학교에서 교수 생활 시작. 브로델 덕분으로 처음에는 강사(1960-62), 1963년부터는 제6분과의 주임교수로 1978년까지 재직. 1961년에는 바욘 근처 위르트에 별장을 구입하고, 해마다 그곳에서 휴가를 보냈다.

1962-64년

빠리고등연구학교에서 〈이미지의 수사학〉과 〈기호론 개요〉(《코뮈니카시옹》 4호, 1964년)라는 제목으로 발표하게 될 '의미 작용의 현대적 체계'에 대한 세미나를 하였다.

1963년

쇠이유 출판사의 《텔 켈》지 발간으로(1960) 바르트 나이 48세, 솔레르스 나이 27세에 내성적이고 은밀한 동성연애자인 바르트와 외향적이고 공공연하게 이성애자임을 공표하고 다니던 솔레르스와의 긴 우정이 시작되었다. 또한 쇠이유 출판사를 매개로 프랑수아 발 · 세베로 사르두이 · 비올레 모랭과 친교를 맺었다. 당시 매일같이 보던 푸코와는 점점 거리가 멀어졌는데, 푸코의 왕성한 저술 생활 때문이라는 설도 있고, 당시 라캉이나 알튀세·푸코보다 훨씬 유명했던 바르트에 대한 푸코의 질투심 때문이라는 솔레르스의 견해도 있다.

1963년
《라신에 관하여》 출간.

1964년
《비평선집》 출간.

1965년
소르본의 피카르 교수 〈신비평 또는 새로운 사기〉라는 글로 신비평 논쟁에 연루되었다. 17세기 신구 논쟁의 재판이라 할 수 있는 이 논쟁에서 지식인들과 학생들은 바르트 편을 들었으나, 신문과 잡지는 피카르 편을 들었다.

불가리아 대학생인 크리스테바가 동향인 토도로프의 소개로 바르트의 세미나에 참석하였으며, 훗날 그녀는 다른 무엇보다도 그의 목소리에 반했다고 회고하였다. 당시 그의 세미나는 모든 문학인들의 만남의 장소로, 주네는 '일탈'에 대해, 메츠는 영화기호학, 솔레르스는 말라르메, 크리스테바는 바흐친에 대해 발표하는 등 아주 활력적인 학문 교류 공간이 되었다. 그 결실이 바르트의 주도하에 기호학자들이 대거 참여한 《코뮈니카시옹》 8호(1966)이다.

1966년

피카르 교수의 논문에 대한 응답으로 《비평과 진실》 출간. 일본의 프랑스문화연구원 원장 모리스 팽게의 초청으로 일본 여행. 이 여행은 《기호의 제국》을 쓰는 계기가 되었다.

1967년

빠리고등연구학교에서 〈담론의 언어학〉 강의.
《모드의 체계》 출간.

1969-70년

모로코 여행.

1970년

《기호의 제국》 출간. 빠리고등연구학교의 세미나에서 2년 동안(1968 -69) 가르친 발자크의 중편소설 〈사라진느〉에 관한 연구인 《S/Z》 출간. 피카르에 의해 대학비평에서 추방당한 것처럼 이번에는 언어학자들로부터 격렬한 공격을 받았다. 특히 마르티네의 제자인 무냉은 그의 《기호학 입문》(1970)의 〈롤랑 바르트의 기호학〉에서 바르트가 기호학을 하지 않고 '사회정신분석학'을 하고 있다고 비난하였다.

1971년

《사드, 푸리에, 로욜라》 출간.

1973년

《텍스트의 즐거움》출간.

1974년

《텔 켈》그룹의 솔레르스 · 크리스테바 · 플레네 · 발 등과 더불어 중국 여행.

1974-76년

빠리고등연구학교에서 《사랑의 단상》과 《부바르와 페퀴세》에 관한 세미나를 하였다.

콜레주드프랑스의 교수가 되기 위한 작업이 시작되었다. 푸코가 추천한 것으로 알려졌으나, 바르트 자신이 직접 푸코를 만나 추천해 줄 것을 부탁했다는 설도 있다. 푸코는 추천장에서 "바르트의 강의가 유행으로 보일지는 모르지만, 그러나 그 유행 혹은 열광이 어느 순간에 가서는 문화의 풍요로운 중심부를 드러나게 할 수도 있다"는, 약간은 모호한 표현으로 그를 추천하였다.

1975년

《롤랑 바르트 평전》출간.

1976년

프랑스 지식인의 최고 영예라 할 수 있는 콜레주드프랑스의 문학기호학 교수로 선임되었다. 《사랑의 단상》출간. 이 책은 그에게 대중적인 인기를 가져다 준 것으로, 20여만 부가 팔리는 대성공을 거두었다. 12월, 지스카르 대통령의 점심 초대에 솔레르스와 더불어 참석하여 좌파로부터 격렬한 비난을 받았다.

1977년

콜레주드프랑스에서 1월 7일 취임 강의. 들뢰즈·그레마스·로브 그리예·솔레르스·모랭·도르트 등 프랑스의 거의 모든 지식인이 참석한 가운데(라캉만이 불참하였다고 《몽드》지는 풍자하였다) 어머니의 손을 잡고 입장. 취임 강의에서 그는 긴 투병 생활로부터 벗어나자마자 부쿠레슈티에 교수 자리를 마련해 준 르베롤과, 야콥슨의 은유와 환유에 대한 글을 같이 번역한 그레마스, 프랑스 국립과학연구소(CNRS)에 자리를 마련해 준 프리드만과 브로델, 15년 동안 자신의 열정을 직업으로 연결시켜 준 빠리고등연구학교의 모든 사람들에 대한 감사의 말로 시작하였지만, 이 부분은 쇠이유 출판사에서 발간된 《강의》에는 실리지 않았다. 콜레주드프랑스의 강의 주제는 〈어떻게 더불어 살 것인가?: 몇몇 일상적 공간의 소설적 가장〉(1977), 〈중립〉(1978), 〈소설의 준비 I, 삶에서 작품으로〉(1978-79), 〈소설의 준비 II, 의지로서의 작품〉(1979-80)이다.

1977년

6월, 스리지 라 살르에서 앙투안 콩파뇽의 주최로 바르트 토론회가 열렸다.

10월 25일, 그의 삶의 유일한 지주였던 어머니가 오랜 병환 끝에 84

세의 일기로 사망.

1978년

《강의》 출간. 튀니지 여행. 어머니 사후 그의 삶이 달라질 것이라고 생각하던 친구들의 기대와는 달리 세르방도니 가의 아파트 3층 어머니의 사진 앞에서 명상하며 혼자 기거하였다. 외면적으로는 아주 활력적인 삶을 유지하였으며, 앙드레 테쉬네의 〈브론테 자매〉라는 영화에 출연하여 이자벨 아자니 · 이자벨 위페르 · 마리 프랑스 피지에 사이에서 작가 윌리엄 대크리의 역할을 하기도 하였다. 그러나 영화보다는 사진에 더 많은 관심을 가졌다.
《르 누벨 옵세르바퇴르》지에 〈바르트 논단〉 시작.

1979년

《솔레르스 평전》 출간.

1980년

《밝은 방》 출간. 사진에 관한 이 글은 《카이에 뒤 시네마》지의 청탁과 어머니의 죽음이 계기가 되어 거의 두 달 만에 탈고.
2월 25일, 오랜 지기인 자크 랑(후일 문화부 장관이 된)의 주선으로, 당시 사회당 당수였던 프랑수아 미테랑과의 회식에 참석. 바르트는 이 회식에 참석하는 문제로 많이 망설였으나(지스카르 대통령과의 회식 때문에 야기된 비난도 그 이유 중의 하나이다), 랑의 부탁을 거절할 수 없어 승낙하였다. 랑은 초대손님이 많은 관계로 자기 집이 아닌 마레 가에 있는 친구 집을 빌려 회식을 준비하였으며, 바르트는 회식이 끝난 후 걸어서 귀가하던 중 오후 네 시경 소르본 후문의 에콜 가에서 길을 건너다가 작은 트럭에 치여 살페트리에르 병원으로 이송되었다. 3월 26일, 교통사고 난 지 한 달 만에 살페트리에르 병원에서 사망 (같은 병원에서 푸코가 4년 후 사망하였다). 처음에는 심각하지 않은 것으로 알려졌지만, 회복을 위해 별 노력을 하지 않았다 하여 한때 자살이라는 소문이 돌기도 하였다. 의사의 공식적인 사망진단서에는 "교통사고가 사인의 직접적인 원인은 아니지만 만성적인 호흡부전을 앓아 온 환자의 폐기능을 악화시켜 사망함"이라고 씌어졌다. 바욘 근처 그의 별장이 있는 위르트에 매장되었다. 그의 장례식에는 소수의 친구들만이 참석하였는데, 같은 해 4월 15일에 사망한 사르트르의 몽파르나스 묘지에는 5만 명이 모여들어 대조를 이루었다.

1981년
38편의 대담이 수록된 《목소리의 결정》 출간.

1982년
연극 · 음악 · 그림에 관한 23편의 글이 실린 《자연스런 것과 무딘 것》 출간. 이 책에는 비평선집 III이라는 부제가 붙었다.[1]

---

1) 이 III이라는 숫자는 《글쓰기의 영도》 재판(1972)에 수록된 〈신비평선집〉 때문이다. 따라서 1964년에 출간된 《비평선집》(I)과 1972년에 출간된 신비평선집(II)을 포함한다면 《자연스런 것과 무딘 것》은 비평선집 III, 《언어의 살랑거림》은 비평선집 IV, 전부 네 권의 비평선집이 출간된 셈이다.

1984년

46편의 글이 실린 《언어의 살랑거림》, 비평선집 IV 출간.

1985년

기호학에 관한 15편의 글이 실린 《기호학적 모험》 출간.

1987년

《작은 사건들》 출간. 이 책의 출간은 많은 스캔들을 일으켰는데, 바르트의 동성애가 처음으로 공공연하게 알려졌기 때문이다. 116쪽의 이 짧은 책은 4편의 텍스트로 구성되었으며, 그 중 두 편은 미발표의 글로 1968년과 1969년에 씌어진 수필 모로코에서의 〈사건들〉과, 1979년 8월과 9월에 씌어진 일기 〈빠리의 저녁 모임〉이 그것이다. 이 책의 출간에 대해 프랑수아 발은 바르트가 생전에 승낙한 적이 있다는 말로 그 출간을 정당화하고 있으나, 바르트가 출판하기를 허용한 유일한 일기는 여기 소개하는 〈심의〉뿐이라는 사실을 감안한다면, 《작은 사건들》의 출간은 저자의 의도에 반대되는 행위라는 비판도 있다. 바르트의 유작 관리 책임을 맡은 프랑수아 발의 독선은(이복동생인 살제도와 더불어), 이를테면 그의 연극에 관한 저술을 한데 모아 발표하려는 리비에르의 계획이나, 다비드 · 르베롤과의 서간집 출간 계획은 반대하는 등, 바르트 연구가들 사이에 많은 논란의 대상이 되고 있다.

1993년

《롤랑 바르트 전집》이 쇠이유 출판사에서 출간되기 시작하였다.

텍스트·즐거움·권력·도덕성

편역자의 글

   신화·기호·텍스트·소설적인 것의 '현기증나는 이동 작업'을 통하여, 프랑스와 세계에 가장 활력적인 사유체계의 개척자로 손꼽히는 롤랑 바르트는, 그의 사후 수십 년이 지난 오늘날까지도 프랑스 문단의 표징으로, 또는 소설 속의 인물로 여전히 우리들 가운데 자리하고 있다. 그의 모든 모색과 좌절, 혹은 기쁨은 다만 그 자신에게 국한된 것만은 아닌 오늘날의 모든 전위적 사유가들에게도 공통된 것으로, 이런 맥락에서 볼 때 그의 문학 편력에 대한 조망은 특권적인 자리를 차지한다. 처음에는 마르크스와 사르트르를, 다음에는 소쉬르와 옐름슬레우를, 그 다음에는 데리다와 라캉을, 마지막으로는 니체를 자신의 직관이나 기분·충동에 따라 빨아넣으려 했다는 그의 소박한 견해와는 달리, 칼베의 지적에 따르면 "바르트가 이론가가 아니라면, 타자의 이론을 이용할 줄 아는 에세이스트도 아닌 하나의 시선·목소리·스타일이다"[1]라고 평가된다. 즉 바르트에게는 그만이 가진 문체나 시선이 존재하며, 비록 그의 사유체계가 독창적인 것은

---

1) Calvet, *Roland Barthes*, Flammarion, 1990, 314쪽.

아니라 할지라도 그 문체나 시선 속에서 모든 것은 새롭게 주조되고 해석되기 때문이다. 바르트의 말처럼 프로이트와 마르크스 이후 새로운 돌연변이적인 텍스트가 창출되지 않았다면, 그리하여 우리가 어떤 점에서 기존의 상투적인 것만을 반복할 따름이라면, 예술가의 모든 노력은 무엇보다도 이런 상투적인 것으로부터 벗어나려는, 혹은 모든 체계 밖에 위치하려는 모색의 표현일 수밖에 없을 것이다.[2] 이렇듯 그의 후기 작업을 특징짓는 텍스트 혹은 텍스트성은 끝없이 다른 곳을 향하여 이동하는 '언어의 불가능한 모험' '언어의 유토피아' 또는 푸코가 말하는 '무한한 지평 위에 놓인 끝없는 작업'[3]에 다름아니다. 따라서 이 글에서는 바르트의 후기 작업을 특징짓는 텍스트·즐거움·권력·도덕성을 통하여, 그의 사유체계가 어떻게 발전하고 있는지 이 책에 옮긴 글들을 중심으로 살펴보고자 한다.

텍스트

〈작품에서 텍스트로〉는 텍스트론의 이론적 바탕을 극명하게 보여주는 글이다. 구조주의적 관점에서의 '작품(œuvre)'이 단일하고도 안

---

2) 〈대담 *Entretien*〉(A conversation with Roland Barthes), 《목소리의 결정 *Le grain de la voix*》, Seuil, 1981년에 재수록되었다. 이하 이 책에 옮긴 글들, 즉 〈저자의 죽음〉 〈작품에서 텍스트로〉 〈텍스트의 즐거움〉 〈롤랑 바르트의 주요어 20개〉는 본문에서 직접 인용하였다.
3) 김현, 《시칠리아의 암소》, 문학과지성사, 1990, 75쪽에서 재인용하였다.

정된 의미를 드러내는 기호체계라면, 이런 고정된 의미로 환원될 수 없는 무한한 시니피앙들의 짜임이 곧 텍스트(texte)이다. 작품은 항상 상징적인 것/비상징적인 것, 정신/물질 등의 이분법적인 구조로서, 지금까지 해석비평이 추구해 온 것이 항상 그 마지막 시니피에, 총체적이고도 단일한 의미의 발견과 재구성에 있다면, 그것은 의사소통이 지니는 결정적이고도 고정적이며 목적론적인 성격을 띨 수밖에 없다. 따라서 이런 선조적인 로고스 중심주의에 입각한 작품이라는 개념으로는 의미의 흔들림과 의미를 이루고 있는 그 다양한 층과 이탈을 포착하지 못하며, 그리하여 바르트는 크리스테바 작업의 도움을 받아 텍스트라는 개념을 도입하기에 이른다. 텍스트는 그것을 이루고 있는 시니피앙의 다각적이고도 물질적 · 감각적인 성격에 의해 무한한 의미 생산이 가능한 열린 공간이다. 그러므로 기존의 언어학이 언표 · 의사소통 · 재현의 산물이라면(크리스테바의 용어로는 현상 텍스트), 텍스트는 언술행위 · 상징화 · 생산성(크리스테바의 용어로는 발생 텍스트)의 영역이다. 바르트가 '이야기의 구조적 분석 입문'에서 연구 대상으로 삼은 것이 바로 이런 현상 텍스트라면, 《S/Z》에서 목표로 하는 것은 의미 작용의 생성 과정인 발생 텍스트이다. 따라서 작품과 텍스트, 현상 텍스트와 발생 텍스트의 구별은 시간적 상황이나 작품의 현대성에 달린 것이 아니라, 그것이 언어를 작업하는 과정 속에서 체험되는가 아니면 단순히 물리적 공간을 차지하는 것인가에 따라 달라진다. 작품은 소비의 대상이나, 텍스트는 작품을 소비에서 구해 내어 유희 · 작업 · 생산 · 실천으로 수용하게 한다. 이와 같은 텍스트와 작품의 구별은 테리 이글턴의 표현을 빌리자면 "구조주의에서 후기 구조주의로의 움직임은 부분적으로는 작품에서 텍스트로의 움직임이다"[4]라고 말해지기도 한다.

그렇다면 이런 텍스트론에서의 저자의 위치는 어떤 것일까? 바르트의 〈저자의 죽음〉은, 텍스트 안에서 저자의 자리를 배제하고 독자의 탄생을 예고하는 선지자적인 글이다. 이 글은 푸코의 〈저자란 무엇인가〉(1969)와 자주 비교 연구되는 글로서, 푸코가 저자의 기능에 초점을 맞추고 있다면, 바르트는 텍스트에서의 저자의 배제와 독자의 탄생을 다루고 있는 점이 다르다. 바르트는 우선 저자가 현대적인 인물이라는 점을 강조한다. 저자란 중세 이후에 종교개혁의 개인적 신앙, 합리주의 · 실증주의와 더불어 생겨난 자본주의의 소산물이다. 그러나 말라르메와 더불어 이런 저자의 제국은 흔들리기 시작하며, 글쓰기를 위해 저자를 제거하는 작업이 시작된다. 플로베르의 《부바르와 페퀴셰》· 발레리 · 프루스트 · 초현실주의 등은 저자의 이미지를 탈신성화하는 데 공헌한다. 언어학 역시 언술행위가 하나의 텅 빈 과정이라는 것을, 대화자들이라는 인간이 없이도 완벽하게 기능한다는 사실을 가르쳐 준다. 여기다 바흐친의 상호 텍스트 개념은 우리에게 저자가 더 이상 글쓰기의 근원이 아니라는 것을, 글쓰기에는 기원이 부재한다는 것을 말해 준다. 따라서 저자라는 개념은 이제 설 자리가 없으며, 다만 여러 다양한 문화에서 온 글쓰기들을 배합하며 조립하는 조작자, 또는 남의 글을 인용하고 베끼는 필사자(scripteur)가 존재할 뿐이다. "저자를 계승한 필사자는 이제 더 이상 그의 마음속

---

4) 테리 이글턴, 《문학 이론 입문》, 창작사, 1986, 171쪽.

에 정념이나 기분·감정·인상을 가지고 있지 않고, 다만 하나의 거대한 사전을 가지고 있어, 거기서부터 결코 멈출 줄 모르는 글쓰기를 길어올린다. 삶은 책을 모방할 뿐이며, 그리고 이 책 자체도 기호들의 짜임, 상실되고 무한히 지연된 모방일 뿐이다."(〈저자의 죽음〉, 이 책 310-311쪽) 그러므로 텍스트를 해독한다는 것은 더 이상 의미가 없다. 글쓰기는 끊임없이 의미를 제시하지만, 그것은 언제나 의미를 비우기 위해서이다. 이제 이런 저자의 배제는 독자의 탄생을 불러들인다. 그런데 이 독자는 심리나 역사가 부재하는, 다만 '글쓰기를 이루는 모든 흔적들을 모으는 누군가'일 뿐이다. 글을 쓰는 '나'가 종이 위에 씌어진 '나'에 불과하듯, 독자도 글을 읽는 어떤 사람에 불과하다. 독자는 그의 일시적인 충동이나 기벽·욕망에 따라 텍스트를 자유롭게 넘나들며 해체하는 자이다.(〈저자의 죽음〉, 이 책 311쪽) 이렇게 저자의 죽음과 독자의 탄생을 선언하고 난 바르트는 저자와 독자, 글쓰기와 글읽기, 창작과 비평, 실천과 이론 등 그 이분법적인 경계를 파기하고, 즐거움의 대상으로서의 텍스트를 실천하는 방향으로 나아간다.

즐거움

"그 독자, 나는 **그가 어디 있는지도 모르면서** 그를 찾아나서야 한다(나는 그를 '꼬셔야/유혹해야(draguer)' 한다). 그때 즐김의 공간이 생겨난다. 내게 필요한 것은 타자의 '인간'이 아니라 공간이다. 욕망의 변

증법, **예측불허**의 즐김이 가능한 그런 공간."(〈텍스트의 즐거움〉, 이 책 17쪽)

이처럼 바르트의 텍스트는 작가와 독자가 서로 찾아 만나야 할, 구체적이고도 관능적인 만남의 공간이다. 독자 또는 작가는, 마치 바람둥이처럼 나의 그 사람을 찾아 경이롭고도 소중한 욕망의 여행을 시작한다. 그러므로 글을 읽는다는 것, 또는 쓴다는 것은 사랑에서와 마찬가지로 결합에의 꿈을 실현시켜 준다. 바르트의 텍스트는 욕망의 대상, 보다 정확히 말하면 변태의 변증법 속에 사로잡힌 대상이다. 이런 글읽기/글쓰기의 관능적인 성격에 대해 주브는 다음과 같이 설명한다. 독서란 그 자체로서 구조화의 행위이고, 이 구조화의 근거는 바로 육체이다. 즉 독자를 개인적이고도 개별체적인 주체로 정의하게 하는 것은 하나의 사상이 아닌 바로 육체이다. 그러므로 텍스트의 즐거움은, 비록 그것이 문화에 연유하는 것이라 할지라도 우선은 각 주체의 육체에서 찾아야 할 필요가 있다. 주체의 개인적이고도 주관적인 일련의 접촉이나 성찰을 통해서만 비로소 작품의 문화적 양상이 독자에게, 독자의 특이한 욕망 속에 스며들기 때문이다. 의미 과정의 수용은 이렇듯 우리를 주조한 문화보다는 개별적인 육체의 움직임과 더 깊은 관계를 맺게 한다.[5]

"내게 즐거움을 준 텍스트를 '분석'하려 할 때마다, 내가 발견하게 되는 것은 내 '주관성'이 아닌 내 '개별체'이다. 그것은 내 육체를 다른 육체들과 분리시켜 내 육체에 그것의 고통, 또는 즐거움을 적

---

5) V. Jouve, *La litteérature selon Barthes*, Minuit, 1986, 100-101쪽.

응시키는 소여이다. 그러므로 내가 발견하는 것은 내 즐김의 육체이다."(〈텍스트의 즐거움〉, 이 책 109쪽)

이 '환원할 수 없는 절대적 다름'인 육체, 그 육체를 통해 이루어지는 글읽기의 체험을 바르트는 두 가지로 구분한다. 그것이 바로 즐거움(plaisir)과 즐김(jouissance)이다. 이미 《S/Z》를 통하여 라캉의 거세(castration) 개념과 데리다의 차연(différance) 개념을 빌린 적이 있는 바르트는, 〈텍스트의 즐거움〉에서도 즐거움과 즐김의 구별을 위해 정신분석학적 개념에 의존한다. 그러나 그것은 다만 텍스트가 인식의 대상이 아닌 실존의 대상이라는 점을 강조하기 위해서이다. 즐거움의 텍스트는 문자를 인정하지만(즐거움은 말해질 수 있는 것이기에), 즐김의 작가와 더불어 '감당할 수 없는 텍스트, 불가능한 텍스트'가 시작된다(왜냐하면 즐김의 텍스트는 말해질 수 없는 것이기에, 혹은 말해진 것 사이에 놓여 있기에. 〈텍스트의 즐거움〉, 이 책 41쪽). 따라서 즐김의 텍스트에 대해 말하는 것은 불가능하며, 다만 그것을 쓰는 것만이 가능하다(이 구별은 《S/Z》에서 읽혀지는(lisible) 것과 씌어지는(scriptible) 것의 구별과도 흡사하다). 그렇지만 즐거움과 즐김은 문학비평의 한 척도가 될 수 있다. 즉 즐거움의 텍스트는 문화에서 와 문화와 단절되지 않으며, 글읽기의 마음 편한 실천을 허용하여 우리를 행복감으로 채워 주는 텍스트이다. 이때 주체는 모든 종류의 문화에 대해 깊은 쾌락과 자아의 놀라운 강화, 또는 그 진정한 개별성을 체험하기에 이른다. 그러므로 그것은 '고전 · 문화 · 섬세함 · 행복감'의 동의어라 할 수 있다. 그러나 즐김의 텍스트는 독자의 역사적 · 문화적 · 심리적 토대나, 그 가치관 · 언어관마저도 흔들리게 하여 자아가 회복되는 것을 원치 않는, 절대적으로 자동사적인 것이다. 그것은 어떤 목적성도 가지지 아니하며, 모든 규범적인 것을 전복시키는 변태적인 것이다. 그러나 이런 즐거움과 즐김의 구별은 그리 엄격하지 않으며, 대립적이라기보다는 상호 보완적인 의미로 해석되어져야 한다. 그것은 단지 이론을 이탈하고 '의미의 철학으로의 회귀'를 회피하려는, 또는 "무엇보다도 장애물을 치우고 더 멀리 나아가도록, 혹은 단순히 말하고 글을 쓰도록 하는 데에 그 목적이 있다"(〈롤랑 바르트의 주요어 20개〉, 이 책 123쪽)고 설명된다. 이런 즐거움과 즐김의 구별은 더 나아가 독자의 진정한 유형학을 이룬다. 절단된 텍스트와 단편적인 인용 또는 단어의 즐거움에 매달리는 물신숭배자, 2차 언어·메타 언어에 집착하는 강박관념자(문헌학자나 기호학자), 이념적이고도 논쟁적인 편집증 환자, 어떤 비평적인 시선도 던지지 않고 그냥 언어의 유희 속으로 몸을 내던지는 히스테리 환자의 구별이 그러하다.

　욕망의 여행으로서의 텍스트, 문학비평의 척도로서의 즐거움과 즐김, 이밖에도 이 책이 말하는 또 다른 즐거움은 보다 관능적이라 할 수 있는 세부적인 것에 대한 끈질긴 조망과 추적이다. 한마디의 말, 물건, 날씨, 몸짓, 목소리의 억양 등에 대한 묘사는 물신숭배자로서의 바르트, 유물론자로서의 바르트를 다시 한 번 확인하게 해준다.

　"왜 나는(나를 포함한 몇몇 사람들은) 소설·전기·역사적 작품에서 한 시대, 한 인물의 '일상적인 삶'이 재현되는 것을 보면서 즐거움을 느끼는 것일까? 시간표·습관·식사·숙소·의복 등 이런 하찮은 세부적인 것에 대한 호기심은 왜일까? 그것은 '현실'에 대한 환영적인 취향 때문일까('그것이 존재했다는' 물질성 자체에 대한)? 아니면 환영(fantasme) 자체가 내가 그 안에서 쉽게 자리잡을 수 있는 '세부적인 것'을, 사적인 미세한 장면을 불러오는 걸까? 요컨대 위대한 것이 아닌 하찮은 것에 대한 연극, 그런 낯선 연극으로부터 즐김을 이끌어내는 '대수롭지 않은 히스테리 환자들'(바로 그 독자들)이 있는 걸까(하찮은 것에 대한 꿈이나 환영은 없는 걸까)?"(〈텍스트의 즐거움〉, 이 책 93쪽)

이처럼 바르트에게서 세부적인 것이 중요한 까닭은 텍스트란 무엇보다도 즐거움의 대상이며(세부적인 것은 텍스트를 읽히게 하므로), 그리고 그것은 이데올로기에 가장 덜 오염된, 따라서 가장 생명력이 긴 것으로 간주되기 때문이다. 실상 오랜 시간이 지난 후에도 살아남는 것은 어떤 사상이나 철학이 아닌, 바로 이런 개별적인 육체에서 우러나온 세부적인 것, 삶의 일상적인 양상인 것이다. 유물론적인 관점에 입각한 이런 견해는, 작품이 어떻게 시대를 초월하여 살아남을 수 있을까에 대한 하나의 구체적인 대답이 될 수 있다. 작가와 독자의 육체가 서로 만나며, 소비적·추상적인 즐거움 대신 생산적·구체적인 즐거움이 창출되는 공간이 바로 이런 세부적인 것이라는 바르트의 거듭되는 주장은, 삶의 글쓰기로서의 텍스트를 다시 한 번 확인하게 해준다. 또한 세부적인 것은, 그것이 드러내는 섬세함·뉘앙스 등 질적인 가치 외에도 텍스트의 전복적 영상과 관계된다. 물질적이고 감각적·세부적인 것이 지적이고 추상적인 언어의 나열 속에 불쑥 끼어들 때, 그것은 하나의 틈새를 자아내며, 그리하여 텍스트를 불연속성의 공간으로, 관능적인 공간으로 변형시킨다. 그런데 바르트에 따르면 문학의 전복적인 양상은 기존의 문화나 언어의 파괴에 달린 것이 아니라, 언어를 변형하고 재분배하는 데 있다고 말해진다. 왜냐하면 언어의 재분배에는 반드시 틈새가 있게 마련이며, 이 틈새가 즐거움을 생산하기 때문이다. 사드의 뒤틀린 담론은, 그 내용의 새로움에 달린 것이 아니라 절대적으로 모순되는 코드들, 즉 추상적인 것과 구체적인 것, 규범적인 것과 퇴폐적인 것 등 상반되는 코드들의 조합에 기인한다. 그러므로 기존의 언어를 쳐부수고 새로운 언어를 창조하고자 했던 초현실주의자의 시도는 한낱 환상에 불과하다. "위반이란 파괴가 아닌 인정하고 전도하는 것이다."[6]

권 력

콜레주드프랑스의 취임 강의에서 바르트가 약간은 도발적인 방식으로 "언어는 파시스트적인 것이다"라고 한 말은, 이 담론이 권력에 대한 담론임을 확연히 드러낸다. 이 담론은 종종 푸코의 권력론과 대비되는 것으로, 푸코의 권력론이 무엇보다도 권력 담론의 계보적 근원을 파헤치는 것이라면, 바르트의 권력론은 언어 자체의 권력성을 문제삼는 것이다.[7] 이 담론에 대해 로브그리예 같은 이는 전혀 새로울 것이 없다는 평을 하지만, 드 라 크루아나 코망 같은 이들은 바르트의 관심사를 가장 잘 표현한 것으로 간주한다.[8]

---

6) V. Jouve, 앞의 책, 89쪽.
7) 김현, 《시칠리아의 암소》, 문학과지성사, 1990, 140-144쪽.

우선 바르트는 자신을 받아들인 콜레주드프랑스를 나름대로 해석하면서, 비록 그곳에서는 교수가 말하고 연구하는 것 외에 선택이나 승진 등 통제된 지식에 복종할 필요가 없는 특권적인 장소이긴 하지만, 지배의 욕구는 모든 담론 안에 도사리고 있으므로 완전히 권력이 제거된 공간이라고는 할 수 없다는 말로 자신의 강의를 시작한다. 푸코는 권력이 유일한 것이 아니라 모든 사회성의 공간에서 발견되는 복수태적인 것이라는 사실과, 신철학은 권력이 영속적이라는 사실을 이미 우리에게 가르쳐 준 적이 있다. 바르트는 이런 권력의 복수성과 영속성을 환기하면서, 그것은 사회의 모든 제도나 기구에서 발견되는 이데올로기적 대상이자 정치적 대상이라는 점을 강조한다. 그런데 바르트에 따르면 "과실을 유발하고, 그 때문에 담론을 받아들이는 사람에게는 죄의식을 유발하는 담론은 모두 권력 담론"(강의)이라 불린다. 바르트는 이것을 뻔뻔한 담론(discours d'arrogance)이라고 명명한다. 이 뻔뻔한 담론은 투사(Militant)·과학·독사의 영역에서 가장 두드러진다. 그러므로 우리의 진정한 전쟁은, 권력과 맞서 싸우는 것이 아니라 도처에 존재하는 이런 권력들과 싸우는 것이다. 그러나 "그것은 쉬운 싸움이 아니다. 왜냐하면 사회적 공간에서 복수적인 권력은, 역사적 시간에서는 대칭적으로 영속적이기 때문이다. (……) 그것을 파괴하기 위한 혁명을 한다 할지라도, 그것은 금방 다

---

8) Calvet, 앞의 책, 262쪽; A. de la Croix, *Barthes, pour une èthique des signes*, De Boeck, Bruxelles, 1987, 113쪽; B. Comment, *Roland Barthes vers le neutre*, Christian Bourgeois, 1991, 27쪽.

시 살아나 새로운 상태에서 싹튼다. 이런 끈질김과 편재성의 이유
는 바로 권력이 정치적·역사적 역사뿐만 아니라, 인간의 전 역사
에 관계된 통사회적 조직의 기생충이기 때문이다. 인류의 태곳적부
터 권력이 기재된 이 대상이 바로 언어, 보다 정확하게 말한다면 그
것의 필연적 표현인 언어체이다."(강의) 왜냐하면 "모든 언어는 분류
이며, 모든 분류는 억압적이기 때문이다." 따라서 언어는 "소통하기
위한 것이 아니라, 예속되기 위해 하는 것"(강의)이라고 그는 단언한
다. 이처럼 바르트는 다른 무엇보다도 언어의 권력성을 문제시한다.
그런데 이런 언어의 억압적인 양상은 그가 아리스토텔레스에게서 빌
린 생략삼단논법(enthyméme), 그리하여 그가 독사(doxa)라고 명명한
것에서 보다 심화된다. 생략삼단논법이 "대중을 설득하기 위해 대중
의 수준에 맞춘 의도적으로 타락한 논리"[9]를 가리킨다면, 이것은 바
르트에 이르면 "공동의 견해, 다수의 정신, 소시민의 합의, 자연스런
것의 목소리, 편견의 폭력"[10] 즉 독사/일반 견해로 재정의된다. 이런
생략삼단논법 혹은 독사는, 문학에서 말한다면 사실임직한 것의 세
계를 가리킨다. 즉 사실주의 문학이 추구하는 것이 어떤 이질적인 형
태도 용납하지 않는 동질적이고 충만·일관된 세계라면, 그것은 "모
든 변증법적인 출구를 가로막아 모든 형태의 소외를 거부하고, 모든
반대되는 말을 소음으로 환원시키는"[11] 재현의 세계이기 때문이다.

---

9) Roland Barthes, 《기호학적 모험 L'aventure sémiologique》, Seuil, 1984, 96쪽.
10) Roland Barthes, 《롤랑 바르트 평전》, 51쪽.
11) B. Comment, 앞의 책, 29쪽.

그렇다면 이런 언어의 권력성, 지배 견해의 폭력, 상투적인 것으로 부터 어떻게 벗어날 것인가? 코망에 의하면, 바르트의 초기 저술에 나타난 것은 우선 역사성의 회복에 의한 권력의 자연스러움의 추방이라고 설명된다.[12] 즉 바르트가 《글쓰기의 영도》나 《신화학》에서 시도하려고 했던 것이, 문화에서 역사를 지워 자연이 된 그 순진한 언어를 자연이 아닌 어느 특정한 시기에 만들어진 인위적·역사적인 산물로 설정하는 것이었다면, 모든 소시민의 이데올로기는 부르주아 모델의 타락한 인용에 불과하며, 또 이 부르주아는 권력 계급에의 상승 과정 안에 기재된다. 따라서 형태에 대한 역사적 책임이 우리에게 부과되며, 바로 이것이 글쓰기 형식의 역사를 통하여 문학의 참여 문제를 다루려고 했던 《글쓰기의 영도》의 대부분을 차지한다. "문학 언어란, 언어체와 문체를 넘어서서 텍스트가 문학으로 표시되는 바로 그 방식을 통하여, 그것의 역사적 소속을 드러내기"[13] 때문이다.

그렇지만 이런 역사성의 회복이 언어의 권력성, 또는 독사와 맞설 수 있는 유일한 전략은 아니다. 그렇다면 언어 자체를 부정함으로써? "우리가 권력에서 벗어나는 힘뿐만 아니라, 특히 그 누구도 굴종시키지 않는 힘을 자유라 부른다면, 자유는 언어 밖에서만 존재할 수 있습니다. 그러나 불행하게도 인간의 언어에는 출구가 없습니다. 그 것은 유폐된 문입니다. 우리는 거기서 불가능의 대가를 치르고서야 빠져나올 수 있습니다."(강의) 이런 불가능의 시도를 한 사람으로 바

---

12) 같은 책, 30-31쪽.
13) 같은 책, 31쪽.

르트는 키에르케고르나 니체를 들고 있지만, 우리는 그들처럼 '신앙의 기사도 초인도' 아니다. 그러므로 "우리에게는 언어체를 가지고 속임수를 쓰는 일, 언어체를 속이는 일만이 남아 있다."(강의) 바로 이것이 바르트에 의해 제시된 권력 담론에 대항하는 두번째 전략이다. 이 속임수를 그는 글쓰기라 부른다. 언어 안에서 언어와 투쟁하는 작업을 보여주는 글쓰기, 한 언어가 그것이 어떤 것이든 간에 다른 언어를 억압하지 않으며, 미래의 주체가 '어떤 후회도 억압도 없이' '욕망의 수만큼이나 많은 언어를' 구사하며 즐기는 글쓰기, '법칙이 아닌 변태'에 의해 이런저런 언어를 말할 수 있는 글쓰기, 그러나 이것은 아직 어떤 사회도 받아들일 준비가 되어 있지 않으므로 유토피아적인 제안처럼 보일 것이라고 그는 생각한다.(강의) 그렇다면 글쓰기의 속임수는 어떻게 이루어지는 것일까? 그것은 무한한 이동 작업을 통해 가능하다. 파솔리니가 말한 것처럼, 하나의 언어가 체제에 수렴되면 곧 그것을 버리는 용기를 가져야 한다. 물론 언어의 유토피아는 하나의 장르인 '유토피아의 언어'로 곧 회수되지만, 한 언어가 권력으로 행사하려고 하면, 곧 그 언어를 과감하게 버리고 '욕망의 진실'에 따라 끝없이 자리를 이동해야 한다. 자리를 이동한다는 것은 '사람들이 우리를 기다리지 않는 곳', 권력이 우리를 이용할 수 없는 곳으로 자리를 옮기는 것을 뜻한다. 이런 이동 작업은 글을 쓸 때는 단상으로, 강의를 할 때는 이탈이나 소풍으로 나타나며, 그렇게 함으로써만 "우리 모두가 알고 있듯이 언제나 죽어 있는 아버지의 자리로부터 벗어날 수 있다"(강의)라고 표현된다.

그렇다면 이런 언어의 권력성을 저지하기 위한 투쟁에서 기호학의 자리는 정확히 어떤 것일까? 〈강의〉의 마지막 부분은 바르트의 기호학에 대한 생각과, 그 변모 과정을 비교적 소상하게 잘 말해 준다. 기호에 관한 학문이 어떻게 사회비평을 활성화시킬 수 있는지, 즉 "한 사회가 어떻게 상투적인 것, 즉 인위의 절정이라 할 수 있는 것을 생산하고, 다음에 가서는 그것을 선천적인 의미, 다시 말해 자연의 절정으로 소비하는가를 이해하는 것"(강의)이 기호학에 대한 그의 첫번째 생각이었다면, 이것은 바로 《신화학》의 프로그램이기도 하다. 바르트의 기호학이 "일반적인 도덕성을 특징짓는 자기 기만과 양심적인 것의 뒤섞임에 대한 참을 수 없음"에서 비롯되었다면, 즉 '권력에 의해 작업하는 언어'(강의)를 고발하는 것이 그 첫번째 대상이었다면, 이제 그는 이런 정치적 대상으로서의 언어로부터 이동하여 '탈권력의 지표 자체로 간주되는 텍스트로의 회귀'를 선언한다. 텍스트는 그 자체로서 군생적인 말로부터 무한히 도주하는 힘을 가지고 있다. 바르트는 이렇게 글을 쓰는 기호학, 즉 텍스트론이 동시에 부정적인 것이자 긍정적인 것이라고 단언한다. 그것은 기호 자체를 부정하는 것이 아니라, 기호에 과학적 성격의 부여 가능성을 부정한다는 점에서, 즉 기호학이 메타 언어가 될 수 없다는 점에서는 부정적이지만, 기호학이 "다른 어떤 연구의 자리도 빼앗지 않고, (……) 반대로 기호가 다른 모든 담론에 대해 그렇듯이 모든 연구를 도와주는 일종의 회전의자, 오늘날의 앎의 조커(joker)"(강의)가 될 수 있다는 점에서는 긍정적이다. 이 긍정적인 기호학 또는 텍스트론은 복수적 의미 실천의 장, 또는 자신의 삶을 무대화하는 능동적인 글쓰기이다. 바르트는 기호학을 차라리 기호지향론(sémiotropie)이라 부르자고 제안한다. 기호를 향한 이 기호학은, 기호에 매료되어 '기호를 상상적인 광경처럼 모방'하거나 유희하며, 이 매혹을 다른 사람들에게 음미시키고자 한다. 바로 그런 이유로 기호학자는 해석학자가 아닌 예술가이다. 기호학자가 선호하는 대상은 "상상계의 텍스트로서, 이야기·그림·초상화·표현·개인어·정념·사실임직한 것의 외관 아래 진실의 불확실성을 연출하는 구조들이다. 그 조작 과정 내내 하나의 채색된 베일이나, 혹은 허구처럼 기호를 가지고 유희하는 것이 가능한 것"(강의)을 바르트는 기꺼이 기호학이라 부른다. 이어 바르트는 "문학은 탈신성화되었으며, 제도는 문학을 보호하기에도, 문학을 인간의 내재적인 모델로 부과하기에도 무력하기만 하다. 그것은 말하자면 문학이 파괴되어서가 아니라, **문학이 더 이상 보호를 받지 못하기** 때문에 그러하다. (……) 그러므로 문학기호학이란 상속인 결여로 자유로운 고장에 우리를 상륙케 하는 그런 여행인지도 모른다"(강의)라고 서술한다. 이 새로운 기호학, 기호를 가지고 유희하는 기호학은 진실의 불확실성이나 복수적인 의미 실천을 즐기며, 자신의 삶을 하나의 허구적인 이야기처럼 무대화하는 삶의 글쓰기에 다름아니며, 따라서 바르트가 말하는 도덕성 또는 소설적인 것으로 이어진다.

도덕성

바르트의 마지막 편력을 특징짓는 도덕성(moralité)은, 바르트에 의하면 니체의 영향에 의한 것이라고 설명된다. 그러나 우리는 그 교차로에서 푸코를 다시 한 번 만나게 된다. 푸코는 그의 《즐거움의 사용》에서, 도덕성의 코드(도덕적 개인이 존중해야 하는 금지나 의무 같은 다소간에 자명한 가치체계)와 개인이 자신을 윤리적 주체로 구축하는 양태를 구별하고 있다. 그리고 이 윤리적 작업을 '실존의 예술'이라고 명명한다. 즉 실존의 예술이란 "자신의 개별적인 존재 안에서 스스로를 끊임없이 수정·변형하여, 자신의 삶을 하나의 미학적 가치를 가진 작품으로 만드는 것"[14]을 뜻한다. 주어진 규범에 단순히 복종하는 것이 아니라, 자신을 행동의 도덕적 주체로 변형시키면서 스스로의 삶을 미학적인 가치로 만드는 윤리적 작업이 바로 푸코가 말하는 실존의 예술이라면, 우리는 바르트에게서도 동일한 지평을 찾아볼 수 있다. 그런데 이 윤리적 작업은, 바르트에 의하면 바로 히스테리에 대항하기 위한 것이라고 설명된다. 히스테리 환자가 바로 타자의 욕망에 동일시하거나 연극적인 방식으로 밀착하는 사람을 지칭한다면, 타자의 욕망에 순응할 수밖에 없는 히스테리의 세계에서 그가 솔레르스에 대해 쓴 것처럼,[15] 결코 어떤 결론에 안주함 없이 분산된 주체로서 일련의 극단적인 모순된 태도 속에 언어의 흔들림을 실천하며 끝없이 새로운 것을 향해, 불가능한 지평을 향해 나아갈 때 문학의 새로운 가능성이 있기 때문이다. 그러므로 바르트가 말하는 도덕성이란 삶과 유리되지 않은 문학, 삶의 글쓰기로서의 문학을 지

---

14) Foucault, *L'Usage des plaisirs*, Gallimard, 1984, 16–17쪽.
15) 《솔레르스 평전》은 바르트가 마지막으로 한 문학비평이다.(《솔레르스 평전 *Sollers ecrivain*》, Seuil, 1979)

칭하는 것으로, 그가 자신의 마지막 문학적 편력을 소설적인 것 혹은 도덕성이라고 하는 이유가 바로 거기에 있다. 소설적인 것이란, 그가 《롤랑 바르트 평전》에서 실천한 것처럼 자신을 허구의 인물로 간주하거나, 자신의 삶을 허구적인 작품으로 무대화하는 것을 뜻한다. 즉 삶의 우연하고도 하찮은 기회에 주체를 스쳐가는 그 미세한 움직임은, 시작과 위기 · 결말이 있는 잘 구성되고 조직된 사랑 이야기나 소설로는 결코 승화될 수 없는 운명을 지녔으며, 따라서 그것은 다만 불연속적이고도 분산된 언어의 폭발인 단상, 혹은 인물이 없는 소설적인 텍스트로 표현될 수밖에 없다. 소설적인 것이란 바로 주인공도 플롯도 없는 불연속적인 언어의 나열, "단순한 비구조적인 절단, 형태의 분산, 즉 마야이다."(〈텍스트의 즐거움〉, 이 책 53쪽) 이미지와 사유와 형태의 분산을 통해 삶의 불연속적이고 부단한 움직임을 무대화하고, 시니피에를 추방하고 시니피앙의 관능적인 유희에 몸을 내맡기고, 표면의 억압으로부터 매몰되어 갇혀 있는 저 육체의 언어를 복원시키고, 자아의 완전한 해체를 꾀하는 글쓰기, 바로 이것이 바르트가 말하는 소설적인 텍스트이다.

이렇듯 바르트 후기 작업이 조망하는 것은 즐거움이나 즐김이 기존의 질서에는 위반된 소외 개념이며, 따라서 이런 사회의 지배 이데올로기로부터 즐거움을 해방시켜 그 자율성을 복원시키고자 한다. 즐거움은 새로운 것과 낡은 것, 상투적인 것과 예외적인 것 등 흑백 논리가 지배하는 사회에서, 그것을 파기하지 않고 빠져나가는 방법이자 전략이다. 독사와 파라독사의 대립에서 그 어느것도 아닌 중성의 언어를 구사하며, 모든 종류의 억압을 거부하고 끝없이 시스템 밖에 위치하는 것, 바로 거기에 바르트의 꿈이 있다. 또한 그가 콜레주 드프랑스의 취임 강의에서 말한 것처럼 언어는 그 자체로 억압이고 폭력이라면, 언어가 이데올로기처럼 생산하지 않고 반영하는 것이라면, 언어·메타 언어·독사 등 이 모든 것은 주체의 자유로운 언술행위를 위협하는 '도덕적 충동의 부정적 시동 장치'[16]로 작용한다. 언어의 억압적 성격과 윤리성의 문제는 푸코를 위시하여 많은 현대 사유가들의 공통된 관심사이지만, 이런 언어의 권력성으로부터 벗어나기 위해 바르트는 보다 구체적인 방안을 제시한다. 욕망의 수만큼이나 많은 다양한 언어를 구사하는 복수적 글쓰기, 하나의 언어가 권력에 의해 수렴되면 곧 그것을 과감하게 버리고 다른 곳으로 자리를 옮기는 이동 작업, 총체성의 괴물을 깨부수는 단편적인 글쓰기 또는 단상, 대립항이 지배하는 세계에서 통합의 항이 아닌 그것과는 전혀 엉뚱한 제3의 항을 만들어 냄으로써 그 대립항의 빗금을 들어올리는 중성의 언어. 그런데 중성의 언어란, 의미의 대립적 구조를 저지하기 위해 그리스 회의론자들이 즐겨 사용했던, 모든 판단의 정지나 유보를 의미하는 에포케에 다름아니다. "즐거움의 **유보**(suspension)의 힘에 대해서는 아무리 말해도 충분치 않다. 그것은 진정한 에포케요, 모든 공인된(스스로 공인한) 가치들을 멀리서 응결시키는 제동장치이다. 즐거움은 **중성**이다."(〈텍스트의 즐거움〉, 이 책 113쪽)

---

16) Véron, "⋯⋯Qui sait?", *Communication*, No. 36, 1982, 64쪽.

이 모든 모색은 언어의 불가능한 모험을 즐긴 유토피안이라는, 혹은 시류에 편승하는 스타일리스트라는 평을 들을 수도 있지만, 결코 경직된 사유나 형태에 안주하지 않으려는 실험 정신의 결과라는 점에서는 긍정적인 평을 받는다. 그리하여 언어를 바꾸자라는 말라르메의 구호(랭보의 뒤를 이어)는 단순히 구호에서 그치는 것이 아닌, 바르트에 이르면 보다 구체적인 실천 작업으로 이어지며, 동시대의 사유가들과 같은 윤리 의식을 공유하면서도 문학인답게 문학의 유토피아적 기능을 믿고 실천한 드문 사유가로 평가된다. 그러므로 "나는 반박하지 않는다. 나는 표류한다"[17]라는 바르트의 코기토는, 다만 후기 구조주의자들에게 공통된 전략만은 아닌 삶의 실존적 양상과 깊은 관계를 맺고 있으며, 진실과 자유, 다름과 개별성의 회복을 추구하는 도덕적인 에토스와 그것을 억압하는 사회적인 독사, 상투적인 것 사이에 놓인 그 엄청난 괴리감을 극복하기 위한 보다 적극적인 시도로 인식된다.

여기에 옮긴 글들은 바르트의 후기 작업에 해당되는 것들이다. 그의 후기 작업은 〈저자의 죽음〉을 기점으로 〈작품에서 텍스트로〉 〈텍스트의 즐거움〉 〈강의〉 등이 있으며, 이밖에도 그의 자전적 평전이라 할 수 있는 《롤랑 바르트 평전》, 사랑의 담론에 대한 《사랑의 단상》이 있다. 이 중에서도 〈텍스트의 즐거움〉과 〈강의〉는, 그의 후기 문학 실천의 이론적 배경을 이해하는 데 있어서 필수적인 텍스트라는 것이 평자들의 공통된 견해이다. 또한 그의 콜레주드프랑스에서의 마

---

17) *Prétextes: Roland Barthes*, Colloque de Cerisy, UGE-10/18, 1978, 249쪽.

지막 강의가 〈소설의 준비, 삶에서 작품으로〉라는 사실을 감안할 때, 그가 생전에 출판하기를 허락한 유일한 일기인 〈심의〉는 바르트 말년의 문학적 관심사를 비교적 잘 표현해 준다는 점에서 여기에 옮겨 본다. 바르트가 그토록 사랑했던 어머니, 어머니의 병환중에 씌어진 이 일기는 그의 문학적 실천을 이해하는 데 도움이 되리라 생각한다.

그리고 여기에 실린 세 편의 대담들은, 바르트의 사유체계를 이해하기 위해 역자가 중요하다고 생각하는 것들을 골라 본 것이다. 첫번째 대담은 히스(프루스트 연구가이자 미국에 바르트를 전파하는 데 큰 공헌을 한 사람이다)와의 대담으로 그의 기호학적 입장, 문학기호학이 문학사회학으로 어떻게 새롭게 주조될 수 있는지를 비교적 소상히 밝혀 주고 있다. 두번째 대담인 브로시에(현재 프랑스에서 가장 권위 있는 문학지인 《마가진 리테레르》의 주간이다)와의 대담은 바르트 글의 난해성이 대부분 그의 용어 사용에 있으며, 이런 용어에 대한 정확한 이해 없이는 그의 사유체계를 파악하기 힘들다는 점에서, 바르트의 후기 작업에 나타난 용어들을 저자 자신의 설명을 통해 이해하는 것을 그 목표로 하고 있다. 게다가 바르트가 자신의 자전적 요소나 문학적 관심사에 대해 비교적 진솔하게 말하고 있다는 점에서 연구가들에 의해 자주 인용되는 글이기도 하다. 끝으로 신철학의 기수인 레비와의 대담은 지식인이나 교육자의 역할, 작가의 정치적인 입장 등 보다 일반적인 문제에 대한 바르트의 견해를 알아볼 수 있는 글이라 생각된다.

편역자 김 희 영

김희영

이 글을 옮긴 김희영은 한국외국어대학교 불어과를 졸업하고 프랑스 파리 제3대학교에서 불문학 석사와 박사 학위를 받았으며, 현재 외국어대학교 불어과 교수로 있다. 프랑스 파리 통역대학원과 미국 하버드대학교 문리대 객원교수를 역임하였으며, 〈프루스트의 스완의 사랑에 나타난 이야기의 구조적 분석〉〈기호학적 비평의 이론과 실제〉〈주네의 서술학〉〈바르트의 텍스트론〉등의 논문을 발표했고, 사르트르의 《구토》, 바르트의 《사랑의 단상》, 디드로의 《운명론자 자크》를 역간했다.

東文選 文藝新書 213

텍스트의 즐거움

초판 발행 1997년 2월 28일
재판 양장 2022년 5월 28일

지 은 이 롤랑 바르트
옮 긴 이 김희영
펴 낸 곳 **東文選**
　　　　제10-64호, 1978년 12월 16일 등록
　　　　서울 종로구 인사동길 40
　　　　전화 02-737-2795
　　　　팩스 02-733-4901
　　　　이메일 dmspub@hanmail.net

ISBN 978-89-8038-938-4 94000
ISBN 978-89-8038-000-8 (세트)

정가 25,000원

45	미술과 페미니즘	N. 부루드 外 / 扈承喜	9,000원
46	아프리카미술	P. 윌레뜨 / 崔炳植	절판
47	美의 歷程	李澤厚 / 尹壽榮	28,000원
48	曼茶羅의 神들	立川武藏 / 金龜山	19,000원
49	朝鮮歲時記	洪錫謨 外/李錫浩	30,000원
50	하 상	蘇曉康 外 / 洪 熹	절판
51	武藝圖譜通志 實技解題	正祖 / 沈雨晟 · 金光錫	15,000원
52	古文字學첫걸음	李學勤 / 河永三	14,000원
53	體育美學	胡小明 / 閔永淑	18,000원
54	아시아 美術의 再發見	崔炳植	9,000원
55	歷과 占의 科學	永田久 / 沈雨晟	14,000원
56	中國小學史	胡奇光 / 李宰碩	20,000원
57	中國甲骨學史	吳浩坤 外 / 梁東淑	35,000원
58	꿈의 철학	劉文英 / 河永三	22,000원
59	女神들의 인도	立川武藏 / 金龜山	19,000원
60	性의 역사	J. L. 플랑드렝 / 편집부	18,000원
61	쉬르섹슈얼리티	W. 챠드윅 / 편집부	10,000원
62	여성속담사전	宋在璇	18,000원
63	박재서희곡선	朴栽緖	10,000원
64	東北民族源流	孫進己 / 林東錫	13,000원
65	朝鮮巫俗의 研究(상하)	赤松智城 · 秋葉隆 / 沈雨晟	28,000원
66	中國文學 속의 孤獨感	斯波六郎 / 尹壽榮	8,000원
67	한국사회주의 연극운동사	李康列	8,000원
68	스포츠인류학	K. 블랑챠드 外 / 박기동 外	12,000원
69	리조복식도감	리팔찬	20,000원
70	娼 婦	A. 꼬르벵 / 李宗旼	22,000원
71	조선민요연구	高晶玉	30,000원
72	楚文化史	張正明 / 南宗鎭	26,000원
73	시간, 욕망, 그리고 공포	A. 코르뱅 / 변기찬	18,000원
74	本國劍	金光錫	40,000원
75	노트와 반노트	E. 이오네스코 / 박형섭	20,000원
76	朝鮮美術史研究	尹喜淳	7,000원
77	拳法要訣	金光錫	30,000원
78	艸衣選集	艸衣意恂 / 林鍾旭	20,000원
79	漢語音韻學講義	董少文 / 林東錫	10,000원
80	이오네스코 연극미학	C. 위베르 / 박형섭	9,000원
81	중국문자훈고학사전	全廣鎭 편역	23,000원
82	상말속담사전	宋在璇	10,000원
83	書法論叢	沈尹黙 / 郭魯鳳	16,000원
84	침실의 문화사	P. 디비 / 편집부	9,000원
85	禮의 精神	柳肅 / 洪 熹	20,000원
86	조선공예개관	沈雨晟 편역	30,000원
87	性愛의 社會史	J. 솔레 / 李宗旼	18,000원
88	러시아 미술사	A. I. 조토프 / 이건수	26,000원
89	中國書藝論文選	郭魯鳳 選譯	25,000원

90	朝鮮美術史	關野貞 / 沈雨晟	30,000원
91	美術版 탄트라	P. 로슨 / 편집부	8,000원
92	군달리니	A. 무케르지 / 편집부	9,000원
93	카마수트라	바짜야나 / 鄭泰爀	18,000원
94	중국언어학총론	J. 노먼 / 全廣鎭	28,000원
95	運氣學說	任應秋 / 李宰碩	15,000원
96	동물속담사전	宋在璇	20,000원
97	자본주의의 아비투스	P. 부르디외 / 최종철	10,000원
98	宗敎學入門	F. 막스 뮐러 / 金龜山	10,000원
99	변 화	P. 바츨라빅크 外 / 박인철	10,000원
100	우리나라 민속놀이	沈雨晟	15,000원
101	歌訣(중국역대명언경구집)	李宰碩 편역	20,000원
102	아니마와 아니무스	A. 융 / 박해순	8,000원
103	나, 너, 우리	L. 이리가라이 / 박정오	12,000원
104	베케트연극론	M. 푸크레 / 박형섭	8,000원
105	포르노그래피	A. 드워킨 / 유혜련	12,000원
106	셸 링	M. 하이데거 / 최상욱	12,000원
107	프랑수아 비용	宋 勉	18,000원
108	중국서예 80제	郭魯鳳 편역	16,000원
109	性과 미디어	W. B. 키 / 박해순	12,000원
110	中國正史朝鮮列國傳(전2권)	金聲九 편역	120,000원
111	질병의 기원	T. 매큐언 / 서 일 · 박종연	12,000원
112	과학과 젠더	E. F. 켈러 / 민경숙 · 이현주	10,000원
113	물질문명·경제·자본주의	F. 브로델 / 이문숙 外	절판
114	이탈리아인 태고의 지혜	G. 비코 / 李源斗	8,000원
115	中國武俠史	陳 山 / 姜鳳求	18,000원
116	공포의 권력	J. 크리스테바 / 서민원	23,000원
117	주색잡기속담사전	宋在璇	15,000원
118	죽음 앞에 선 인간(상하)	P. 아리에스 / 劉仙子	각권 15,000원
119	철학에 대하여	L. 알튀세르 / 서관모 · 백승욱	12,000원
120	다른 곳	J. 데리다 / 김다은 · 이혜지	10,000원
121	문학비평방법론	D. 베르제 外 / 민혜숙	12,000원
122	자기의 테크놀로지	M. 푸코 / 이희원	16,000원
123	새로운 학문	G. 비코 / 李源斗	22,000원
124	천재와 광기	P. 브르노 / 김웅권	13,000원
125	중국은사문화	馬 華 · 陳正宏 / 강경범 · 천현경	12,000원
126	푸코와 페미니즘	C. 라마자노글루 外 / 최 영 外	16,000원
127	역사주의	P. 해밀턴 / 임옥희	12,000원
128	中國書藝美學	宋 民 / 郭魯鳳	16,000원
129	죽음의 역사	P. 아리에스 / 이종민	18,000원
130	돈속담사전	宋在璇 편	15,000원
131	동양극장과 연극인들	김영무	15,000원
132	生育神과 性巫術	宋兆麟 / 洪 熹	20,000원
133	미학의 핵심	M. M. 이턴 / 유호전	20,000원
134	전사와 농민	J. 뒤비 / 최생열	18,000원

【기 타】